KB274487

사장님을 위한 5분경제

손 정 식 지음

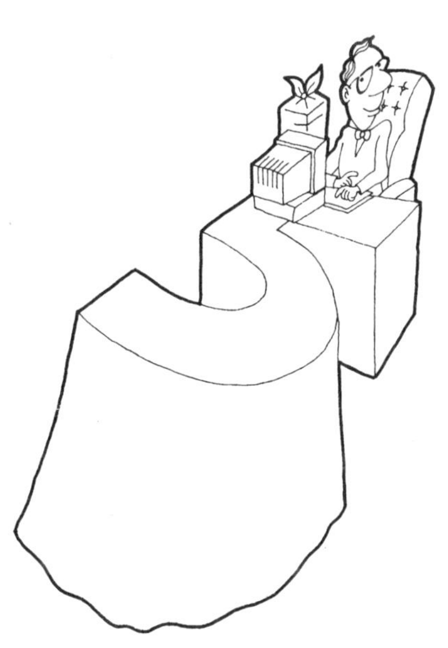

韓國經濟新聞社

기업체 사장님들은 매일 신문을 비롯해서 라디오와 텔레비전을 통해 경제에 관한 지식과 상식을 얻습니다. 또한 계약, 생산, 납품과 판매 등 경영활동을 하면서 경영원리를 체득하고 있습니다. 그러다 보니 사장들도 경제원리를 어느 정도는 알게 됩니다. 그런데 이 과정에서 때로는 잘못된 지식과 상식을 얻고 경제에 관해 잘못된 판단을 할 수도 있습니다. 그 좋은 예를 몇 개만 열거해 볼까요.

- 판매가격은 생산원가가 결정한다.
- 가격이 생산단가보다 낮으면 납품하지 말아야 한다.
- 이자율의 하락은 항상 국가경제에 바람직하다.
- 어음의 배서는 뒷면에만 해야 한다.
- 서비스산업의 비대화는 바람직하지 못하다.
- 시장경쟁은 낭비를 조장한다.
- 제조업은 생산적이고 서비스업은 비생산적이다. 등등.

이러한 주장들은 겉으로는 그럴듯하게 들리지만, 실제로는 전부 또는 일부가 잘못된 이론적 주장들입니다. 그럼에도 불구하고 사장들이 이러한 주장들을 타당한 것처럼 받아들인다면 기업경영에 바람직하지 못한 영향을 미칠 수도 있습니다.

특히 기업을 경영하는 사장들 가운데는 학교에서 「경제원론」을 배운 분도 많겠지만, 아마도 학교에서 경제원론 강의를 제대로 들어본 적이 없는 분들도 많을 것입니다. 이러한 분들은 회사를 경영하면서, 경영일선에서 직·간접적으로 매일 부딪치는 경제 및 경영 현상에 대해 「왜 그런지」, 그 까닭을 제대로 이해하기가 어려울 것입니다.

예컨대 서점이 새로 인상한 정가표를 예전의 가격표 위에 덧붙인 책을 발견한 고객이 그 이유를 묻자 서점의 사장이 제대로 대답을 못하더라는 어느 일간신문에 독자투고가 있었습니다. 그 고객은 서점이 마치 파렴치한 행위를 한 듯 서점의 행위를 질책하며 「최소한의 양식과 사명감을 가져주기를 바란다」고 훈계하고 있었습니다. 만약 경영자들이 책을 비롯한 상품의 가격결정에 관한 기본 경제원리를 이해하고 있었다면, 기존 정가표에 가격이 인상된 새 정가표를 덧붙이는 행위를 부끄럽게 생각하지 않을 뿐더러, 엉뚱한 주장을 하는 고객에게 새로운 정가표를 덧붙이는 행위의 정당성을 이론적으로 납득시켜 줄 수도 있었을 것입니다.

이 책을 펴내는 가장 중요한 동기이자 목적은 사장들에게 매일매일 기업경영 일선에서 직면하는 경제·경영 현상에 대해 그것을 설명하는 경제원리를 밝혀줌으로써 경제현상을 올바로 이해하고, 또 기업경영에 필요한 경제이론적 토대를 든든하게 하는데 보탬이 되고자 하는 것입니다. 아울러 회사경영과 관련된 경제 및 경영관련 기본 상식을 제공하려는 것도 목적입니다.

이 책의 내용은 필자가 지난 1992년부터 지금까지 매일 진행하고 있는 평화방송의 「5분 경제」 방송 가운데 기업경영에 도움이 될만한 경제원리와 경제상식들을 뽑아 재편집한 것입니다.

　이 책의 내용은 가격관리와 비용관리 등 일반 기업경영과 관련된 내용으로 기업전략, 경쟁과 윤리, 기업과 금융, 국제무역, 국제금융 등등으로 구성되어 있습니다.

　이 책의 각 주제는 매일 독립된 별개의 항목으로 방송된 것이기 때문에, 앞뒤 항목에 관계없이 아무 곳이나 펼쳐 읽어도 이해할 수 있도록 꾸몄습니다. 따라서 처음부터 차례로 읽어도 좋고, 특별히 어떤 주제에 관해 읽고 싶은 경우에는 목차에서 관련 항목을 찾아 읽으면 됩니다.

　끝으로 방송내용을 책으로 만들어준 한국경제신문사 출판국 여러분에게 고마운 마음을 표하면서, 기업체 사장들이 매일 직면하는 경제현상의 기본원리를 이해하는데 이 책이 작으나마 보탬이 될 수 있다면 그 보다 더 큰 보람과 기쁨이 없겠습니다.

1996. 6.

손 정 식

제 2 장 기업전략

제 6 장 정부와 기업의 관계

제 8 장 수요공급원리와 효율성

제 9 장   자본·고용과 노사관계

1 인적 자본과 임금 • 361

2 고 용 • 375

3 노사관계 • 382

제 1 장

기·업·경·영

1

가격관리

『재고 책 정가표 위에 가격을 올린 새 정가표를 붙여놓는 것은 양심을 저버린 행위가 아닌가?』

얼마 전 어느 신문 독자투고란에는 다음과 같은 글이 실려 있었습니다. 이 독자는 서점에 자주 가는데, 책을 사다 보면 기존의 정가 위에 새로운 가격표를 붙인 것이 있어 의아해 서점에 물었더니, 오래 전에 발행한 책인데 최근 출판사 쪽에서 인상된 가격표를 예전 가격 위에 덧붙였다는 것입니다.

이에 대해서 독자는 책 내용의 개정이나 증보도 없을뿐더러 종이질도 그대로인 재고품을 단지 물가가 올랐으니까 가격을 올려 판매한다는 것은 고객을 속이는 행위이며, 발행 당시의 물가로 가격이 정해진 책을 어떻게 하나도 변한 것이 없는데 값만 올려 팔 수 있느냐는 항변이었습니다. 재판(再版)을 찍었다면 모르겠으나, 그렇지도 않은 재고 책은 당연히 발행 당시의 가격으로 팔아야 하지 않겠느냐는 지적이었습니다. 독자의 편지는 『출판을 하는 사람들이 상업성을 떠난 최소한의 양식과 사명감을 가져주기를 바란다』라는 말로 끝을 맺었습니다. 이러한 지적에 대해 출판업에 종사하는 사장들은 대단히 곤혹스러울는지 모르겠습니다. *

상품 판매가격의 중요한 결정요인 가운데 하나가 공급가격, 즉 생산원가임에는 틀림없습니다. 그러므로 책의 생산원가가 변하지 않았는데, 책의 판매가격을 인상하는 것은 곤란하다는 독자의 견해는 상식적으로 생각하면 충분히 납득할 수 있습니다. 문제는 『재고 책의 생산원가는 한번 발행한 이후에는 변하지 않는 것인가?』하는 점입니다. 책의 생산원가에는 우선 인세, 책의 인쇄비, 종이 구입비, 잉크 원료비 등 이른바 발행원가가 있는데, 이 비용은 책을 인쇄할 당시에 고정됩니다.

그런데 책의 생산원가에는 발행원가뿐만 아니라 책을 유통시키는 데 따른 판매비용도 포함됩니다. 책의 유통과정에서 발생하는 비용은 책을 보관하는 창고비로부터 추가적인 책 광고비, 전국 각 서점에 책을 공급하는 배본비용과 출판사 직원(영업담당자)의 인건비 등이 포함됩니다. 이러한 유통비용은 시간이 흐름에 따라, 특히 물가가 상승함에 따라 함께 오르게 마련입니다. 그러므로 비록 오래 전에 인쇄한 재고 책이라 하더라도, 그러한 유통비용이 상승할 경우 이를 반영한 판매가격 인상은 불가피하다고 생각합니다. 이러한 원리는 오직 재고 책에만 적용되는 것은 아니고, 생산과 판매시점 사이에 상당

---

* 〈중앙일보〉, 1994. 6. 29.

한 시차가 있는 모든 상품에도 해당되는 것입니다.

결론적으로 일단 한번 발행한 후에 재고 책의 가격을 인상한다 해도, 이를 출판사 사장이 고객을 속이거나 양식을 저버린 행위로 보는 것은 대단히 부당한 시각이라고 할 수 있습니다. 그러므로 사장은 이러한 사정을 직원들에게 알려서, 고객이 재고 책의 가격인상에 이의를 제기할 때 합리적으로 설명해서 고객이 납득할 수 있도록 해야 합니다. 그렇지 않으면 직원들조차 자기 회사의 재고 책 가격인상 조치를 부끄럽게 생각하고, 나아가서 그러한 가격정책을 고수하는 사장의 인격을 의심할 수도 있습니다.

생산원가와 판매가격

『생산원가가 동일한 공중전화 카드 가격이 상점마다 다른 것은 부당하지 않은가?』

얼마 전 모 신문의 독자란에는 공중전화 카드가격과 의약품 가격이 상점이나 약국마다 다른데, 이것을 이해할 수 없다는 독자의 편지가 실려 있었습니다. 사실 일반 소비자의 처지에서 보면 생산원가가 동일한 상품의 가격이 판매업소에 따라 차이가 나는 것을 부당하게 느낄 수도 있습니다.

경제이론에 의하면 상품의 가격은 수요와 공급으로 결정된다고 설명하고 있습니다. 그런데 공급은 생산원가를 나타내기 때문에 생산공정이 동일한 공중전화 카드나 의약품, 즉 생산원가가 동일한 상품을 동일한 가격에 판매해야 한다는 것은 상품을 공급가격으로 결정해야 한다는 생각을 반영하고 있습니다.

그렇지만 생산원가가 동일하다고 해도 유통과정에서 비용이 추가로 발생하면 판매가격은 차이가 있을 수 있습니다. 예컨대, 동일한 청량음료라 하더라도 시내 다방에서 판매하는 가격과 해변가에서 판매하는 가격이 다를 수 있는데, 그것은 해변가까지 청량음료를 운반하는 운송비용의 차이를 반영하기 때문입니다.

판매가격은 생산원가뿐만 아니라, 시장의 경쟁상황도 반영합니다. 우선 공중전화 카드나 의약품을 파는 점포의 위치와 수에 따라 경쟁상황이 달라질 수 있습니다. 주위에 경쟁대상이 없는 업소는 어느 정도 가격을 높게 받을 수 있는 시장지배력을 갖습니다. 따라서 똑같은 공중전화 카드라도 지역에 따라 할인금액이 다를 수 있습니다.

아울러 판매가격은, 소비자들이 가격차이에 얼마나 민감한가에 따라 업소마다 다를 수 있습니다. 예컨대, 소비자들이 가격에 관한 정보를 적극적으로 얻으려 하지 않는다면 업소에서는 소비자들이 가격차이에 민감하지 않다는 것을 깨닫고 가격을 차별화할 것입니다. 그러므로 소비자들이 상품의 가격정보를 열심히 수집하고 가격차이에 민감하게 반응을 보이는 지역에서는 동일한 상품 사이의 가격차이가 크지 않습니다.

그러므로 특정 지역에서 업소마다 가격차이가 난다는 것은 완전한 경쟁이 이루어지지 않고 있다는 의미입니다. 그러므로 정부는 이를 법으로 규제하기보다는 경쟁이 제고되도록 시장에 대한 진입규제를 완화하고, 소비자들은 가격을 포함한 시장정보 수집에 관심을 갖고 적극적인 반응을 보여야 합니다.

결국 생산원가가 동일한 상품의 가격이 판매하는 업소마다 차이가 있는 것은 부당한 행위가 아닙니다. 상품을 공급하는 경영자들은 필요에 따라서 시장경쟁 상황을 파악하여 거래하는 업소마다 각기 다른 가격정책을 시도할 수도 있는 것입니다.

경매의 경제원리

『정부가 전화번호나 자동차번호를 경매한다면 지탄받을 행위 아닌가?』

얼마 전 한 신문은 홍콩의 재무장관이 사용했던 자동차번호 2번이 경매에 부쳐져 9억 8,000만 원에 낙찰되어 국고금으로 사용됐다는 뉴스를 전했습니다. 현재 홍콩 자동차번호 1번은 경찰총수의 차량에 사용되고 있는데, 이를 경매해서 공공사업 자금으로 활용하는 것이 좋겠다는 여론이 제기되고 있지만, 경찰총수는 국가적 위신을 생각할 때 그 제안을 받아들일 수 없다고 하여 논란이 일고 있다고 합니다. 만약 1번 번호판을 경매한다면 10억 원 이상은 받으리라는 것입니다.

경매란 경쟁매매를 의미합니다. 일반적인 상거래에서는 생산자가 받을 가격을 사전에 제시하고, 소비자들이 그 가격을 보고 구매 여부를 결정하게 되어 있습니다. 그 결과 모든 소비자들은 동일한 상품을 동일한 가격에 구입할 수 있습니다. 그런데 소비자에 따라 상품소비로 느끼는 효용이나 가치는 크게 다를 수 있어서, 상품소비로 더 큰 효용을 얻는 사람은 사실 생산자가 제시한 가격보다 더 많은 돈을 내고도 구매할 의향이 있을 것입니다. 이러한 경우 소비자는 지급할 용의가 있는 가격과 실제로 지급한 가격 차이에 해당하는 만큼의 이득을 얻게 됩니다. 이를 경제이론에서는 소비자잉여(consumer's surplus)라고 합니다.

이와는 달리 경매는 생산자가 받을 가격을 사전에 제시하지 않고, 소비자들로 하여금 지급할 용의가 있는 가격을 각자 제시하도록 경쟁을 붙이는 것입니다. 이는 소비자들로 하여금 스스로 느끼는 효용에 버금가는 가격을 지급하도록 하기 때문에, 때로는 생산자들이 매우 유리한 결과를 얻을 수 있습니다.

현재 우리나라에서는 자동차번호나 전화번호를 공급자가 사전에 제시한 가격에 맞춰 누구에게나 똑같은 값으로 배정하고 있습니다. 그러다 보니 업종에 잘 어울리고 모든 사람들이 한 번만 들어도 기억하기 쉬운 좋은 전화번호를 배정받은 사람은 막대한 효용이나 이득을 얻습니다. 한편 이삿짐센터에서 절실히 갖고 싶어하는 번호 「2424」도 일반 가정집에 배정한다면 가치가 없어집니다. 오히려 잘못 걸려오는 전화로 곤욕을 치를 수도 있습니다. 이 경우 좀더 효율적인 자원배분 방식은 자동차나 전화번호를 경매에 붙여 가장 가치 있게 생각하는 사람에게 할당하는 방법입니다. 그러므로 우리 정부도 인기 있는 자동차번호나 전화번호를 경매방식을 통해 매각하고, 이를 통해 조성한 자금을 소년소녀 가장이나 불우이웃돕기 등 공익을 위해 활용하는 방안을 강구하는 것이 좋을 듯싶습니다.

이 같은 이론은, 경매란 결국 소비자가 향유하는 소비자잉여를 생산자가 차지하는 방법입니다. 그러므로 사장들도 자기 상품으로 소비자가 향유하는 소비자잉여를 판매수입으로 거둬들이고자 한다면 경매방식이 가장 바람직한 방법임을 인식해야 합니다. 물론 그렇다고 해서 모든 상품을 경매방식으로 판매하는 것이 가장 바람직하다는 것은 아닙니다. 왜냐하면 대량판매를 경매방식으로 하려면 비용이 많이 들기 때문입니다. 따라서 경매방식은 골동품이나 미술품 등 한 장소에서 제한된 소비자들만을 대상으로 제한된 품목의 상품을 판매할 때 효과적으로 사용할 수 있습니다.

피서지의 가격횡포

『정부는 피서지의 바가지 요금을 단속해야 하지 않는가?』

여름 휴가철이면 많은 가정에서는 피서여행을 떠납니다. 그런데 이 때 지방 피서지의 상품가격이, 물가가 비싼 것으로 세계적으로 정평이 나 있는 서울보다 비싸 늘 말썽을 일으키곤 합니다. 특히 여행객들이 더욱 분통을 터뜨리는 것은 『물가가 비싼 서울에서도 1,000원 받는 똑같은 상표의 음료수 가격을, 물가가 상대적으로 저렴한 지방 피서지에서 어떻게 1,500원씩이나 받느냐?』하는 것입니다. 그래서 피서지를 여행했던 사람들은, 정부가 피서지의 바가지 요금을 철저히 단속해주기를 바라고 있습니다.

소비자들의 이러한 불만은 「음료수 가격은 공급원가로 결정해야 하고, 공급원가는 생산원가를 반영한 것이므로 같아야 한다」는 생각을 반영하는 것입니다. 그런데 공급원가는 생산원가뿐만 아니라 유통비용도 포함합니다. 그래서 비록 속리산 국립공원 내에서 판매하는 동일한 음료수라도 속리산 꼭대기 문장대 위에서 판매하는 가격은 속리산 법주사 앞 관광단지에서 판매하는 가격과 다를 수 있고, 그것이 전혀 부당한 행위는 아닙니다. 그리고 피서지에서의 장사는 한철 대목 장사이기 때문에 상인들은 나머지 기간 동안 무작정 기다리며 세월을 보내야 합니다. 그러므로 여름철 장사를 위해 상인들이 오랜 기간 동안 기다려야 하는 시간비용도 유통비용에 포함됩니다. 따라서 사시사철 장사하는 곳에서의 음료수 가격과 한철 장사하는 곳에서의 음료수 가격이 꼭 일치해야만 합당한 것은 아닙니다. 다만, 피서지 상인들이 담합하여 높은 가격을 매길 수 있는데, 그것은 불공정거래 행위로 지탄의 대상이 됩니다.

장기적으로 특정 피서지는 다른 피서지와 경쟁해야 합니다. 비록 한두 해는 바가지 요금으로 많은 이익을 낼 수도 있겠지만, 바가지 요금이 소문 나면 장기적으로는 피서지 손님 자체를 잃을 염려가 있습니다. 또 소비자들도 피서지에서 음료수의 바가지 요금 때문에 몇 번 속상하게 되면, 음료수를 직접 가져갈 수도 있습니다. 그러한 소비자들이 많아지면 비록 한철 장사라고는 하지만, 피서지 상인들이 가격을 함부로 높게 받지는 못할 것입니다.

결국 피서지에서 어느 정도 가격을 높게 받는 것도 수요공급원리에 따라 일시적으로 수요량이 공급량을 초과하기 때문에 발생하는 시장경쟁 결과를 반영한 것입니다. 그러므로 정부가 피서지 가격을 규제하기보다는 각 피서지의 상품가격이 어느 정도인지 상품정보를 더 쉽게 알 수 있도록 장치를 마련하는 것이 바람직합니다. 이제 지방자치제가 활성화되면 각 지방정부가 자기 고장의 피서지 상품가격이 다른 지역보다 저렴하다는 점을 광고할 때가 곧 올 것입니다.

권장 소비자 가격제

『소비자를 보호하기 위해서는 권장 소비자 가격제도를 계속 고수해야 하지 않을까?』

정부는 1995년 하반기 중 드링크 등 음료와 빙과류, 그리고 의약부외품과 의류 등 대다수 소비재에 표시한 권장 소비자 가격이 과다한 유통마진을 붙이는 수단으로 악용되고 있다는 판단에 따라, 판매업체가 물건값을 턱없이 올려 받는 데 악용하지 못하도록 실태조사를 벌여 관련제도를 대폭 개편키로 했습니다.

시장은 수요자와 판매자의 상대적 시장압력 크기에 따라 판매자

주인시대와 구매자 주인시대로 나뉩니다. 수요자에 비해 판매자의 힘이 막강한 시장을 판매자 주인시장(seller's market)이라고 합니다. 반면에 수요자가 판매자보다 힘이 막강한 시장을 구매자 주인시장(buyer's market)이라고 합니다. 권장소비자 가격제는 바로 판매자 주인시대의 유산입니다.

우리는 오랫동안 판매자가 주인행세를 하던 시대를 살아왔습니다. 자동차를 한 대 사려고 두 달씩이나 기다렸던 때도 있었습니다. 이때에는 상품공급이 부족한 시대이니만큼, 판매업자가 시장지배력을 주도했으므로 가격을 조정할 수 있는 힘도 가졌었습니다. 즉 판매업자들이 품귀를 빌미로 해서 과도한 폭리를 추구할 수도 있었습니다. 이 때 시장에서 약자인 소비자를 보호하기 위한 조치의 하나로 도매가격에 일정한 마진만을 붙여 소비자가격으로 책정하여 판매하도록 정부가 가격결정에 개입한 것이 가격지정제도의 시초였습니다. 즉 시장에서 약자인 구매자가 판매자들로부터 너무 피해를 보지 않도록 보호하기 위한 장치로서 가격지정제가 실시된 것입니다.

우리나라에서는 가격지정제를 권장소비자가격이라는, 좀 완화시킨 형태로 도입했습니다. 즉 판매가격을 지정하는 것이 아니라, 권장하는 형태로 도입된 것이었습니다. 제조업자가 판매업자로 하여금 소비자들에게 판매하는 권장가격을 상표에 표시함으로써 소비자들에게 적정가격 정보를 제공하고, 판매업자들이 시장지배력을 이용해서 적어도 권장가격 이상으로는 가격을 받지 못하도록 한 것입니다.

그런데 이제 기업의 생산능력이 획기적으로 증대했을 뿐만 아니라, 수입도 개방되었습니다. 따라서 이제 대부분의 시장이 구매자 주인시장으로 변했으며, 공급부족 때문에 문제가 되는 시대는 지나가고 있습니다. 이 시기는 판매자들이 물건을 더 많이 판매하기 위해 가격인하 경쟁을 할 수밖에 없습니다. 최근 「가격파괴」라는 무시무시한

용어가 출현하는 것도 결코 이상한 일이 아닙니다.

물론 기업의 처지에서 보면 가격파괴니 가격인하 경쟁이니 하는 흐름은 괴로운 일일 수밖에 없을 것입니다. 그래서 판매업자들은 구매자 시장시대에도 가급적 가격지정제에 안주하고 싶어합니다. 왜냐하면 가격지정제는 가격인하 경쟁을 제도적으로 막아주는 구실을 할 수 있기 때문입니다. 그런데 판매자들, 특히 새롭게 시장에 진입하는 판매자들 가운데에는 시장점유율을 높이기 위해 가격인하 경쟁을 시도하려 할 가능성이 높습니다. 이렇게 되면 기존 기업체 사장들은 경쟁에서 뒤떨어지지 않기 위해서 더 한층 노력할 수밖에 없습니다. 가격인하분만큼 내부적으로 경영효율을 통해 비용절감을 해야만 경쟁에서 살아남을 수 있기 때문입니다.

따라서 기존 기업의 사장들은 가격지정제를 처음 시작한 정부로 하여금, 유통질서를 어지럽힌다는 명분하에 가격지정제를 무시하고 가격인하 경쟁을 시도하려는 새로운 기업들을 제재하도록 요청하고 싶어할 것입니다. 『지금까지 똑같이 지정가격을 받으면서 함께 잘 살아왔는데, 왜 갑자기 신출내기가 나타나서 경쟁을 통해 자기만 더 잘 살려고 평화를 깨는가?』하는 항변의 표출인 것입니다. 그러다 보니 원래 판매업자들의 가격인상을 제어하기 위한 취지로 만들어 놓은 권장소비자 가격제도가, 이제는 가격파괴 경쟁을 방지하는 수단이 되고 만 것입니다. 이는 권장소비자 가격제도의 기본취지에 역행하는 것입니다.

오늘날과 같은 구매자 주인시대의 가격인하 경쟁이야말로 물가안정에도 기여할 뿐만 아니라, 기업 간 경쟁을 제고시켜 효율성을 높이고, 소비자잉여의 확대에 기여하는 매우 명분 있는 일입니다. 정부는 권장소비자 가격제도가, 이제는 기업들로 하여금 가격경쟁을 통해서 소비자에게 더 저렴한 가격으로 더 질 좋은 상품을 공급하는 데 장애가 된다고 인식하여 이의 개선 또는 폐지를 고려하기에 이른 것입니다. 그러므로 이제 기업체 사장들도 이 제도의 폐지를 탓하기보다는 경쟁력 강화와 생산성 증대를 통해 새로운 이익을 창출해나가도록 노력하는 것이 더욱 바람직하리라고 봅니다.

2

고객관리

고객관리

『기업은 모든 고객을 똑같이 대접해야 하는 것 아닌가?』

오늘날에는 상품이나 서비스시장이 공급자 우위시장에서 구매자 우위시장으로 전환함에 따라 판매자가 고객을 찾아나서야 하는 시대로 바뀌었습니다. 이제 판매자들에게는 한번 자기 업소에 찾아온 고객과 새롭게 형성된 관계를 고객관계로 장기간 유지하는 것이 중요한 과제로 부각하고 있습니다. 쉽게 말해서 많은 단골고객을 확보하고 유지하는 것이 기업의 성패를 결정짓는 관건이 되었습니다.

대부분의 기업체 사장들은 단골고객을 중히 여긴다고 말하지만, 말만큼 단골고객을 제대로 관리하기 위한 준비를 철저히 하지 않은 경우도 있는 것 같습니다. 필자는 시내에 있는 어떤 여행사와 오랜 기간 단골고객 관계를 유지해왔습니다. 기차여행이나 해외여행을 할 때는 으레 그 여행사를 이용해서 차표와 비행기표를 예매하곤 했습니다.

일반적으로 여행사에서는 기차표를 전화로 예매해주지 않고 있습니다. 왜냐하면 전화로 예약한 고객이 기차표를 찾아가지 않으면 여행사로서는 낭패이기 때문입니다. 그럼에도 불구하고 한번은 필자가 단골여행사의 승차권 예매직원에게 신분을 밝히고, 기차표 대금은 당일 은행계좌를 통해 입금시켜주는 조건으로 전화 예매를 부탁하자 오랜 기간 동안 충직하게 거래한 실적 때문인지 승락을 받은 적이 있었습니다. 그래서 그 후로는 우선 전화로 기차표를 예매하고, 대금은 당일 여행사 은행계좌로 송금하고, 차표는 며칠 후에 편리한 날짜에 시내 나갈 때 받아왔습니다. 시내에 나갈 수 없는 사정이 있을 때 개인적으로 기차표 예매를 부탁할 만한 부하직원도 없는 교수에게는 이러한 여행사의 단골고객을 위한 서비스가 여간 고맙고 편리한 것이 아니었습니다.

그런데 어느 날 기차표를 예매할 필요가 있어 전화로 담당직원을 찾으니, 그 직원은 다른 영업소로 전근 갔다는 것이었습니다. 그렇지만 같은 여행사이고 직원만 바뀌었을 뿐이므로 신분을 밝히고 예전처럼 전화로 기차표 예매를 부탁하니, 회사규정상 본인이 영업소에 직접 나와야만 한다며 매우 사무적인 반응을 보였습니다. 그래서 전에는 그렇게 해왔는데 왜 지금은 안 되는가 물었더니, 정 그렇게 하고 싶으면 예전의 직원이 전근 간 영업소로 찾아가보라는 냉담한 반응을 보였습니다.

이 같은 반응을 통해, 여행사들이 새로운 고객을 확보하기 위해 치열한 경쟁 속에서 안간힘을 쓰고 있음에도 불구하고, 기존 고객관계를 유지하려는 의식이 희박하다는 것을 알 수 있었습니다. 이러한 경우 잘못은 새로 전근 온 직원의 책임이라기보다는 기존의 단골고

객관계를 유지할 수 있는 시스템을 마련해놓지 않은 사장의 책임이
더 큽니다.

장기간 유지해온 단골고객과의 관계가 담당직원의 전근으로 인해
서 단절된다는 것은 매우 큰 손실입니다. 그러므로 직원이 전근가면
서 기존의 단골고객 관계정보를 후임자에게 전달하는 시스템을 마련
하는 것이 바람직할 것입니다. 사장은 말로만 단골고객관계를 중시
한다고 강조하지 말고, 진정한 단골고객관계를 유지하도록 시스템을
준비하고 직원들을 훈련시켜야 합니다. 신규고객 다섯 명을 확보하
는 비용보다 기존고객 한 명을 유지하는 비용이 훨씬 저렴하고 생산
성도 크다는 것을 항상 유념해야 합니다.

후일담을 덧붙인다면, 그로부터 한 달 후 필자와 함께 공동연구
프로젝트를 수행하는 교수 몇 명이 자료수집차 유럽 여행을 할 때,
왕복 유럽행 비행기표와 호텔 예약은 지금까지의 단골여행사를 제쳐
놓고 다른 여행사에 부탁한 것은 두말할 필요가 없습니다.

굿맨의 법칙

『불만을 제기하는 고객은 정말 귀찮은 존재 아닌가?』

최근 각 기업체 사장들은 고객불만 처리에 큰 관심을 보이고 유
연하게 대응하고 있습니다. 미국의 굿맨이라는 경영학자는 고
객불만 또는 고충처리와 기업 이익과의 관계를 수량적으로 실증분석
한 바 있습니다. 연구결과 몇 가지 흥미로운 현상을 발견했는데, 이
를 「굿맨의 법칙」이라고 합니다.

굿맨의 제1법칙은, 구입한 상품에 대해 불만을 갖는 고객 가운데
불만을 제기하여 그 해결에 만족한 고객의 재구입결정률은, 불만을

갖고 있으면서도 불만을 제기하지 않고 침묵하는 고객의 재구입률에 비해 높다는 것입니다. 이는 고객이 불만을 갖더라도 그 불만을 신속하게 처리해주면 곧 만족해하고, 그 기업의 상품을 다시 구입한다는 것을 시사합니다.

불만이 있을 때 전화할 수 있는 연락번호를 제품 레이블에 명기해놓은 경우에는 54%의 손님이 재구입할 가능성이 생깁니다. 또한 고객이 불만을 제기했을 때 이를 신속하게 처리한 경우 고객의 80% 이상은 동일한 상품 또는 회사의 제품을 다시 구입합니다. 그렇지만 불만이 있으면서도 불만을 제기하지 않는 고객의 90%는 두번 다시 그 제품을 구입하지 않습니다. 특히 불만을 제기할 때 얼마나 신속하게 불만을 해소시켜주었는가에 따라 고객만족 수준이 크게 달라집니다. 예컨대, 전화로 불만을 제기했을 경우 곧바로 해결해줄 때의 재구입비율은 시간이 좀 걸려서 해결해준 경우보다 훨씬 더 높습니다.

굿맨의 제2법칙은, 고객불만을 제대로 처리해주지 않아 불만을 느낀 고객이 그 회사나 제품에 대해 퍼붓는 악평의 영향은 만족한 고객의 호의적인 덕담보다 더 큰 영향력을 갖는다는 것입니다. 구체적으로 악담은 열 명에게 영향을 미치는데, 호의적인 덕담은 다섯 명에게 영향을 미칩니다. 더구나 한 사람이 스무 명 이상에게 악담을 퍼붓는 경우도 12%나 되는 것으로 나타났습니다.

이 같은 연구결과를 통해 알 수 있는 사실은, 불만이 있을 때 불만을 표시하는 고객이, 불만이 있으면서도 침묵하는 고객에 비해 매우 고마운 존재라는 점입니다. 그러므로 사장들도 고객의 불만 제기를 귀찮아할 것이 아니라, 이익발생의 촉진요인으로 인식하고 적극적으로, 그리고 고객에게 이롭도록 대처해야 할 것입니다. *

---

* 〈국민경제리뷰〉, 1994. 12. 19.

창구 서비스

『극장 매표창구는 왜 청색유리로 가려져 있는가?』

최근 비디오 영화의 확산으로 극장영업이 점차 어려워지고 있습니다. 그런데 얼마 전 오랫만에 강남에 있는 어떤 극장에 가서 표를 예매하면서 느낀 바는, 우리 극장의 고객 서비스가 너무 부실해서 좀더 많은 관객을 끌기 위해서는 창구 서비스를 획기적으로 개선해야 할 것처럼 보였습니다.

우선 예매창구가 청색 컬러 유리로 차단되어 고객은 매표소 안에 종업원이 있는지 제대로 파악할 수가 없었습니다. 청색 컬러 유리 중간쯤 우리의 얼굴 높이에 조그마한 구멍이 여러 개 뚫려 있었고, 허리 높이에는 좀 큰 구멍 한 개가 뚫려 있어 돈을 내밀고 표를 받도록 하고 있었습니다. 그런데 말하는 곳에 뚫려 있는 여러 개의 조그만 구멍이 너무 작아서 고객의 말이 매표소 직원에게 잘 들릴지 의문이었고, 더욱이 안에서 하는 말이 밖의 고객에게는 잘 들리지 않았습니다. 그러다 보니 매표창구 직원에게 똑똑히 말을 전달하기 위해서는 돈을 내는 아래쪽에 있는 좀 큰 구멍에 허리를 굽히고 고개를 디밀고 조아리며 말해야 했습니다. 자기 극장의 영화를 보겠다며 찾아온 예비고객에게 상냥한 미소를 지으며 표를 팔지는 못해도, 고객이 허리를 굽히고 조그마한 매표창구에 머리를 들이밀고 조아리도록 만들어 놓은 것은 정말 한심한 일이라는 생각이 들었습니다.

더구나 예매권에는 좌석이 지정되어 있지 않았으며, 지정한 날 지정 상영 시간 30분 전까지 극장에 와서 예매권을 좌석권과 재교환해야 한다는 것이었습니다. 예매권을 사는 이유는, 관객이 관람하는 날짜와 관람시간뿐만 아니라 관람좌석도 지정받아서 상영시간에 맞

춰 극장에만 가면 기다리거나 다시 줄 서지 않고도 바로 영화관에 입
장하기 위해서일 것입니다. 그런데 예매권을 입장권과 바꾸기 위해
서 당일 또 일찍 와서 줄을 서야 한다는 것은 고객에게 시간을 낭비
하게 하고 불확실성에 따른 부담을 주는 일임에 틀림없습니다. 아울
러 이는 극장도 한 번에 끝낼 일을 이중으로 처리함으로써 비용을 낭
비하는 것과 같습니다. 영화 한 편 감상하기 위해 그러한 불편을 겪
으면서 다시는 그 영화관에 오고 싶은 생각이 없어졌습니다.

  필자가 겪었던 이런 불편이 어느 한 극장의 매우 예외적인 경우이
기를 바랍니다. 극장이 관객한테 사랑받는 문화공간이 되기 위해서
는 우선 고객에게 표를 구하기 위해 두 번 줄 서는 불편을 주지 말아
야 합니다. 그리고 극장 창구를 개선해서 종업원들이 상냥한 미소로
고객을 맞고, 고객이 허리를 굽히지 않고도 매표창구 종업원과 대화
할 수 있도록 창구를 개선해야 합니다.

  이 이야기는 서비스를 제공하는 기업체 사장들에게 몇 가지 시사
점을 제공한다고 봅니다. 우선 서비스 업체 사장은 고객의 처지에서
서비스를 제공하는 경로를 체크해볼 필요가 있습니다. 이제 서비스
업체는 「서비스를 제공만 하면 팔리는 생산자 중심시대」를 벗어나,
「팔릴 만큼 서비스를 제공해야 팔리는 소비자 중심시대」로 접어들었
다는 것을 인식해야 합니다. 경쟁자도 많아졌습니다. 이제 고객에게
불필요한 시간낭비나 불편을 강요하는 일은 없는지 고객의 처지에서
살펴보아야 할 것입니다. 한 번 거래한 고객을 단골고객으로 만들기
위해서는, 고객으로 하여금 다시는 더 거래하고 싶지 않다는 마음이
들게 하는 고객 서비스 자세는 지양해야 할 것입니다.

소비자보호의 강화

『소비자가 왕이면 판매자는 제왕 아닌가?』

비록 기업들이 『소비자는 왕이다』라는 입에 발린 말을 해온 지는 상당히 오래 되었지만, 지금까지는 솔직하게 얘기해서 기업들이 「소비자를 봉으로 대접」한 경우도 상당히 많았습니다. 유명 백화점에서조차 50% 세일을 실시한다고 대대적인 광고를 해놓고, 평소가격을 두 배 올려 써놓은 다음에 50%를 할인하여 세일가격을 고시하고, 마치 평소가격에서 50%를 할인해주는 것처럼 소비자를 우롱하는 경우도 있었기 때문입니다.

지금까지 우리는 생산자 우위시대를 살아왔습니다. 그 때에는 만들기만 하면 팔리는 시대였기 때문에 생산자들이 소비자보호에 별로 관심을 갖지 않아도 별문제가 없던 시대였습니다. 그런데 1인당 국민소득 1만 달러를 넘어선 이 시대는 분명 소비자 우위시대입니다. 현대는 소비자가 진정 왕으로서 대접받을 수 있는 시대이고, 소비자를 봉으로 대접하는 기업들이 시장경쟁에서 탈락하는 시대가 되었습니다.

정부에서도 이러한 시대적 변화에 부응하여 최근 소비자 피해보상 규정을 대폭 강화했습니다. 예를 들면 새 자동차를 구입한 지 1개월 이내에 브레이크 장치나 운전대 고장 등 주행 및 안전도와 관련한 중대한 결함이 2회 이상 발생하는 경우 새 자동차로 교환받거나 차 구입 가격을 환불받을 수 있게 했습니다. 지금까지는 차를 산 후 한 달 이내에 열 번 이상 고장이 계속되어 서비스 센터에 가는 경우에도 새 차로 교환받기가 어려웠습니다. 또 이사 당일 이삿짐센터의 잘못으로 계약이 취소됐을 경우 계약금과 함께 100%의 배상을 하도록 했고,

이사하는 사람의 잘못으로 취소되었을 경우에도 약정 운임의 20%만 배상하도록 했습니다.

단기적으로는 소비자 피해보상규정의 강화가 기업체에게는 상당한 부담으로 작용할 것입니다. 그러나 이 제도는 사장들로 하여금 좀더 질 좋은 상품을 만들도록 촉구함으로써, 장기적으로는 기업의 국제경쟁력 제고에도 기여할 것으로 생각합니다. 국내 소비자들조차 만족시킬 수 없는 상품으로 세계시장에서 국제경쟁을 하기는 어려울 것이기 때문입니다.

생산과 소비에 따른 위험

『소비자가 입는 피해는 생산자가 모두 보상하는 것이 당연한 일 아닌가?』

소비에는 항상 위험이 따릅니다. 기대와 실제에는 차이가 있을 수 있기 때문입니다. 그래서 음식을 주문할 때 메뉴만 보는 경우도 있지만 샘플까지 보기도 합니다. 전통적으로 판매자가 명백하게 사기행위를 하지 않는 한 소비하는 상품의 품질은 구매자의 책임이었습니다.

이 원칙은 소비자로 하여금 구매품의 선택을 신중하게 하는 바람직한 사회적 기능을 수행합니다. 그래서 저가품목의 경우 경험을 통해서 정보를 수집하거나 이웃이나 친지를 비롯한 사용자에게 문의하기도 합니다. 이는 정보수집 비용을 절감할 수 있는 이점이 있지만, 음식처럼 품질에 대한 판단이 주관적인 경우에는 문제가 있습니다. 그래서 브랜드 네임(brand name)을 확인하는 경우가 많습니다. 왜냐하면 유명한 상표를 가진 판매자는 그 평판을 유지하기 위해 품질관리를 잘할 것이기 때문입니다. 오랜 기간 동안 사용하는 내구재의 경우 한 번 잘못 선택하면 그에 따른 비용이 매우 큽니다. 그래서 품질보증이나 일정기간 책임수리를 요구하기도 합니다.

최근 소비자 우위시대가 열리면서 소비자보호에 대한 관심이 높아지고 있습니다. 그래서 구매책임도 전통적인 「구매자 책임주의」에서 「판매자 책임주의」로 이행하고 있습니다. 소비자들도 부실상품으로 인한 피해보상을 판매자에게 요구하는 강도가 점차 높아지고 있습니다. 예를 들면 전원을 끄지 않고 전기잔디깎기 기계의 위뚜껑을 열었다가 회전 날개가 튀어나와 부상을 입은 경우 그 책임이 전원을 끄지 않고 뚜껑을 연 정말 무책임한 소비자 책임인지, 아니면 전원을 끄지 않으면 뚜껑을 열 수 없도록 만들지 않은 판매자 책임인지 분명하지 않습니다. 물론 전원을 꺼야만 뚜껑이 열리는 잔디깎기를 만들 수는 있지만, 그에 따른 추가비용은 책임감을 가지고 기계를 다루는 많은 사람들이 부담하게 됩니다. 또한 소비자들은 잘못 선택할 때 부담해야 할 비용이 감소됨에 따라 신중한 선택을 하지 않아 반품 사례가 늘어날 것입니다. 이는 모두 소비자들의 비용으로 돌아오게 됩니다.

그러므로 무조건 판매자 책임원칙의 강도를 높이기보다는 좀더 정확한 상품정보를 소비자들이 쉽게 얻을 수 있는 방도를 마련하는 것도 중요하다 하겠습니다.

서비스 소비에 따른 위험

『책값은 왜 환불해주지 않는가?』

서 비스의 가장 큰 특징은 실물 상품과는 달리 구체적 형상이 없는 무형성(invisibility)이란 점입니다. 그리고 생산하자마자 소비되면 소멸한다는 점도 일반 제조상품과 다른 점입니다. 그래서 서

비스는 소비하고 나면 형체가 남는 것이 아니기 때문에, 서비스를 소비한 다음에 마음에 안 든다며 물러달라고 하기도 또 물려주기도 어렵습니다. 이러한 불상사를 사전에 방지하기 위해 서비스 거래는 항상 주문거래이거나 선불거래인 점이 특징입니다. 물론 서비스를 소비하고 난 후 돈을 내지 않고 나갈 사람이 없거나, 나중에라도 돈을 받아낼 수 있을 만큼 신원이 확실한 고객들이 많은 예외적인 상황이라면 반드시 그렇지는 않습니다.

책은 제조상품이기는 하지만 한 번 읽으면, 즉 소비하면 그 가치가 급격하게 하락하는 서비스와 같은 특성을 가지고 있습니다. 그런데 책이 재미있는지 여부는 책을 실제로 다 읽어보기 전에는 판단하기가 어렵습니다. 그리고 재미 없다고 해서 환불해주는 것도 아닙니다. 그러므로 소비자가 책을 구입하는 데는 상당한 위험부담이 따르게 마련입니다. 더구나 책값이 100원, 200원 하는 것도 아니기 때문에 함부로 책을 구입할 엄두를 내지 못합니다.

물론 재미 없는 책이라 하더라도 책방에서 이를 환불해주지 않는 까닭은 만약 책이 재미 없으면 환불해준다고 하면, 비록 무지무지하게 재미있어도 책을 읽어본 다음에 너무 재미 없다며 환불을 요청할 수도 있기 때문입니다.

그런데 최근 영국 중심부에 10개의 체인점을 갖고 있으며, 지방에도 진출해 있는 「Book, Etc」라는 서점에서는 새 책을 구입한 지 28일이 넘지 않고, 책이 더럽혀지거나 찢어지는 등 하자사항이 없는 한 고객이 원하는 경우 영수증과 책을 가져오면 언제나 현금으로 바꿔준다는 광고를 냈다고 합니다. 예컨대, 상품으로 다시 서가에 진열할 수 있는 상태라면 바꿔주지 못할 이유가 없다는 발상입니다.

이는 소비자들에게 책의 구입에 따른 위험을 크게 감소시켜준다는 면에서 획기적 발상이라 하겠습니다. 그 결과 독자들은 마음놓고 더 많은 책을 구입하게 될 것입니다. 아울러 출판사에게는 더욱 재미있는 책을 만들게 하는 강력한 유인으로도 작용합니다. 왜냐하면 가급적 반품되는 책을 만들지 않아야 이득을 얻기 때문입니다. 전통적 시각과는 크게 다른, 매우 획기적 발상이 아닐 수 없습니다.

이 이야기는 비록 우리나라 출판사나 서점을 경영하는 사장들뿐만 아니라, 서비스를 생산하여 제공하는 모든 이들에게 좋은 교훈을 제공합니다. 그것은 기업이 제공하는 서비스를 구입할 때 소비자는 대단히 큰 위험을 감수한다는 사실을 경영자들이 인식하고, 그러한 위험을 줄일 수 있는 장치를 마련하면 고객들로부터 큰 공감을 살 것이라는 점입니다.

3

비용관리

『개업약사들이 병원약사들에 비해 바캉스 여행을 떠나는 사람이 월등히 적은 것은 경제적 능력 차이 때문 아닌가?』

휴가철이 되면 약국의 약사들을 비롯해서 많은 사람들이 바캉스 여행을 떠납니다. 그런데 개인적으로 약국을 개점한 개업약사들은 병원약국에서 근무하는 병원약사들에 비해 바캉스 여행을 떠나는 사람이 월등히 적은 것을 볼 수 있습니다. 그 이유를 파악하기 위해서는 비용개념을 정확히 이해해야 합니다.

일반적으로 「비용」이라 하면 다른 사람이 소유하고 있는 자원을 이용하는 대가를 의미합니다. 예컨대, 어떤 사람이 음식점을 직접 경영한다면, 우선 종업원의 노동과 식품 원재료 등을 이용하는 데 따르는 대가를 치러야 하는데, 그러한 비용을 명시적 또는 회계적 비용이라고 합니다. 이것이 우리가 일반적으로 알고 있는 비용개념입니다. 그런데 음식점 경영비용에는 경영자 자신이 소유한 자원, 예컨대 경영자 자신의 몸과 시간을 이용하는 대가도 포함해야 합니다. 왜냐하면 그가 음식점을 경영하지 않고 그 시간 동안 다른 기업에서 일했을 때 돈 벌 수 있는 기회를 포기하고 음식점 경영에 나섰기 때문입니다. 그래서 자기 자신의 자원을 이용하는 대가도 당연히 비용으로 계산해야 하는데, 이를 암묵적 비용이라 합니다. 그러므로 음식점 경영에 따른 정확한 비용은 명시적 비용과 암묵적 비용을 합한 것입니다.

그러면 약사의 경우를 다시 살펴봅시다. * 숙박비 등 바캉스에 드는 명시적 비용은 개점약사나 병원약사나 모두 같을 것입니다. 그런데 병원약사는 여행을 떠난다고 해서 특별히 손해 볼 것이 없지만, 개업약사는 하루만 약국 문을 닫아도 약을 팔지 못해, 예컨대 5만 원의 손실이 발생합니다. 그러므로 그의 바캉스 비용은 숙박비뿐만 아니라, 여행으로 약국 문을 하루 닫을 때 발생하는 비용, 즉 자기 시간을 휴가여행에 사용하는 대가인 하루 5만 원도 휴가비용으로 계상해야 합니다. 따라서 개업약사의 바캉스 비용은 병원약사의 바캉스 비용보다 월등히 높습니다. 그러니 결혼 10주년 기념 휴가여행 등 여행으로 무엇인가 커다란 효용을 기대할 수 없는 한 여행을 떠나기가 어려운 것입니다.

만약 돈을 많이 버는 사장일수록 가족과 함께 휴가여행을 떠나지

---

* 언뜻 생각하면 개업약사들이 병원약사들에 비해서 돈을 많이 벌지 못해서, 즉 휴가비용을 마련할 재력의 차이 때문에 그러한 것이 아닌가 생각해볼 수도 있다. 그런데 따지고 보면 약국에 따라 다르기는 하겠지만, 개업약국 약사들의 수입이 병원에 고용되어 있는 약사들에 비해서 월등히 낮으리라고 판단할 수는 없을 것이다.

못하는 이유를 짐작할 수 있다면 비용의 개념을 정확히 이해했다고 보겠습니다. 아울러 사장들은 비용을 계산할 때는 항상 명시적 비용 이외에 암묵적 비용도 따져보아야 할 것입니다.

암묵적 비용과 수지타산

『찜질방의 한 달 운영비가 696만 원이고 한 달 수입이 700만 원이라면 수지타산은 맞는가?』

최근 찜질방이 신종 건강산업으로 급속히 확산되면서 찜질방 투자에 대한 일반인의 관심이 높아지고 있습니다. 『가령 강남지역에 찜질방을 개설하는 데 드는 비용을 생각해보자. 우선 사무실 50평을 임대보증금 5,000만 원, 월세 100만 원에 얻을 경우 한 달에 필요한 비용을 계산해보면, 임대보증금을 마련하느라 들어가는 은행 이자 52만 원, 월세 100만 원, 수도·전기·난방 등 관리비 100만 원, 홍보물 비용 30만 원, 두 명 정도의 종업원 인건비 160만 원 등 442만 원이 든다. 이 밖에 임대료 5,000만 원, 설치비용 7,200만 원, 가전제품 등 물품구입비 500만 원 등 총 1억 2,700만 원에 대한 2부 이자 254만 원이 소요된다. 그러므로 한 달 총비용은 대략 696만 원이 된다. 그러므로 한 달 수입이 700만 원이 되면 수지타산이 맞게 된다.』**

여러분도 이 찜질방의 한 달 평균 수입이 700만 원이 넘으면 수지타산이 맞는다고 봅니까? 경제이론에서는 수지타산, 즉 수입과 지출이 맞아떨어지는가를 계산할 때 지출, 즉 비용개념 속에는 명시적

** 〈중앙일보〉, 1995. 4. 20.

비용뿐만 아니라 암묵적 비용도 포함합니다.

명시적 비용이란 앞에서 보았듯이 타인이 소유하고 있는 생산요소를 사용하는 대가로 지급하는 비용을 말하는데, 원자재 구입비용을 비롯하여 임대료나 인건비 등이 그런 것입니다. 그런데 경영자인 사장은 자신이 소유하고 있는 노동과 시간, 그리고 돈을 기업경영에 투입하는데, 그 대가도 비용에 포함해야 합니다. 왜냐하면 그 대가를 명시적으로 지급하지는 않았지만, 생산을 위해 희생하는 자원임에는 틀림없기 때문입니다. 그래서 그 대가를 암묵적 비용이라고 합니다.

위의 찜질방 사업의 수지타산을 계산할 때 한 가지 빠진 비용은 찜질방을 경영하는 주인의 인건비입니다. 만약 그가 찜질방을 경영하지 않고 다른 것, 예컨대 잘 하면 다른 찜질방의 관리담당 상무를 할 수도 있고, 그 때 받을 수 있는 월급이 200만 원이라면, 당연히 찜질방 인건비 비용 속에 포함해야 합니다.

그러므로 찜질방 경영으로 올리는 한 달 수입이 1,000만 원이고 명시적 운영비용이 700만 원이라면, 사장의 한 달 이익은 300만 원이 아니라 100만 원인 것입니다. 그러므로 사장은 이익금 300만 원에 대해 세금을 내는 것이 아니라, 이익금 100만 원에 대해 세금을 내야만 마땅한 것입니다. 물론 사장의 월급에 해당하는 200만 원에 대해서는 근로소득세를 납부해야 할 것입니다.

물론 둘러치나 메치나 명시적 비용을 제외한 나머지를 사장이 갖게 될 것이므로 그게 마찬가지 아닌가 생각할 수도 있습니다. 그런데 여기에는 분명한 차이가 있는데, 그것은 세금부담이 달라질 수 있다는 점입니다. 기업경영에서의 비용은 경비로 손비처리가 가능한 반면에, 기업경영 이익은 법인세 과표를 증대시킵니다. 그러므로 사장의 월급을 비용으로 처리하면 상대적으로 세금을 덜 낼 수 있고, 사장의 임금에 해당하는 부분을 비용으로 처리하지 않으면 그만큼 이윤이 증가하므로 법인세 부담이 증가하는 것입니다.

시간의 기회비용

『영화관 입장료가 5,000원이라면 영화 한 편을 감상하는 비용은 5,000원 아닌가?』

경제이론에서 말하는 비용개념과 기업체 사장이 생각하는 비용개념과는 차이가 나는 경우가 많습니다. 어떤 젊은이가 일요일 오전에 영화관에서 영화를 한 편 감상하는 비용을 말할 때 우리는 쉽게 돈으로 치르는 영화관 입장료, 예컨대 5,000원 만을 생각하기가 쉽습니다. 그런데 영화관람 비용에는 영화관 입장요금은 말할 필요도 없고, 영화를 보는 동안 먹는 팝콘 비용도 포함해야 합니다. 그런데 여기에 포함시켜야 할 또 한 가지 중요한 비용은 시간비용입니다. 왜냐하면 영화관람 비용이란 영화를 감상하기 위해 희생하는 자원을 의미하는데, 이 때 희생하는 자원은 돈이라는 금융자원뿐만 아니라 영화를 구경하는 데 소비하는 시간자원도 포함되기 때문입니다. 그런데 이 때 시간비용을 어떻게 평가할 것인가가 문제입니다.

그 젊은이가 영화를 구경하는 데 오가는 교통시간까지 합쳐서, 예컨대 4시간이 소요됐다고 가정해봅시다. 만약 그가 영화를 관람하지 않았더라면 4시간 동안 여러 가지 다른 일들을 할 수 있었을 것입니다. 예컨대, 고향친구와 만나서 담소를 했을 수도 있고, 동네 뒷산으로 산보를 갈 수도 있었을 것입니다. 그런데 영화를 보기 위해 그 모든 기회를 포기했습니다. 따라서 영화를 보는 데 따른 시간비용의 크기는 영화를 보기 때문에 못 했던 기회 가운데 가장 가치가 큰 기회의 비용으로 측정합니다. 예컨대, 그 날 영화구경을 갔기 때문에 못했던 일 가운데 가장 아쉬웠던 것 또는 가장 가치 있었던 일은 등산이었다고 생각해봅시다. 만약 그것을 돈으로 따지면 3,000원에 해당한다고 합시다. 그러면 영화를 보는 데 드는 총비용은 관람요금 5,000원에 시간비용 3,000원을 합한 8,000원이 됩니다. 여기에서 8,000원은 영화를 보는 데 소요된 기회비용인 것입니다.

사장이 부부동반해서 영화관람하기가 어려운 까닭은 영화관람료가 높기 때문이라기보다는 시간 기회비용이 높아, 영화를 보는 경제적 비용이 높기 때문입니다. 그러므로 영화관에서 사장들이 영화를 보러 더 많이 오도록 하기 위해서는 무엇보다도 시간 기회비용을 줄여주어야 합니다. 예컨대, 영화관 좌석예매제도, 특히 전화예약이나 컴퓨터통신 예매를 할 수 있으면 시간비용이 크게 감소해 중년 사장들이 부부동반으로 영화관에 오는 사례가 증가할 것입니다.

우리는 전통적으로 「시간은 금이다」라든가, 「시간은 돈이다」라는 등 시간의 소중함을 배워왔습니다. 그러나 사실 시간은 돈보다 훨씬 더 소중한 자원임에 틀림없습니다. 왜냐하면 현재 남는 돈은 저축할 수도 있으며, 부족한 돈은 다른 사람에게서 빌려 쓸 수도 있습니다. 그리고 열심히 일해서 돈을 모을 수도 있습니다. 그러나 우리에게 주어진 시간은 저장할 수도 없고, 시간이 많아 남아돌아가는 다른 사람에게서 빌려 쓸 수도 없고, 물론 빌려줄 수도 없으며, 구입할 수도 없는 자원이기 때문입니다.

우리는 남의 물적 자원을 허비하게 되면, 이를 대단히 미안하게 생각해서 사과뿐 아니라 배상도 합니다. 예를 들어, 운전 미숙으로 남의 배추밭에 자동차가 빠져서 배추밭이 엉망이 되었다면 대단히 송구스럽게 생각하며, 사고로 발생한 배추손실에 대해 주인에게 배상할 생각을 합니다. 그런데 다른 사람의 시간을 허비하는 것에 대해서는 별로 미안하게 생각하지 않으며, 물론 보상할 생각조차 않는 경향이 있습니다.

우리나라 기업들이 다른 나라와 거래하면서 가장 많은 클레임을 받는 사례 가운데 하나가 납기지연이라고 합니다. 여기에서 클레임이란 약속한 날짜에 상품을 선적하지 못한 데서 발생하는 상대방의 손실을 보상해주는 것입니다. 납기를 맞추지 못해 발생하는 클레임도 결국 우리가 남의 시간 손실을 심각하게 생각지 않는(또는 못하는) 의식 때문이라고 생각합니다. 그러므로 우리는 자기의 시간을 좀더 효율적으로 활용할 수 있는 계획뿐만 아니라, 시간약속을 잘 지키는 등 남의 시간도 효율적으로 활용될 수 있도록 배려해야 하겠습니다.

『극장주인이 5,000원짜리 입장권 100장을 증정했다면, 그는 50만 원의 비용을 부담한 셈 아닌가?』

극장을 경영하는 극장주인이 자기 아들이 다니는 학교에 5,000원씩 하는 입장권 100장을 증정하여, 아들의 동급생 친구들 100명에게 자기네 극장에서 상영하는 영화를 무료로 관람하도록 배려했다고 가정해봅시다. 이 때 입장권 100장을 학생들에게 증정할 때 극장주인이 부담하는 비용은 얼마일까 생각해보기로 하겠습니다. 언뜻 상식적으로 생각하면 입장권이 5,000원씩이고 100장을 증정했으므로 극장주인은 50만 원의 비용을 부담했다고 생각할 수 있을 것입니다. 그러나 경제 이론적으로는 그러한 명목적인 비용이 항상 정확한 비용개념은 아니라고 봅니다.

경제이론에서 말하는 정확한 비용개념은 기회비용을 가리킵니다. 기회비용이란 극장주인이 그 입장권을 자기 아들의 동급생들에게 증정하지 않고 일반 관람객에게 판매했을 때 얻을 수도 있는 수입으로 측정합니다. 왜냐하면 입장권을 증정함으로써 입장권의 판매를 통한 수입을 얻을 기회를 희생했기 때문입니다. 만약 학생들이 초청받아 무료입장하던 날 그 영화관이 만원사례를 해야 할 만큼 성황을 이루었다면, 그 극장주인은 입장권 100장을 모두 5,000원씩 50만 원에 판매하여 수입을 올릴 기회를 상실한 것이므로 그 날 입장권 증정에 따른 비용은 50만 원입니다.

만약 학생들이 무료입장했던 날 그 영화관에는 좌석이 텅텅 빌 정도로 관객이 없었다면, 극장주인은 별 비용을 치르지 않고 생색을 냈다고 말할 수 있습니다. 오히려 영화를 무료로 관람한 학생들이 주위 친구들에게 자랑한 까닭에 그 이후 많은 관람객이 모여들었다면, 극장경영주는 별 비용을 치르지 않고 좋은 광고를 한 셈이 됩니다.

기업체 사장들도 정확한 비용개념은 기회비용 개념임을 알아야 합니다. 예컨대, 관광지의 어느 장급 호텔 사장이 주중에 빈 방이 남아 돌아갈 때면, 장기 고객으로 모시고자 하는 투숙객에게 공짜로 하루를 더 묵도록 배려해도 호텔의 처지에서는 추가적인 기회비용을 부담하는 것이 아닙니다. 이러한 경제원리를 터득한 사장은 해당 장기 투숙 고객에 대한 비용을 걱정하지 않고, 마음 놓고 생색을 낼 수 있을 것입니다.

한계비용과 평균비용

『상품의 판매가격이 개당 100원인데 평균비용, 즉 생산단가가 150원이라면 생산하지 말아야 하는가?』

기업이 제품을 생산하는 데 투입하는 비용의 성격을 여러 가지로 구분해볼 수 있는데, 한계비용과 평균비용도 그 가운데 하나입니다. 한계비용이란 제품 한 단위를 추가적으로 생산하는 데 필요한 비용이고, 평균비용이란 총비용을 총생산량으로 나눈 개당 생산비용 또는 생산단가를 말합니다. 일반적으로 한계비용과 평균비용은 생산량이 증가할 때 처음에는 하락하기 시작하다가 어느 정도 이상 생산량이 증가하면 다시 상승하는 경향이 있습니다. 그래서 한계비용과 평균비용의 변동을 그림으로 그려보면 영어로 U자 형태의 모양으로 보입니다.

기업체 사장들이 상식적으로 잘못 생각하기 쉬운 것은 자기 회사에서 상품을 얼마만큼 생산할 것인가를 가늠할 때 평균비용, 즉 생산단가를 기준으로 판단하는 것입니다. 예컨대, 제품가격이 한 개 1만 원씩이고, 100개를 만들 때 평균비용이 8,000원인 경우 평균비용에 근거하여 100개 생산을 할 것인지 판단해보도록 합시다. 개당 생산비, 즉 평균비용이 8,000원인데, 개당 판매가격이 1만 원이면 개당 이윤이 2,000원이므로 100개를 생산하는 것이 좋다고 판단할 수 있습니다. 또는 개당 판매가격이 1만 원인데, 생산단가가 1만 5,000원이라면 개당 손실이 5,000원이므로 생산하지 않는 것이 좋다고 판단할 수도 있습니다.

그런데 기업이 생산량을 얼마로 하는 것이 기업의 이윤 추구에 가장 바람직할 것인가를 가늠할 때 사용하는 비용 기준은 한계비용이어야 합니다. 예컨대, 기업이 한 개를 만들어 팔면 1만 원을 받을 수 있다고 할 때, 이윤을 극대화하기 위해서는 한계비용이 1만 원이 될 때까지 생산하는 것이 가장 바람직합니다. 물론 그 까닭은 한계비용이 제품가격 1만 원보다 작다면 한 개를 추가적으로 생산할 때 들어가는 비용이 한 개를 더 만들어 팔 때 들어오는 판매수입보다 적으므로 이윤이 그만큼 증가합니다. 그리고 반대로 한계비용이 제품가격 1만 원보다 크다면 한 개를 추가적으로 생산할 때 들어가는 비용이

한 개를 더 만들어 팔 때 들어오는 판매수입보다 커서 이윤이 그만큼 감소하기 때문입니다.

구체적으로 예를 들면 100개째를 만드는 데 추가적으로 필요한 비용이 1만 2,000원이라면 비록 100개를 만들 때 평균비용이 8,000원이라 하더라도 100개째 생산은 하지 않는 것이 기업의 이윤을 증대시킬 수 있습니다. 왜냐하면 100개째 상품을 생산하는 데 따른 추가비용(한계비용)은 1만 2,000원인데, 그것을 판매해서 얻을 수입, 즉 한계수입은 1만 원이기 때문에 2,000원만큼 손실을 보기 때문입니다.

이 같은 이론은 경영자가 어떤 사업을 추가적으로 추진할 것인가 또는 하지 않을 것인가를 결정할 때도 한계비용에 근거해서 판단해야 할 일이지, 평균비용에 근거하여 판단하는 것은 불합리하다는 것을 가르쳐주고 있습니다.

전화 대기시간의 비용

『전화하는 비용은 전화요금과 같지 않은가?』

경제이론에서 말하는 비용개념과 기업체 사장이 생각하는 비용개념과는 차이 나는 경우가 많습니다. 상식적으로 생각할 때 사장이 술 마시는 비용은 술값과 같다고 생각하기가 쉽습니다. 물론 술 마시는 비용에는 술집에 술값으로 치르는 돈, 즉 화폐비용이 있습니다. 그런데 술을 마시기 위해서 사장은 돈뿐만 아니라, 시간이라는 매우 중요한 자원도 희생해야 합니다. 그러므로 술을 마시기 위해 희생하는 시간비용도 술 마시는 데 따른 비용 속에 당연히 포함해야 합니다. 그러므로 정확한 비용개념에는 화폐적 비용, 즉 명시적 비용뿐만 아니라 시간비용까지도 포함한다는 것을 앞에서 몇 번이나 강조했습니다. 물론 여기에서 시간비용의 크기는 항상 시간 길이에 비례하는 것은 아닙니다. 일각이 여삼추와 같은 때도 있고, 하루가 한 해처럼 지루하게 느껴질 때도 있는 상대성원리(?)가 작용하기 때문입니다. *

전화를 거는 데는 다이얼을 돌리고 상대방이 나와서 통화를 시작할 때까지 상당한 시간이 걸릴 수도 있습니다. 그러므로 정부 고급공무원이나 기업체 사장이 전화를 걸어 상대방이 연결될 때까지 필요한 시간비용은 매우 크리라고 생각합니다. 그래서 통상적으로 높은 직위에 있는 사람일수록 비서에게 전화를 걸게 하고, 상대방이 전화를 받으면 비서가 신분을 확인한 다음에 자기 회사와 사장의 이름을 대고 사장의 전화라면서 조금 기다려줄 것을 요청하고 연결시켜줍니다.

문제는 그렇게 하면 전화를 받은 사람은, 상대방 비서가 자기 사장에게 전화가 연결되었다는 것을 알리고 사장이 전화기를 들고 말을 시작할 때까지 기다리게 된다는 점입니다. 이러한 통화방식을 좋아하는 이유는 높은 분이 전화를 거는 데 투입하는 시간비용을 최소화하기 위해서일 것입니다. 그렇지만 그것은 전화를 받는 사람의 시간비용을 인정하지 않거나 별로 가치가 없다고 보는 것과 같습니다.

---

* 어느 두 노인이 한담을 하고 있었다. 한 노인이 말하기를, 『난 아무리 들어도 아인슈타인(Albert Einstein)의 상대성원리를 잘 이해할 수가 없네그려』라고 말했다. 그러자 다른 노인이 말했다. 『무엇을 그리 어렵게 생각하나. 상대성원리란 예를 들어 말하자면, 예쁜 처녀가 알몸으로 자네 무릎에 30분 동안 앉아 있었다면, 아마 자네는 그 시간을 3분 동안으로 느꼈을 걸세. 그런데 자네 마나님이 알몸으로 자네 무릎 위에 3분 동안 앉아 있었다면, 아마도 30분처럼 느꼈을 걸세. 그게 다 상대성원리일세.』 그러자 첫번째 노인이 대꾸했다. 『아니 아인슈타인이란 작자가 그런 당연한 것을 가지고 그렇게 유명해졌단 말인가?』

이는 대단히 무례할 뿐만 아니라 매우 이기적인 행동이어서 상대방은 매우 불쾌한 일입니다. 물론 이 때 기다리는 시간이라야 30초 이내여서 별것 아닌 것으로 생각할 수도 있겠지만, 수화기를 들고 기다리는 30초 동안의 심리적 비용은 매우 큰 것입니다. 그러므로 내 시간이 아까우면 남의 시간도 아깝다는 것을 인식하고, 자기시간뿐만 아니라 상대방 시간비용도 귀중한 자원임을 이해하고 헤아려주어야 합니다. 이제부터는 사장들도 걸려오는 전화라면 몰라도 비서를 시켜 전화를 걸게 하고 상대방이 나온 다음에 통화하는 행동은 삼가는 것이 바람직하겠으며, 그것이 상대방에 대한 예의라 하겠습니다.

회의시간의 비용

『회의시간은 회사의 중대한 결정을 하는 데 투입한 투자라고 보아야 하지 않는가?』

요즘 어느 회사나 직위가 높을수록 참석해야 하는 회의도 많고, 회의시간도 길어지고 있다고 합니다. 이 때 사장이나 최고경영자가 간과하기 쉬운 비용 가운데 하나가 시간의 기회비용입니다.

미국의 어느 경제학자가 100대 대기업에 종사하는 200명의 중역들을 대상으로 하루 시간을 어떻게 보내는가 조사한 바 있었습니다. 중역들은 꼭 필요하지도 않은 전화를 거느라 매일 평균 15분 정도를 소비하고, 지나고 보면 별로 필요하지도 않은 문서를 결제하거나 작성하느라 32분 정도를 소비하며, 불필요한 회의를 위해 72분 정도를 소비한다는 결과가 나왔습니다. 대기업 중역들이 1주일에 5일 근무하고, 1년 52주 동안에 휴일을 빼고 48주 일한다고 상정해서 계산해보면, 그러한 일들을 위해 연간 얼마의 시간을 소비하는지 파악할 수 있습니다.

평균적으로 중역들은 1년 동안에 꼭 필요하지도 않은 전화를 거는 데 60시간을 소비하며, 불필요한 문서를 결제하는 데 128시간, 그리고 불필요한 회의를 하는 데 288시간을 소비하는 셈입니다. 이는 하루 8시간 일한다고 전제할 때 1년 동안에 약 8일은 전화 걸고, 16일은 불필요한 문서를 결제하며, 36일 이상을 불필요한 회의를 하는 데 소비하는 셈입니다. 이 세 가지 일만을 위해서 연간 60일, 즉 두 달을 허비한다는 얘기입니다.

비록 이 수치를 그대로 우리나라의 중역들이나 사장들에게 적용할 수야 없겠지만 함축하는 의미는 분명합니다. 즉 사장들이 불필요한 일에 너무 많은 시간을 허비한다는 것입니다.

우스갯소리 같기는 하지만 한 가지 대안으로는 회의하기 전에 참석할 중역들의 시간 기회비용을 회의장 칠판 상단에 크게 게시해놓는 것이 어떻겠습니까? 예컨대, 중역의 연간 총소득이 5,000만 원이라면 시간당 소득이 약 2만 원이므로 10명이 참석하는 회의라면, 회의 시간당 기회비용은 20만 원입니다. 여기에 회의실을 이용하는 기회비용과 중역이 회의에 참석했기 때문에 거래회사 사람들이 다시 전화를 걸어야 하는 기회비용까지 감안한다면 아마도 오후 한 시간 회의비용은 몇십만 원이 될 것입니다.

사장들은 시간의 기회비용이 이토록 엄청나게 크다는 것을 이해하고, 자신이 주재하거나 참석하는 회의부터 빨리 끝내도록 노력하고, 부하직원들을 빨리 일터로 돌려보내도록 해야 할 것입니다. 또한 사전에 회의자료를 배포하여 회의석상에서는 가부간 의사결정만을 논의하도록 해야 합니다. 회의실 의자가 안락할수록 회의시간도 길어질 것이므로, 딱딱한 의자로 대치하는 것도 회의시간을 줄이는 한 방법일 것입니다.

혹시 오늘 회의가 있는 최고경영자들은 그 회의에 참석하는 전 직원의 시간비용을 한번 계산해보기 바랍니다. 아마도 회의가 길어질까 조바심이 생길 것입니다.

매몰비용

『1만 원을 주고 산 주식가격이 5,000원이 되었다면 팔지 말아야 하나?』

「매몰 비용(sunk cost)」은 그야말로 이미 땅 속에 묻혔거나 물에 가라앉아 더 이상 어떻게 할 수 없는, 이미 엎질러진 물처럼 다시 쓸어 담을 수도 없는 비용을 말합니다.

얼마 전 일본의 호소카와 총리가 우리나라를 방문했을 때, 『과거 우리의 식민지 지배시절에 한반도 여러분에게, 예를 들어 모국어 교육 기회를 뺏거나 타국어를 강제로 사용케 하거나 창씨개명이라는 이상한 일이 강제되고 종군위안부와 노동자의 강제연행 등 각종문제가 있었다. 이러한 참을 수 없는 고통을 강요한 데 대해서 가해자로서 우리가 한 일에 대해 깊이 반성하면서 이번 기회에 다시 한번 진사 드리는 바다』라고 말했습니다.

일본 총리가 이제 와서 무엇이라고 사과하든 과거 우리 선대에서 입었던 피해, 즉 비용은 선조들에게 보상할 수 없는 것이고 그 피해의 역사는 지워지지도 않습니다. 과거 우리나라가 일본에게 입었던 피해는 이제 매몰비용이 되었습니다. 그러므로 우리는 매몰비용을 복구하기 위해 지나치게 연연해하기보다는, 앞으로 또 다시 피해를 입지 않도록, 즉 추가적인 비용을 부담하지 않도록 이를 역사적 교훈으로 삼아 새로운 한·일관계를 미래지향적으로 재정립해야 할 때라고 생각합니다.

매몰비용은 일단 투입된 비용을 의미하는데, 역사적 비용에만 적용되는 개념이 아니라, 기업들의 의사결정에도 적용할 수 있는 개념입니다. 예컨대, 모 재벌 건설회사가 한강다리를 건설하여 일정기간 통행료를 받은 후 서울시에 기부체납하기로 했었습니다. 그런데 막상 다리를 건설해놓고 보니, 자동차 통행량이 별로 없어 다리 보수유지비와 통행료를 징수하는 직원들의 인건비도 건질 수 없는 지경이 되었습니다. 이 경우 다리 건설에 투입한 비용은 그 건설회사에게는 매몰비용이 된 것입니다. 결국 건설회사는 그 한강다리를 서울시에 기부체납해버렸습니다.

이것은 매우 합리적인 의사결정이었다고 봅니다. 왜냐하면 회사로서는 그 다리건설 비용은 이미 엎질러진 물처럼 회수할 수 없게 되었기 때문입니다. 만약 이 때 그 건설회사가 거액의 비용을 투입한 것에 연연하여 계속 통행료를 징수하려 했다면 더 많은 손실을 자초했을 것입니다. 물론 그 회사는 앞으로 기부체납조건으로 한강다리를 건설할 경우 좀더 정확한 통행량 수요예측을 위해 더 많이 연구하고 조사해야겠다는 값비싼 교훈을 얻어야 할 것입니다.

매몰비용은 놓친 고기와 같습니다. 그것이 너무 커보여 아쉬워하며 안달한다고 해서 돌아오는 것이 아닙니다. 오히려 다시는 놓치지 않도록 대비하는 것이 현명한 판단입니다. 마찬가지로 기업체 사장도 한번 투입한 비용은 투입한 그 순간부터 매몰비용이 된다는 점을 인식하고, 그 비용에 대해 연연하지 말아야 합니다.

예컨대, 어느 상장회사 주식 1만 주를 주당 1만 원에 매입했다면, 그 순간 1억 원은 매몰비용이 됩니다. 그 후 주식가격이 5,000원이 되더라도 원가 1만 원을 생각해서 주식을 팔지 못한다면 그것은 비합리적인 행위입니다. 원가는 매몰비용임을 인식해서 잊어버리고,

과연 앞으로 주식가격이 오를 것인지 또는 더욱 하락할 것인지를 판
단해서 주식을 5,000원에라도 처분하든가, 아니면 그냥 보유할 것인
가를 결정하는 것이 합리적입니다.

교통혼잡 비용

『자동차 운행비용은 주로 휘발유 구입비용 아닌가?』

상식적으로 『비용이란 무엇인가?』라는 물음에 『어떤 상품이나
서비스를 구입하거나 향유하는 데 드는 돈』이라고 답할 것입니
다. 예를 들어, 자가용을 유지하는 데 드는 비용은 자가용 구입가격
의 감가상각비용과 휘발유 값, 세금과 보험료 등 운행비용을 생각할
것입니다.

그런데 경제이론에서는 비용을 그렇게 간단하게 생각지 않고, 어
떤 상품이나 서비스를 소비하는 데 따라 부담하는 기회비용을 진짜
비용으로 봅니다. 여기에서 기회비용이란 자동차를 운용함으로써 희
생하는 모든 것의 대가를 말하는데, 금전적 비용은 물론이고 시간비
용, 그리고 수송하는 상품의 가치하락에 따른 비용까지도 포함합니
다. 아울러 본인의 자동차 운행으로 다른 사람이 부담하는 비용과 자
동차 매연으로 인해 발생하는 공해비용도 포함합니다. 이 때 발생하
는 비용 가운데 눈에 직접 보이지 않는 비용, 이웃과 나라 전체에 발
생하는 비용 등은 개인이 잘 알 수 없어서 자동차 운행에 따른 비용
을 개별 운전자들이 정확히 파악하기는 어렵습니다.

교통개발연구원이 추계한 전국 교통혼잡비용은 1993년도만 하더라
도 8조 1,000억 원에 달하는 것으로 나타났습니다. 더욱 걱정스러운
것은 교통혼잡비용이 절대규모뿐만 아니라, 국민총생산 대비 상대비

중도 매년 상승하고 있다는 사실입니다. 1988년도만 해도 교통혼잡 비용이 국민총생산 대비 0.58%였었는데, 1990년도에는 1.21%로 두 배가 되었고, 1993년도에는 3.1%로 크게 상승했습니다.

이제 자동차는 우리에게 없어서는 안 될 생활필수품으로 자리잡았으므로 자동차의 공급억제로 교통혼잡에 대처할 시기는 지난 것 같습니다. 이제는 교통수요의 감축, 즉 자동차 운행을 감축함으로써 교통혼잡을 줄여야 합니다. 이는 우리에게 생활방식의 변화를 요구하는 것입니다. 예컨대, 한 해 서울시의 혼인건수는 8만 건 이상이며, 많은 경우에는 1만 건도 넘는다고 합니다. 그런데 전체 혼인건수의 40%가 토요일에 집중한다고 하니 하루 1,000건 이상의 결혼식이 토요일에 몰려 있는 셈입니다. 한 쌍당 하객 수를 300명으로 가정하면 토요일 하객 수는 30만 명에 달합니다. 만약 국민들이 결혼축하행태를 바꿔 축하의 뜻을 경축전보로 보내고 축의금도 경축우편으로 배달하게 하는 축하의례를 수용한다면, 결혼식 축하 인파로 인한 교통수요는 크게 감소할 것입니다.

이러한 경제원리는 사장들이 의사결정을 할 때에 자기 회사가 부담해야 하는 비용뿐만 아니라, 이웃이 부담해야 하는 비용도 아울러 고려해야 한다는 것을 가르쳐 주고 있습니다.

제 2 장

기·업·전·략

1

경영혁신 전략

『우리 경제에서 어느 한 부문만이라도 잘하면 국제경쟁력을 가질 수 있지 않을까?』

1995년 우리는 「삼풍백화점 붕괴」라는 비통한 사건으로 수백 명의 생명을 잃었고, 많은 사람들이 부상당하는 참변을 경험했습니다. 또 그보다 더 많은 사람들이 자신의 위험을 무릅쓰고 한 생명이라도 더 구해보겠다고 구조활동을 펴는, 고맙고 자랑스러운 모습도 보았습니다. 다만, 경황중이라서 그럴 수밖에 없었음을 충분히 이해하지만, 결과론적으로 볼 때 현장의 구조활동에 새로운 접근방법이 필요하다는 것을 절감했습니다. 많은 구조대원들은 제각기 구조활동을 펴서 한 생명이라도 더 찾아보겠다고 최선을 다했습니다만, 고생한 만큼 좋은 성과를 얻지 못했기 때문입니다.

발굴한 사상자의 생사 여부를 구분하지 않고, 또 부상자들을 응급환자인지 구급환자인지조차 구분하지 않은 채 무조건 병원으로 후송했으며, 병원응급실에서 이를 구분하느라 시간을 허비한 나머지 정작 위급한 환자의 생명구조에 실패하는 사례를 지켜보았습니다. 우리는 삼풍백화점 사고 수습과정을 통해 부상자 발굴, 수송, 통신, 실종자 신고, 보도, 구조대원의 숙식과 휴식, 치안과 보안 등등 모든 부문을 유기적으로 통합하고 통제함으로써 좀더 좋은 결실을 기대할 수 있다는 교훈을 얻었습니다. 어느 한 부문만 잘 한다고 해서 소기의 목적을 달성할 수 없음을 깨닫게 되었습니다.

이 때 각기 다양한 부문을 유기적으로 통합하고 통제하여 문제를 해결하고 소기의 성과를 기대하는 것을 시스템적 접근방법이라고 합니다. 이러한 교훈은 비단 구조활동뿐만 아니라 국가경제나 기업의 경쟁력 확보에도 적용할 수 있습니다. 국가도 과거에는 여러 부문이 부진하고 장애요인이 있다 하더라도 몇몇 소수 전략부문을 육성해서 특정산업의 경쟁력을 유지할 수 있었습니다. 때로는 개인의 노력과 아이디어 하나만으로도 기업이 경쟁력을 확보할 수 있었습니다.

그러나 이제는 산업 간 상호의존성과 기술연계성이 점차 높아지기 때문에, 어느 한 부문의 장애가 국민경제 전체 또는 각 개별산업의 경쟁력 제약으로 이어지고 있습니다. 예컨대 기술혁신을 통한 생산성 향상으로 생산비를 10% 감축해도, 고속도로 체증으로 물류비용이 15% 상승하면 모두 헛수고가 될 수 있기 때문입니다.

이제 우리 경제가 어느 한 부문만 잘 해서는 경쟁력을 갖기가 어렵다는 것과 경쟁력 확보를 위해서는 국가와 기업 모두가 시스템적 접근방법이 필요함을 인식해야 할 것입니다.

『우리는 줄 하나 제대로 서지 못하는 백성들 아닌가?』

　우리 모두는 대체로 어떤 일이 잘 안 될 때 곧잘 국민의식 수준에 문제가 있다는 말을 자주 하고, 또 그것이 전혀 근거 없는 얘기가 아닌 경우가 많습니다. 그렇지만 오히려 국민의식 수준을 탓하기보다는 왜 그렇게 일이 잘 안 되는지 그 원인을 체계적으로 파악해서 대처하는 접근방법, 즉 시스템적 사고가 더욱 중요하다는 것을 강조하고자 합니다.

　전에 은행에 가면 줄을 서서 기다려야 했는데, 중도에 새치기하는 사람이 가끔 있어서 말썽이 일곤 하는 것을 쉽게 볼 수 있었습니다. 어느 날은 운 사납게 줄을 잘못 선 까닭에 자기는 오랫동안 기다리고 있는데, 옆줄에 선 사람은 운이 좋아 늦게 와서도 일찍 일을 마치고 가는 것을 보면 화가 치밀었던 경험도 있습니다. 주말, 세금을 납부하는 날, 월급날 등 고객이 집중적으로 몰리는 날이면 은행은 마치 시골 장바닥처럼 소란스럽기 짝이 없었습니다. 이 때 우리는 우리 국민들의 의식수준이 아직까지 줄 하나 제대로 서지 못하는 단계임을 탓하며, 국민의식의 후진성을 나무랐습니다.

　이 때 은행에서 줄 서는 데 문제가 많았던 이유는 마치 공중변소에서 줄 서는 방식으로 은행에서 고객들을 기다리게 했기 때문이었습니다. 즉 먼저 온 고객이 먼저 일을 마치고 돌아갈 수 있는 시스템이 아니라, 운 좋은 고객이 먼저 일을 마치고 돌아갈 수 있는 시스템에 따라 일을 처리했기 때문입니다.

　최근 은행들이 번호표 제도를 도입함으로써 고객들이 줄 서서 기다리는 시스템을 선착순 업무처리 방식으로 개선했습니다. 번호표 제도를 시행한 이후 은행은 매우 조용해졌고, 고객들은 모두 자리에 앉아서 책을 읽거나 친구들끼리 조용히 담소하는 평화롭고 아늑한 공간으로 변모했습니다. 은행에서 더 이상 국민의식 수준을 탓할 필요가 없게 되었습니다.

얼마 전 텔레비전 뉴스시간에는 심야에 8차선 도로에서 3, 4차선 도로에까지 시민들이 늘어서서 택시를 잡으려고 우왕좌왕하는 모습을 보여준 적이 있었습니다. 물론 택시도 질서 있게 탈 줄 모르는 우리 국민들의 「의식수준」을 문제삼는 지적도 곁들여졌습니다. 그러나 이를 국민의식 문제로 인식하기보다는 시민들이 왜 3, 4차선에까지 몰려나와서 택시를 잡는지 파악하고, 이러한 혼잡을 개선하도록 시스템을 바꾸는 데 지혜를 모으는 것이 좀더 효과적이리라고 생각합니다.

사장도 회사나 공장 안에서 무엇인가 계속해서 똑같은 문제가 발생할 때면 직원이나 종업원들의 의식수준을 탓하기 전에, 왜 그러한 문제가 계속해서 발생하는가를 따져보고, 그러한 문제가 발생하지 않도록 시스템을 바꿔보는 것이 더욱 바람직할 것입니다.

특히 직원들이 일을 창의적으로 하지 않는다고 직원들을 질타하기 전에, 직원들이 고위 경영자의 결제를 받지 않고 무엇인가 새로운 것을 시도했다가 결과가 잘못되었을 때 지나치게 몰아붙인 적은 없는지 반성해볼 필요가 있습니다. 직원들에게 재량권을 부여하지 않고 시시콜콜한 것까지 사장이 직접 챙기지는 않았는지 반성해볼 필요가 있습니다.

혁신과 이윤

> 『기업이 이윤을 추구하는 것은 정당하지 않다?』

자본주의 사회가 발전하는 기본요소 가운데 하나는 혁신입니다. 현재 우리 생활양식을 바꿔놓기도 하고, 우리 모두를 즐겁게

해주기도 하는 금세기의 신상품들은 단군 이래 가장 히트한 신상품이라는 노래방 기기를 포함해서 전화, 텔레비전, 냉장고, 컴퓨터, 자동차, 비행기 등등 이루 헤아릴 수 없을 만큼 많습니다. 이러한 상품들은 단순히 훌륭한 아이디어 하나만으로 빛을 본 것은 아닙니다. 이러한 아이디어를 상품화하여 소비자들에게 만족감을 주는 창업기업가들이나 신상품 개발 역군들의 노력이 더해졌기 때문에 가능했던 것이었습니다.

혁신적 기업가들은 자본을 필요로 합니다. 왜냐하면 혁신적 아이디어만 가지고서는 아무런 의미가 없고, 이것을 상품으로 구체화해야 하기 때문입니다. 이 때 기업가는 신상품이 성공하면 이득을 나눠주겠다고 약속하고 여러 사람들로부터 돈을 빌리거나 주식을 발행해서 자금을 조달합니다. 그렇지만 신생 기업가는 주위에 좋은 평판도 나있지 않은 가운데 오직 새로운 아이디어와 개인적 열정, 그리고 책임감으로 금융기관을 비롯한 투자가들을 설득하여 자금을 마련해야 하기 때문에 결코 쉬운 일이 아닙니다.

기업가는 위험을 받아들이면서 신상품을 시장에 출현시키는 사람들입니다. 특히 새로운 아이디어로 신상품을 개발하기 위해 새로운 기업을 창업하는 중소기업 사장들은 이미 자리잡은 대기업의 경영자들에 비해서 대단히 큰 위험을 부담하게 마련입니다. 물론 창업이나 신상품 개발에 따른 위험에 대해서는 기업가가 보험에 가입하여 위험을 회피할 수도 없습니다.

기업을 경영하는 사장들은 자신이 부담하는 위험을 이윤이라는 형태로 보상받습니다. 그러므로 창업기업이 성공할 경우 기업가 자신뿐만 아니라, 창업기업에 투자한 사람들이 이미 완전히 정착한 기존 기업의 투자에 비해 더 많은 보상을 받는 것은 당연합니다. 그럼에도 불구하고 때로는 기업이 이윤을 추구하지 말아야 한다는 견해도 주위에서 제기되고 있습니다. 이는 기업이 신상품을 만들거나 혁신을 추구하는 기업의 창조적 행위를 금지하는 것과 같습니다. 기업가인 사장의 혁신과 위험을 부담하는 행위의 사회적 기여를 우리가 가치 있는 것으로 인정한다면, 그러한 행위가 성공할 경우 사장들이 얻는 높은 이윤에 대한 부정적 시각은 적절하지 않은 것입니다. 더욱이 기업가가 자신이 번 돈을 위법적인 소비행동으로 표출하지 않는다면, 어느 정도 범위 내에서 자유롭게 쓸 수 있도록 하는 것도 기업가들로 하여금 더욱 열심히 일하게 하고 더 많은 위험을 부담하게 하는 유인책이 됩니다. 그러므로 이윤에 대한 과도한 과세는 「황금 알을 낳는 거위를 죽이는 꼴」과 다름 없습니다. 물론 때로는 독점이나 담합을 통해서 이윤을 추구하는 까닭에 사회의 지탄이 되는 경우가 있기는 하지만, 그것은 법의 규제대상인 것입니다. 그러므로 경영자는 이윤을 추구하는 행위에 대해 떳떳하게 행동할 수 있도록 법의 테두리 내에서 창의적인 기업활동을 펼쳐 이윤을 추구해야 하며, 이윤에 대한 국민들의 부정적 시선도 감안해서 소비행동에도 어느 정도는 절제가 있어야 할 것입니다.

전략적 제휴

> 『「우리는 우리의 힘만으로 미래를 개척할 것입니다」라고 자랑하는 기업은 정말 훌륭한 기업 아닌가?』

서양 격언 가운데 「적은 싸워서 이기거나 그렇게 할 수 없으면 친구로 삼아라!」라는 말이 있습니다. 이 원리를 기업경영에 적용한 것이 전략적 제휴(strategic alliance)입니다. 예컨대, 현재 IBM은 개인용 컴퓨터나 소프트웨어 분야 등에서 40여 개의 다른 기업과 제휴하고 있습니다.

최근 업종 간 경쟁이 격화하고, 상품규격의 일체화를 기대하는 고객욕구가 팽배해지며, 기술혁신이 가속화하는 등 국내외에서 기업들의 경쟁환경이 점차 어려워지고 있습니다. 더욱이 오늘날 세계경제는 통신혁명과 컴퓨터 혁명으로 인하여 하나의 시장으로 통합되고 있어서, 개별 기업들은 전세계 기업들을 상대로 경쟁할 수밖에 없게 되었습니다. 그런데 개별 기업 혼자 힘으로 전세계에 있는 모든 기업들을 상대로 경쟁하기는 대단히 어렵습니다. 그래서 최근 선진국에서는 경쟁관계에 있는 기업끼리 전략적으로 업무협조 관계를 맺는 사례가 많아지고 있습니다. 특히 주목할 것은 첨단기술분야에서 미국 기업과 일본 기업들 사이에 전략적 제휴가 급증하고 있다는 점입니다.

여기에서 전략적 제휴란 기술개발, 부품조달, 생산, 판매 등 다양한 기업활동 분야에서 경쟁사와 협력관계를 맺는 것을 말합니다. 협력형태로는 두 기업이 별도의 합작회사를 설립하거나, 특허권이나 노하우를 교차로 주고받는 크로스 라이선싱(cross licensing), 공동으로 기술개발이나 위탁생산하는 등 다양합니다.

기업들이 전략적으로 제휴하는 목적은 새로운 시장진출이나 신상품 개발에 따른 위험을 감소 또는 분산하기 위한 것입니다. 특히 최근 들어 전략적 제휴가 증가하게 된 이유는, 시장이 성숙해짐에 따라 제품, 작업설계, 기술 등 여러 면에서 혁신이 불가피한데, 이를 독립적으로 추진하기에는 자본, 인력, 그리고 노하우 면에서 어려움이 있기 때문입니다. 그리고 미국 · 일본 등 선진국의 기술보호주의와 통상압력이 강화되는 추세에 공동대응하기 위한 방편의 하나로도 전략적 제휴가 증가하고 있습니다.

전략적 제휴를 통해 제휴기업들은 상호 협력관계를 통해 자원을 공동이용하여, 신상품 개발이나 신시장 진출에 따른 불확실성 및 투자위험을 감소시키자는 것입니다. 때로는 기업 간 경쟁관계의 상호작용을 통해 새로운 기술과 산업표준의 확산을 가속화시켜 진입장벽을 쌓기 위한 목적으로 전략적 제휴를 추진하기도 합니다.

전략적 제휴는 첨단기술개발 분야에서 빈번합니다. 그 이유는 첨단기술개발에는 거액의 자금과 위험부담이 수반되는데, 공동개발에 의해 참여기업들이 위험을 분산할 수 있기 때문입니다. 특히 첨단 기술분야인 멀티미디어 개발에서는 가전, 통신, 컴퓨터, 전산 등 각종 첨단기술을 복합적으로 활용해야 하므로, 각기 다른 분야에서 두각을 나타내고 있는 기업들 사이의 제휴가 활발히 이루어지고 있는 것입니다.

첨단기술분야에서 후발주자인 우리 기업들 처지에서 볼 때, 선진국 기업끼리 제휴한다는 것은 그들이 기술독점을 강화할 수 있다는 점에서 매우 위협적이며 걱정스러운 일이 아닐 수 없습니다. 이에 대해 우리 기업이 대응하는 길은 첨단기술분야에서 우리 대기업끼리 또는 해외기업들과 전략적으로 제휴하여 경쟁력을 확보하는 것이라고 생각합니다. *

물론 전략적 제휴가 항상 좋은 결과만을 초래하는 것은 아니고, 여기에도 위험이 따릅니다. 공동생산과 기술공유를 위한 많은 제휴관계에서 처음에 분담하기로 한 영역구분이 진행과정에서 모호해지기도 하고, 서로 상대방의 영역을 침범할 수도 있습니다. 제휴 파트너의 기술을 빼내가는 것이 목적인 제휴도 있을 수 있습니다. 또한 경쟁기업의 새로운 기술을 습득할 수 있는 기회를 제공하기도 합니다. 예를 들면 과거 미국 기업들이 투자비용과 원가절감을 위해서 일

---

* 이지평, 「전략적 제휴」, 〈LG주간경제〉, 1993. 6. 14.

본 기업들과 전략적으로 제휴했었는데, 결국에는 자신들의 기술과 노하우를 유출하는 결과만을 초래한 적도 있었습니다.

전략적 제휴는 결국 제휴기업 쌍방이 함께 부강해지자는 것입니다. 제휴기업 가운데 어느 한편만 일방적으로 이득을 얻는 제휴는 이루어지기도 어렵고 오래 가지도 못합니다. 그러므로 우리나라 기업, 특히 중소기업의 사장들도 국내기업이나 외국기업과 제휴하되, 공동의 이익과 번영을 함께 도모하겠다는 생각을 가져야 합니다.

자체 제작과 외주

『될 수 있으면 자급자족하는 것이 가장 바람직한 것 아닌가?』

기업은 부가가치를 창출하는 작업을 수행합니다. 기업은 원자재와 부품을 조달해서 원·부자재 구입비용을 초과하는 완제품을 제조할 때 부가가치를 창출합니다. 여기에서 부가가치란 원·부자재 구입비용과 판매가격과의 차이를 말합니다.

과거에는 한 기업이 여러 기능을 동시에 수행하는 것이 훨씬 더 효율적이었던 때가 있었습니다. 1년에 연인원 수백만 명의 근로자들을 중동에 송출해야 했던 건설회사들은 자사 근로자 송출업무만을 전담하는 여행사를 자체 설립해서 운영했고, 어떤 재벌기업은 자사 노동자들에게만 빵을 공급하는 제빵회사를 설립하기도 했습니다.

그러나 이제는 한 기업에서 모든 것을 다 만드는 것이 효율적이지도 않고 자랑스럽지도 않은 시대가 오고 있습니다. 왜냐하면 그 모든 기능을 한 회사에서 담당한다면 조직의 유연성을 기대할 수도 없으며, 규모의 경제에 따르는 이득도 기대할 수 없기 때문입니다. 그래서 이제는 기업이 수행하는 여러 가지 일을 자체 생산할 것인가 또는 외부에서 조달할 것인가를 가늠해야 합니다.

최근 업무대행업이 호황을 구가하고 있습니다. 외부의 전문업체에게 일을 맡기면 전문화의 이득, 규모의 경제 등을 향유할 수 있기 때문입니다. 사실 제조업의 발전도 각 개인이 스스로 만들어 사용하던 물품을 다른 사람으로 하여금 만들게 하고, 이를 구입하여 사용하는 과정에서 시작됐다고 볼 수 있습니다. 이러한 행위가 확대됨에 따라, 인류는 분업화와 전문화로부터 큰 이득을 얻게 되었습니다.

물론 처음에는 스스로 만들어 사용하던 물품을 다른 사람에게 만들도록 하고, 이를 구입해 사용하는 것에 대해 일부 국민들의 저항도 없지 않았습니다. 예를 들어, 옛날 할머니들은『세상에 다른 것은 몰라도 간장만은 사다 먹을 수 없다』라며, 시판 중인 간장을 구입하여 식탁에 올리는 행위를 극렬하게 반대했었습니다. 그런데 최근에는 간장과 된장을 직접 담가 먹는 가정이 점점 줄어들고 있습니다.

어쨌든 이제는 어떤 물품이라도 구입·이용하는 행위에 대한 거부감이 크게 감소하고 있습니다. 아마 최후로 남아 있는 보루로서는 김치를 들 수 있을 것입니다. 물론 최근 대기업들이 김치제조업에 뛰어들어 김치공장이 생겨나기 시작하는 것을 보면, 이것도 곧 과거의 유풍이 될 것 같습니다.

앞으로 대행서비스는 점차 확대할 것으로 보입니다. 가정에서도 오래 전부터 세탁물을 동네 세탁소에 대행을 시켜왔는데, 이제는 김장김치를 담그기 위해 김치 숨죽이는 일을 대행시키는 데까지 이르렀습니다. 현재는 모든 회사들이 경리과를 두고 회계업무를 수행하고 있지만, 앞으로는 회계처리 서비스를 외부기관에 하도급을 주어 대행시키고, 경영자원을 회사 본연의 사업분야에 집중함으로써 회사는 규모의 경제를 향유할 수 있을 것입니다.

일반적으로 기업의 간접비 부분은, 회사가 지원업무를 직접 수행하는 데 따른 비용을 의미합니다. 그러므로 자체 생산이 전문업체에 주문하는 것보다 비효율적일 경우에는 제품디자인, 광고, 유통경로 등의 서비스 분야에서 최고의 서비스 시스템을 보유하고 있는 전문기업과 제휴하여 자사의 약점을 보완해나가는 것이 바람직합니다. 처음에는 통근차량의 출퇴근업무, 경비업무, 청소업무 등과 같은 고정비 비중이 높은 서비스를 용역업체에게 대행시킨 것이 시발점이 되어, 이제는 조사, 연수, 경리 등의 업무에서부터 총무, 영업에 이르기까지 그 범위가 넓어지고 있습니다.

이제 사장들은 지금까지 회사 내에서 직접 생산해서 소비하던 모든 종류의 서비스에 대해서 앞으로도 계속 회사 내에서 생산(in-house production)할 것인지 또는 회사 밖에서 주문해서(out-sourcing) 사용할 것인지를 숙고해보아야 합니다. 모든 생산공정을 한 기업에서 전담하는 것이 바람직했던 시대는 지나가고 있습니다.

다운사이징의 경제원리

『다운사이징은 기업의 군살을 빼는 정책이므로 항상 바람직한 것 아닌가?』

다운사이징(down-sizing)은 기업의 경쟁력을 제고시키기 위해 기업조직을 개편하는 리스트럭처링(restructuring), 리엔지니어링(reengineering)을 통해 근로자를 대량 해고하는 등 기업의 군살을 제거하는 대대적 개혁조치를 말합니다. 선진국에서는 지난 몇 년 동안 다운사이징 열풍이 여러 분야에서 유행처럼 일었습니다. 과거에는 경기침체로 일감 수요가 감소할 때 손실을 줄여 살아남기 위해 부득이 다운사이징하는 경우가 있었는데, 근래에는 경기가 호황이고 기업이 막대한 수익을 냈어도 경쟁력을 강화하기 위해 다운사이징하는 경우도 많습니다.

1995년만 하더라도 1~9월까지 미국에서 해고한 근로자는 약 30만 명에 이릅니다. 미국경영자협회는 한 명의 신규채용이 늘면 한 명의 기존 근로자를 해고하는 상황이라고 합니다. 최근 미국의 대기업 조사에서는 약 50%의 인력을 감소시켰다는 통계도 나왔습니다.

한때는 기업의 군살빼기 운동인 다운사이징을 모든 기업들이 꼭 해야 하는 것으로 생각해서 전 산업계에 유행처럼 번졌던 적이 있었습니다. 그런데 최근 다운사이징이 과대선전되었다는 비판적인 시각이 대두하고 있습니다. 고위경영자의 리더십을 보여주기 위한 다운사이징의 시도라기보다는 때로 부실경영을 호도하기 위한 사례도 많았다는 것입니다.

최근 점차 많은 경영전문가들은 다운사이징의 타당성에 대해 의문을 제기하고 나섰습니다. 왜냐하면 다운사이징이 오히려 기업체의 체력을 너무 약화시켜 경쟁사보다 경쟁력이 뒤처지는 경우가 많았기 때문입니다.

최근 대우경제연구소에서도 우리나라 기업들의 다운사이징 시도가 생산성에 미친 영향이 미미하다는 보고서를 발표해 화제를 모으고 있습니다. 이 보고서에 의하면 다운사이징을 시도한 회사의 생산성이 부진한 이유는, 우리나라 경영자들이 감원이나 고정자산 감축을 다운사이징의 전부로 잘못 알고 있으며, 기업 내부 변화에 집착해 업계전반의 환경과 구조변화 추이를 파악하지 못했기 때문이라고 보고 있습니다.

다운사이징이 초래하는 가장 큰 문제는 다운사이징 과정에서 기업의 자산 가운데 가장 중요한 근로자의 충성심을 상실할 우려가 있다는 점입니다. 다운사이징에서 살아남은 근로자들에게는 기업을 위한 희생과 봉사를 기대하기가 어렵습니다. 그리고 근로자의 대량 해고는 기업에 종사하던 근로자와 그의 업무실적만 상실하는 데 그치는 것이 아닙니다. 기업은 근로자의 오랜 경험과 경륜, 거래로 형성된 고객과의 상호신뢰관계까지 잃게 되기 때문입니다.

미국의 노동부장관도 다운사이징이 확실히 과장선전되었다고 말하면서, 비록 어느 기업의 다운사이징 실시는 증권시장에서 주식가격을 일시적으로 평균 8% 정도 상승시키는 효과가 있지만, 주식가격의 상승세가 지속되지는 못한다는 것을 지적하고 있습니다.

리엔지니어링, 리스트럭처링 또는 다운사이징으로 불리는 새로운 유행이 장기적으로 주식가격을 지탱해주지 못한다는 조사연구도 나오고 있습니다. 작년 콜로라도 대학의 한 연구보고에 의하면, 과감하게 다운사이징을 한 기업들이 그렇지 않은 경쟁기업들에 비해 경영실적이 부진하다는 결과가 제기되었습니다.

우리나라에서도 대우경제연구소가 내놓은 「우리나라 상장기업의 리스트럭처링 성과분석」이라는 연구보고서에서 1991~93년까지 상장기업들이 인원감축이나 유형고정자산 감축을 통해 벌인 리스트럭처링이 생산성 향상으로 이어지는 경우는 전체 리스트럭처링 추진 기업 중 3분의 1에 불과하고, 그것도 2년 여의 시차를 두고 나타났던 것으로 밝혀졌습니다.

예전에는 기업 스스로 종업원을 해고하는 행위는 수치스러운 일로 여겨졌었습니다. 그러나 현재는 많은 기업들이 다운사이징을 실시하고, 오히려 다운사이징하지 않는 최고경영자는 직무를 태만히 하고 있는 듯한 인상을 줄 정도입니다. 그렇지만 다운사이징은 신중하게 시도해야 하겠습니다. 왜냐하면 단지 시류에 따르거나 외형적인 다운사이징이 해고근로자에게 너무 큰 피해를 주기 때문입니다.

과거 기업은 근로자를 항상 발전시키고 보호해야 할 기업의 가장 중요한 자산으로 보아왔는데, 이제는 마치 소모품처럼 인식하고 있다는 것은 정말 큰 문제라고 생각합니다. 그러므로 사장들은 다운사이징만이 살 길이라는 생각은 재고하는 것이 좋겠습니다.

프로슈머

『고객들은 가능하면 기계를 직접 조작하길 싫어하는 것 아닌가?』

프로슈머(prosumer)는 제3의 물결을 얘기한 미래학자 토플러(Alvin Toffler)가 생산자를 의미하는 프로듀서(producer)란 영어단어와 소비자를 의미하는 컨슈머(consumer)라는 영어단어를 합성하여 만든 말입니다. 그 의미는 생산자와 소비자의 역할을 동시에 하는 사람, 즉 셀프 서비스하는 사람을 의미합니다.

과거 농경사회에서는 자기가 농사를 지어서 수확한 것을 먹고 살았으므로, 사람들은 자기가 소비할 산물의 생산자이면서 동시에 소비자였습니다. 그런데 산업사회로 넘어오면서 생산자와 소비자가 구별되었습니다. 왜냐하면 산업사회에서 생산자는 자기가 소비하기 위해 생산하는 것이 아니라, 시장에 내다 팔기 위해 생산했기 때문입니다.

오늘날 정보화시대가 되면서 사람들은 자기가 소비할 것을 직접 생산하는 행태들을 다시 보이고 있습니다. 즉 과거 생산자들이 해왔던 생산활동을 소비자들이 직접 담당함으로써, 마치 농경사회처럼 자신이 소비할 것을 스스로 생산하는 모습들을 볼 수 있습니다. 예전에는 택시나 버스가 수송 서비스를 전문적으로 제공해왔습니다. 그런데 이제는 소비자들이 자가용 승용차로 자기가 필요한 수송 서비스를 스스로 생산합니다. 전에는 은행에 가서 예금을 인출한다든가 예금을 한 계좌에서 다른 계좌로 이체하는 일을 생산자인 은행원이 전문적으로 맡아 했습니다. 그런데 최근에는 자동입출금기를 통해 고객들이 직접 현금의 인출과 계좌이체 서비스를 자신에게 제공하는 현상이 점차 보편화하고 있습니다. 그리고 생산자가 부품만 생산하고 소비자가 직접 조립하는 가구도 늘어가고 있습니다. 이러한 제품들을 DIY(do-it-yourself) 제품이라고 합니다.

　기업체 사장들은 이 같은 변화를 통해 소비자의 행태가 크게 달라지고 있음을 인식해야 합니다. 이는 원료부터 완제품 생산에 이르는 여러 가지 생산공정 가운데 일부를 소비자가 직접 담당하고 싶어하는 사회현상이 보편화하고 있음을 시사해주는 것입니다. 그러므로 사장도 자사에서 현재 생산 중인 상품의 생산공정 가운데 소비자에게 직접 담당하게 할 부분이 있는지 살펴보고, 그러한 기회를 소비자에게 돌려줌으로써 생산비 절감과 아울러 고객들로 하여금 창의적 생산행위에 동참해서 더욱 만족하고 즐거움을 느끼도록 해야 합니다.

브랜드의 의의 :「여주-이천쌀」상표

『상표란 단순히 상품의 이름이 아닌가?』

최근 외국에서 우리나라 기업의 상표를 도용하는 사례가 늘고 있어 문제입니다. 상표는 기업의 얼굴과 같고, 경쟁기업의 동종 상품에 비해 자사제품을 차별화할 수 있는 좋은 수단입니다. 그래서 기업들은 자사 상표가 공신력을 갖고 좋은 이미지를 형성하도록 품질관리에 많은 노력과 비용을 투입합니다.

　상표가 공신력을 얻게 되면 비록 무형이지만 경제가치를 갖습니다. 예를 들면 「피에르 가르댕(Pierre Cardin)」이라는 상표는 국제적으로 명성이 높습니다. 그래서 우리나라 기업이 만든 넥타이나 와이셔츠에「피에르 가르댕」상표를 붙이기 위해 개당 일정 금액의 대가(로열티)를 치르고 있습니다. 물론 기업들은 상표의 가치를 유지하기 위해 많은 노력을 경주합니다. 예컨대, 프랑스의 피에르 가르댕 회사는 자사 상표를 붙이는 우리나라 기업이 만든 넥타이나 와이셔츠의 품질이 일정수준에 이르도록 품질관리를 계속하고 있습니다.

우리의 주식은 쌀이고, 우리나라에서 가장 인기 있는 쌀의 상표 가운데 하나가「여주-이천쌀」일 것입니다. 여주·이천 지역에서는 매년 2월경이 되면 전년도에 경작한 쌀은 동이 난다는 것입니다. 그런데 일부 도정업자들이 충청도나 전라도에 가서 쌀을 사다가 정미해서「여주-이천쌀」이라는 상표를 부착해서 판매하기도 한다는 것입니다. 이것은「여주-이천쌀」이라는 상표의 가치를 훼손하는 행위입니다. 물론 몇 년 간은 다른 지방의 쌀을 여주-이천쌀로 둔갑시켜 이득을 볼 수도 있을 것입니다. 그러나 국민들의 피해가 늘어감에 따라「여주-이천쌀」이라는 상표는 공신력을 잃어, 진짜 여주·이천쌀도「여주-이천쌀」로 대접받지 못하게 될 것입니다. 종국에는「여주-이천쌀」이라는 상표가 아무런 가치를 갖지 못할 수도 있습니다.

이것은 힘들여서 한국 최고의 인기 있는 쌀 상표를 구축해놓은 여주·이천 지역의 쌀 경작자들에게는 매우 불행한 일이 아닐 수 없습니다. 그러므로 여주·이천 지역의 농민들과 도정업자들은「여주-이천쌀」이라는 상표관리에 만전을 기해야 합니다. 아울러 중소기업 사장들도 상표의 중요성을 인정해서 자기 상표에 공신력을 제고시킴으로써 기업의 성가(聲價, good will)를 높이도록 해야 합니다.

인턴제도

「인턴제도」라면 으레 병원에서만 시행하는 제도로 생각하기 쉽습니다. 그런데 최근 일반기업체에서도 인턴제도를 도입하기 시작했습니다. 인턴제도는 대학생들이 방학 동안에는 풀 타임으로, 그리고 개학기간 중에는 파트 타임으로 기업에서 일하면서 장래 희망하는 기업의 특성을 자세히 파악하고, 기업은 장래 신입사원 후보를 가까운 곳에서 장기간 자세히 관찰할 수 있는 기회를 통해 서로 최선의 선택을 가능하도록 하는 것입니다.

경제학적으로 인턴제도의 존재의의를 이론적으로 뒷받침하는 것이 역선택이론(adverse selection)입니다. * 어느 기업이 마음에 꼭 들어할 사람은 다른 기업에서도 채용하고 싶어할 것이므로 좀더 인기 있는 다른 기업에 취업할 가능성이 높습니다. 반면에 해당기업에서 기피하고자 하는 사람은 자기에 관한 정확한 정보를 기업에 알리지 않고 응시합니다.

일반적으로 기업은 신입사원 후보자들의 평균수준에 관한 정보는 가지고 있지만, 특정 신입사원 후보 개개인에 관한 정확한 정보는 부

---

* 소비자들은 중고차시장에도 정말 좋은 품질의 값싼 차가 있다는 것을 알지만, 문제는 어느 차가 좋은지 정확한 정보가 없다는 점이다. 자동차를 판매하는 사람은 자기 차에 대한 정확한 정보를 알고 있지만, 사려는 사람은 사려는 차에 대한 정보를 정확히 모른다. 이를 정보의 비대칭이라고 한다. 즉 자동차에 대해 판매자와 구매자가 동일한 정보를 갖지 못하고 있다는 것이다. 그래서 나쁜 차를 구매할 위험 때문에 고객들은 중고차시장에서의 구매를 꺼려 하여 좀 무리를 해서라도 새 차를 사게 된다. 그런데 만약 그가 구입할 차에 대한 정확한 정보를 알고 있었다면 그러한 선택은 하지 않았을 것이다. 이처럼 정보의 비대칭성이 있는 경우 잘못된 선택을 하게 된다는 이론을 역선택이론이라고 한다.

족하게 마련입니다. 따라서 기업은 꼭 필요로 하는 사람보다는, 오히려 기업이 회피하고자 하는 사람을 뽑게 될 확률이 높습니다. 이토록 기업과 채용후보자 사이에 정보의 비대칭성, 즉 채용후보자는 자기 자신에 관한 정보를 잘 알고 있는 반면에 기업은 그에 관한 정보를 잘 모르기 때문에 잘못 선택(역선택)할 가능성이 높다는 것이 역선택이론입니다.

지금까지 기업체 사장은 신규직원을 선발할 때 대체로 필기시험이나 면접시험 방식을 선호해왔습니다. 그런데 잘 해야 몇 분 간의 짧은 면접을 통해 장래 기업을 이끌 유능한 신입사원을 구별해낸다는 것은 여간 어려운 일이 아닐 수 없습니다. 그래서 바람직하지 않은 신입사원 후보를 걸러내기 위해 도입한 방안이 「인턴제도」입니다.

인턴제도는 일종의 사원연수 형태를 빌려 회사를 소개하고 우수인력을 확보하는 것이 중요한 의도라고 하지만, 가장 큰 목적은 기업이 신입사원 채용후보자를 가까이에서 상당기간 관찰해서 부적격자를 가려내는데 효과적입니다. 물론 신입사원 후보로서도 입사 후 실망하여 곧 퇴직하는 사태를 미연에 방지할 수 있게 될 것입니다. 특히 중소기업 가운데는 유망 중소기업들도 있고 부실한 기업도 있습니다. 그런데 구직하려는 사람들은 어느 회사가 견실하고 어느 회사가 부실한지 정확한 정보가 없다면 아예 중소기업의 일자리를 찾아보려고 하지 않게 됩니다. 중소기업들도 이러한 역선택을 방지할 수 있는 방안 가운데 하나가 인턴제도입니다. 구직하려는 사람은 인턴제도를 이용하여 회사를 면밀하게 살펴봄으로써 회사에 관한 충분한 정보를 얻을 수 있기 때문입니다. 그러므로 유망 중소기업들이 인턴제도를 시행하면 자질 있는 신입사원을 확보할 수 있을 것입니다.

2

위험관리 전략

『기업이 도산하는 것은 여건이 악화된 탓인가?』

동양의 위대한 현자 가운데 하나인 맹자는 『일찍이 안으로는 군주를 견제하는 세력과 법도에 맞게 간하는 신하가 없고, 밖으로는 적국이나 외환이 없는 나라는 군주가 자만에 빠져 반드시 멸망하고 만다. 이러한 것을 보면 사람은 우환 속에서는 이를 극복하려고 노력하여 도리어 생존하고, 안락 속에서는 결국 자멸하고 만다는 사실을 깨닫게 된다』라고 말했습니다.

이 말은 나라의 경영에 관한 이야기인데, 예나 지금이나 깊이 새겨야 할 진리가 아닌가 생각합니다. 1973년에 제1차 원유가격 파동이 있었습니다. 그 당시 원유가격이 1배럴당 3달러 50센트에서 갑자기 네 배나 상승하여 14달러가 되었습니다. 세계경제는 이 충격에 견디지 못해서 깊은 침체에 빠졌으며, 인플레이션이 극에 달했습니다. 우리나라도 연간 물가상승률이 45%에 이르렀습니다. 원유파동은 1979년에 한 차례 더 있었습니다. 당시 1배럴당 12달러 하던 원유가격이 35달러에 달해 거의 세 배나 수직 상승했던 것입니다. 그래서 전세계의 부는 원유 소비국에서 원유 생산국으로 물밀듯이 흘러 들어갔습니다.

제1차 원유파동을 겪은 지 20여 년이 지난 지금, 원유를 전량 수입해야 했기 때문에 위기를 맞았던 일본이나 한국 등 원유소비국들은 에너지 소비의 효율화를 위한 피나는 노력을 시도한 끝에 오히려 부강해졌으며, 베네수엘라나 멕시코와 같은 원유생산국들은 자만한 끝에 결국 빚더미에 올라앉게 되었습니다.

이러한 원리는 기업에게도 적용된다고 생각합니다. 기업도 어려움이 없으면 도산할 수 있다는 교훈을 시사하는 것으로 해석할 수 있기 때문입니다. 안으로는 기업의 부실경영에 관한 강력한 견제나 비판의 소리가 없고, 밖으로부터의 경쟁도 없으면 기술개발이나 신상품 개발 등을 등한히 하여 결국에는 망할 가능성이 높다는 것입니다. 그러나 국내에는 강력한 비판과 견제세력이 있고, 외국에서는 세계 유수 기업들과 피나는 경쟁을 벌여야만 한다면, 기업은 효율적 경영, 신상품 개발, 기술혁신 등에 최선을 다하여 결국 훌륭한 기업으로 성장할 것입니다. 그런 의미에서 사장들은, 국내시장의 개방으로 인해 국내진출 외국기업들과 국내 기업들이 국제경쟁에서 어려움에 직면해 있는 것이 사실이지만, 이 기회를 슬기롭게 이겨나간다면 장기적으로는 좀더 튼튼한 기업이 될 수 있음을 인식해야 합니다.

위험대비 의식

『우리나라 승용차 운전자들 가운데 종합보험에 가입하지 않은 사람이 왜 그리 많은가?』

대부분의 기업체 사장들은 자가용 승용차뿐만 아니라, 회사의 모든 차량에 대해 책임보험과 함께 종합보험에 가입했으리라 믿습니다. 그런데 우리나라 승용차 운전자들 가운데 종합보험에 가입하지 않은 사람이 상당히 많다는 애기를 들은 바 있습니다. 서양에서는 보험에 가입하지 않고 운전한다는 것은 상상하기도 어렵다고 합니다. 동서양 사이에는 왜 이러한 차이가 있을까 생각해보기로 하겠습니다.

인류학자들은 우리나라 사람들과 서양 사람들의 사고방식이나 가치관의 차이를 설명하는 요인으로, 우리는 농경민족이고 서양사람들은 수렵민족이었다는 특성을 중시합니다.

농사에서의 생산량은 씨앗을 뿌리는 초여름과 여름에 비가 제때 적당히 오고, 또 가을에 햇볕이 쨍쨍 내리쬐어서 곡식이 잘 여물 것인가의 여부에 주로 달려 있습니다. 아무리 여기저기 비옥한 논을 찾아 농사를 짓는다 해도 홍수가 나거나 가뭄이 들면 농사는 망치게 마련입니다. 그러므로 농경민족은 더욱 많은 소출을 얻기 위해 노력해도 하늘이 도와주지 않으면 결국 별 차이가 없습니다. 농경민족의 애환은 하늘에 달려 있다고 말할 수 있습니다. 그래서 가뭄에 대비해서 댐을 축성하고 저수지를 만들기보다는 비가 안 오면 산 꼭대기에 올라가 하늘에 제사 지내는 것을 먼저 생각했습니다. 그러다 보니 농경민족은 하늘만 믿고 의지하며, 하늘의 뜻에만 관심을 가지며, 모든 것이 하늘에 달려 있다고 생각합니다. 그러다 보니 「인명은 재천」이라는 숙명을 받아들여 「음주운전을 해도 살 사람은 살도록 점지되어 있고, 죽을 사람은 멀쩡한 정신으로 운전해도 죽게 되어 있다」라고 믿는지 모릅니다.

20세기는 불확실성의 시대라고 합니다. 그런데 불확실성의 원인은 하늘이 만든 것보다도 사람이 만든 것이 더 많습니다. 언제 죽을 것인가에 관한 불확실성도 자연사할 불확실성보다는 자동차 사고 등 횡사할 불확실성이 더 큰 것이 현대의 삶입니다. 여기에서 불확실성이란 예측하기 어렵다는 것을 의미하고, 그것은 위험이 크다는 것을 의미합니다. 이토록 현대는 불확실성이 크고 그에 따라 위험도 큰 것이 사실입니다. 그런데 우리는 그 불확실성이나 위험으로 사고를 당하는 것도 하늘에 달려 있다고 믿어서, 위험에 대해 체계적으로 대응하지 않습니다. 보험에 가입하지 않는 것도 이러한 행태와 무관하지 않다고 생각합니다.

좋은 예가 은행 전산센터의 보안문제라 하겠습니다. 은행의 업무는 온라인으로 실시간(real time)으로 진행됩니다. 계좌를 개설한 은행뿐만 아니라 이름이 다른 은행 점포에 들러도 자기가 거래하는 은행의 계좌로부터 예금을 인출할 수도 있습니다. 이토록 은행과 은행 사이의 관계가 긴밀해지고 있습니다. 그런데 은행의 백업 시스템은 대단히 미흡한 것으로 보입니다. 현재 우리나라에서는 전날 마감한 이후의 상태를 백업할 뿐 영업 중인 대낮에 온라인으로 처리하고 있는 은행거래 관련기록은 즉시 백업되지 않는 것으로 알려지고 있습니다.

문제는 사고가 발생해서 현재 처리 중인 은행정보가 소멸될 가능성입니다. 백업을 해놓지 않으면 십중팔구 그 정보는 소멸해서 복구가 불가능할 소지가 많습니다. 이것은 단순히 사고가 발생한 은행의 문제로만 끝나지 않습니다. 왜냐하면 온라인으로 처리되던 업무는 자행업무뿐만 아니라 타행업무도 있고, 해외업무도 있기 때문입니다. 그런데 그 모든 거래기록이 순간적으로 지워졌다면 어떻게 복구할 것인가라는 문제에 봉착합니다.

이러한 중차대한 사고가 발생할 위험이 있는데도 우리나라 은행들이 그에 대비한 백업 시스템을 갖추지 않고 영업하는 것은, 역시 하늘에 목을 매고 사는 백성들이 가졌던 전통적 사고방식 때문이 아닌가 생각합니다. 하늘의 뜻이 사고가 나도록 되어 있다면 어떠한 예방조치를 해두었더라도 사고가 날 것이고, 하늘의 뜻이 그렇지 않다면 백업 시스템을 해놓을 필요가 없다고 믿는 듯합니다.

이 이야기는 모든 사장들에게 자사가 직면해 있는 다양한 위험이 무엇인지, 그리고 그러한 위험에 대해서 합리적으로 대처하고 있는지, 아니면 그저 하늘에 목을 매고 있는지 한번쯤 되돌아볼 것을 권고합니다.

범칙금과 기업내부 감시제도

『직원들의 사규위반(社規違反) 행위를 줄이기 위해서는 벌칙을 강화하는 것이 최선책 아닌가?』

정부는 1995년 들어 운전자나 보행자의 교통법규 위반행위에 대한 범칙금을 대폭 올리기로 했습니다. 3만 원이던 범칙금을 8만 원으로 인상한 것이 주된 내용이었습니다. 물론 고속도로에서 갓길운행 등과 같은 파렴치한 행위에 부과하는 범칙금은 대폭 인상해도 탓하는 사람이 별로 없을 테지만 안전거리 미확보, 급가속과 엔진 공회전, 안전띠 미착용, 보도통행의무 위반 등의 법규위반에 대해 범칙금을 3~10배나 올려 범칙금의 대부분이 8만~10만 원을 이루도

록 한 조치에는 놀라지 않을 수 없습니다.

범죄경제학 이론에 의하면 운전자는 과속과 같은 위반행위로 기대하는 효용과 그에 따른 범칙금과 같은 비용 등을 합리적으로 감안해서 교통법규의 위반 여부를 결정한다고 합니다. 이 때 범칙금 절대금액의 크기가 비용의 척도가 되는 것은 아닙니다. 왜냐하면 과속한다고 해서 꼭 적발되는 것은 아니기 때문입니다. 그래서 운전자들은 과속으로 인한 비용을 계산할 때 범칙금 절대금액에 경찰단속에 걸릴 확률을 곱해서 예상비용을 계산합니다. 예컨대, 과속을 열 번 할 때 한 번 정도 경찰단속에 걸릴 가능성이 있다면, 즉 적발될 확률이 10%라면, 비록 과속에 따른 범칙금이 10만 원이라고 해도 실제 예상비용은 1만 원(10×0.1)입니다. 그러므로 범칙금을 5만 원으로 하고 적발률을 30%로 올리면 예상비용이 1만 5,000원(5×0.3)이어서, 범칙금 10만 원에 적발률이 10%인 경우에 비해 교통법규 위반을 방지하는 데 더욱 효과적일 수 있습니다.

아울러 운전자들은 단속에 적발될 경우 범칙금을 낼 것인지 또는 단속공무원을 매수해서 단속비용을 줄일 것인지를 합리적으로 계산해봅니다. 이 때 범칙금이 높을수록 단속공무원을 매수하는 것이 상대적으로 유리하므로 단속경관을 매수하려 들고, 또 매수비용도 상승합니다.

이러한 범죄경제이론에 의하면 단속을 지속적으로 강화하여 적발확률을 증대시키는 것이 범칙금 인상보다 효과적이며, 또 범칙금의 인상은 범칙금 납부를 회피하기 위한 단속공무원의 매수 비용을 크게 상승시킴으로써 부조리를 만연하게 할 소지가 있음을 시사합니다. 범칙금 인상의 목적이 정부의 범칙금 수입증대에 있지 않고, 교통법규 위반행위의 감축에 있다면 고액의 범칙금은 재고의 여지가 있다 하겠습니다.

범죄경제이론은 기업 내부에서 발생할 수 있는 범죄나 부정행위에 대해서도 원용할 수 있습니다. 기업 내부에도 여러 가지 사규위반 행위, 부정행위 등 사장들이 규제하고 통제하고자 하는 행위가 있을 것입니다. 범죄경제이론에 의하면 그러한 위규행위를 줄이기 위해서는, 그러한 행위를 저지르는 데 따르는 기대비용을 증대시키고, 그러한 위규행위로부터 예상되는 수익을 낮추는 장치를 마련하는 것이 효과적입니다. 특히 법규위반에 따르는 벌칙을 강화하는 것만이 능사가 아니라, 순환보직제 등 적발률을 증대시킬 수 있는 내부통제 시스템을 마련하는 것이 더욱 유효하다는 것입니다.

3

정보화 전략

『사장들이 컴퓨터를 이용하려면 오랜 기간 동안 숙련이 필요하지 않을까?』

이제 21세기를 앞두고 우리 사회는 정보화사회로 발전하고 있습니다. 정보화사회를 얘기하려면 무엇이 정보인가에 대해서 알 필요가 있습니다. 우리는 일상생활을 통해 여러 가지 자료 또는 데이터를 접하는데, 이 가운데 사용자에게 의미 있는 형태, 예컨대「가나다」순으로 처리하여 검색이 가능한 자료를 정보라고 합니다. 그리고 현재 또는 미래에 어떤 의사를 결정할 때 또는 행동할 때 사용자에게 활용가치가 있는 자료들을 정보라고 합니다. 예컨대, 친구들의 이름을 가나다순으로 정리해놓고 자기 생일에 나를 초대해준 친구들의 명단을 쉽게 파악할 수 있도록 정리해놓았다면 그것은 훌륭한 정보입니다. 왜냐하면 자기를 초대해준 친구들을 자기 생일에 초대해서 쉽게 신세를 갚을 수 있기 때문입니다.

정보라는 말과 연관된 정보화사회는 정보의 축적, 처리, 전달능력이 획기적으로 증대하는 사회, 정보와 지식이 중요한 재화로 인정받는 사회, 그리고 전자기술을 이용한 정보처리의 고도화가 이루어지는 사회를 말합니다. 그래서 정보화사회는 데이터베이스 등 정보산업이 발달하고, 사무자동화(office automation : OA)와 공장자동화(factory automation : FA) 등 산업의 정보화, 그리고 컴퓨터를 이용해 은행 일을 보는 홈뱅킹(home banking), 컴퓨터로써 쇼핑하는 홈쇼핑(home shopping) 등 개인이나 가정생활의 정보화가 이루어지는 사회입니다. 토플러는 이러한 변화를 제3의 물결이라고 불렀습니다. 이는 유목민족과 수렵민족이 일정한 장소에 모여 삶을 영위하는 농업문화로의 정착을 의미하는 제1의 물결, 그리고 18세기 산업혁명 이후 공업화가 이루어진 제2의 물결에 이어 새로이 형성된 문명의 파고를 의미합니다.

정보화사회는 컴퓨터와 통신기술이 하루가 다르게 발달함으로써 도래한 것입니다. 이는 정보를 대량으로 고속처리할 수 있는 기술의 발달로 가능했기 때문입니다. 아울러 정보를 새롭게 이용하는 방법들을 계속해서 개발하고 있기 때문입니다. 우리나라가 선진국 대열에 서기 위해서는 우선 기업체 사장부터 정보화사회로의 진입에 주저하지 말아야 하겠습니다. 이는 컴퓨터 문맹, 즉 컴맹에서 벗어나는 일부터 시작해야 할 것입니다.

자동차 운전은 집 근처의 음식점에 차를 몰고 가려 해도 상당한 기간의 교습과정을 거쳐 기술을 숙달해야 하고 국가로부터 면허증을 받아야 가능합니다. 그러나 컴퓨터는 하루만 배워도 게임 등 무엇인가 해볼 만한 것이 있고, 1주일을 배우면 그 실력만 가지고도 해볼 만한 또 다른 일이 있다는 것이 좋은 점이 아닌가 생각합니다. 특히 사장이 컴퓨터를 사용할 때는 정보의 입력작업보다는 검색작업이 주종을 이룰 것입니다. 그런데 정보의 검색은 타자를 전혀 못 쳐도 몇 가지 키만 두드려서 할 수 있는 것이 대부분이기 때문에, 손쉽게 컴퓨터를 생산적으로 활용할 수 있습니다. 요즈음에는 마우스를 이용해 화살표로 가리키기만 해도 가동되므로 더욱 쉽게 컴퓨터를 활용할 수 있습니다.

정보화시대의 시간단위

『연(年) 단위의 계획 설정이 항상 바람직한가?』

역사적으로 인류가 살고 일하며 행동하는 데 사용하는 시간의 단위는 변해왔습니다. 농경사회의 기본시간 단위는 4계절을 한 단위로 하는 연간, 즉 한 해(year)였습니다. 봄, 여름, 가을, 겨울 4계절이 1년을 단위로 주기적으로 도래했고, 농경사회에서는 계절에 따라 농사를 지어 살았습니다. 봄에 씨 뿌리고 여름에 가꾸어 가을에 거두어 먹고 난 다음에, 다시 또 씨를 뿌리는 때가 되면 곧 한 해가 갔던 까닭에 농경사회에서는 농사를 1년 단위로 지었고, 모든 계획도 1년 단위로 세웠습니다. 그래서 모든 계산도 1년을 기준으로 했습니다. 머슴이 새경을 받는 것도 한 해를 기준으로 했고, 돈을 빌려주는 것도 대체로 1년 단위로 행해졌습니다. 이 시기에는 사람들이 만날 때도 명년 추수기에 보자는 등 한 해가 기준이었습니다.

산업사회에 들어와서는 시간(time)의 기본단위가 시간(hour)으로 바뀌었습니다. 그래서 공장에서 하루 일과도 8시간을 기준단위로 삼게 되었으며 연장근무도 시간당 얼마를 기준으로 계산해주고 있습니다. 약속도 『몇 월 몇 일 몇 시에 만나자』라는 등 시간 기준으로 바뀌었습니다.

이제 정보통신분야에서 컴퓨터와 통신혁명이 일어나고 있는 정보화시대에 접어들었습니다. 정보화시대에는 시간의 기본단위가 1시간이 아니라 1초(second)입니다. 그래서 컴퓨터 사용료도 초 단위로 계산합니다. 이제는 모든 생산과 소비에 관련된 의사결정이 초 단위로 측정될 것입니다. 장거리 국제통화도 초 단위로 요금을 매기고 있습니다. 아마도 사람들의 약속도 초 단위가 모인 분 단위, 즉 오후 5시 45분에 만나자는 약속 등으로 바뀌어갈 것입니다.

농경사회에서는 장구한 기간 동안 큰 변화가 없었으므로 5개년 계획이나 50년 계획이 의미가 있었겠지만, 기본시간 단위가 초 단위로 변하고 있는 정보화사회에서는 5개년 계획이나, 50년 계획 등은 별 의미를 갖지 못한다고 봅니다. 따라서 연간계획에 익숙한 우리의 사고방식을 월간계획 또는 주간계획으로 전환해야 될 때가 되었다고 봅니다. 그럼에도 불구하고 정부가 정책전환을 계획할 때도 어떤 정책이나 제도를 앞으로 3년 후 1998년도 또는 2000년에 가서 바꾸겠다는 등 농경시대의 시간단위에 얽매여 있음을 볼 수 있습니다.

기업체 사장들도 정보화시대에는 시간계획을 세울 때 연 단위로 행해왔던 지금까지의 관행에서 벗어나야 할 것으로 보입니다. 1년의 시간 단위는 정보화시대에는 너무 길기 때문입니다. 아울러 사장들은 기본시간 단위가 초임을 인식하여 약속시간도 초가 모인 분 단위로 매길 준비를 해야 합니다. 그리고 종업원들의 업무성취도 측정을 할 때도 기본시간 단위로서 초가 모인 분 단위로 바꾸어야 할 필요는 없는지 살펴보는 것이 바람직합니다.

정보화시대의 공간단위

『우리가 추구하는 세계화는 불가피한 선택인가?』

오늘날을 정보화시대라고 하는데, 현재 정보통신분야와 수송분야에서 혁명적 변화가 일어나고 있습니다. 지구 상공 위에 66개의 정지통신위성을 띄워놓고, 세계 어디에서나 문자정보, 음성정보, 영상정보를 각 개인들이 직접 주고받을 수 있는「이리듐 프로젝트」나「글로벌 스타 프로젝트」,「초고속 정보통신망 사업」등이 추진되고 있습니다. 이는 정보통신분야에서 이루어낸 눈부신 기술혁신의 결과입니다.

다른 한편으로는 수송분야에서도 혁명적 변화가 일고 있습니다. 지금 땅 위에서는 서울과 부산을 잇는 고속전철 공사가 시작되었습니다. 계획에 의하면 현재 약 5시간 걸리는 서울-부산 구간을 불과 1시간 반 만에 주파할 수 있게 한다고 합니다. 불과 40여 년 전만 해도 서울에서 부산까지 기차로 14시간이 걸렸던 것과 고속전철을 비교해보면 하늘과 땅 차이만큼이나 엄청난 수송혁명이 일어나고 있음을 실감할 수 있습니다. 21세기는 초음속여객기를 개발하여, 현재 서울에서 부산까지 새마을호로 여행하는 데 소요되는 네다섯 시간대에 서울과 뉴욕 항로를 날아갈 수 있을 것으로 전망합니다.

과거 충청도와 경상도 사이에는 억양이 크게 다른 언어와 풍습의 차이가 있었습니다. 이로 인해서 두 지역 주민 사이에는 이질감도 있어, 서로 혼인을 주저하는 경우도 있었습니다. 물론 그 원인은 높은 산맥과 부실한 도로망으로 인해서 두 지역 간 사람과 물자, 그리고 정보의 이동이 장애를 받았기 때문이었습니다. 이 때의 공간단위는 마을이었습니다.

통신혁명과 수송혁명은 마을 사이, 그리고 나라 사이에 사람과 자원과 정보의 이동을 원활하게 하여 마을 사이의 경계와 국가 간 경계의 의미를 크게 퇴색시키고 있습니다. 이제 우리는 위성방송을 통해 여느 아시아 국가의 사람들과 똑같은 방송 프로그램을 함께 시청합니다. 그 결과 각기 다른 마을, 각기 다른 나라에 사는 사람들 사이의 이질감도 크게 해소되었고, 우리 모두가 같은 배를 타고 있는 지구촌 공동체라는 연대감도 점차 넓어지고 있습니다. 따라서 정보화시대의 공간단위는 점차 전세계로 확장될 것이기 때문에, 우리가 추진하는 세계화는 이 시대의 불가피한 선택이라 하겠습니다.

이제 사장들도 관심을 기울이는 대상의 공간단위가 자기 회사, 자기 마을, 읍면을 벗어나 전국, 그리고 전세계로 확대되어야 하겠고, 따라서 생산과 소비시장의 공간범위도 그만큼 확장된 개념으로 인식하는 자세를 지녀야 하겠습니다.

정보화시대의 근무행태

『직원의 출퇴근 시간은 일정해야 하는가?』

같은 회사 사람들이 한 건물 안의 사무실에서 함께 모여 함께 일을 시작하고 끝내는 이유는 서로 연관된 일을 처리하는 데 있어서 상호 의사소통을 효율적으로 하기 위한 것이었습니다. 만약 지리적으로 멀리 떨어져 있다면 관계된 업무처리 부서를 일일이 방문하거나, 문서를 작성해서 편지로 보내 의사소통을 할 수밖에 없을 것입니다. 그러므로 과거에 회사가 큰 건물을 짓고 여러 부서를 함께 모여 있게 했다는 사실은 같은 회사 내에서도 의사소통을 하는 데 상당한 지리적 또는 공간적 제약이 있었음을 의미합니다.

그 동안 전화나 텔렉스, 그리고 최근에는 팩스의 발달에 힘입어 업무를 처리하는 데 따른 지리적 제약이 많이 해소되었습니다. 그런데 21세기 정보화시대를 맞아 컴퓨터 전자우편(e-mail), 카폰, 휴대폰 등의 새로운 통신기술이 확산됨에 따라 직장 상사나 동료들이 고객들과 전화나 컴퓨터를 이용해 시간적 제약이나 지리적 제약 없이 쉽게 접근할 수 있게 되었습니다. 전자우편이나 팩스는 문서의 전달속도를 크게 단축시켰습니다. 화상회의가 가능해짐으로써 회의참석자들이 회의를 위한 이동시간도 단축되고, 지금까지 회의라면 으레 참석자들이 직접 얼굴을 맞대고 접촉해야 했었는데 이제 그럴 필요도 적어졌습니다.

전자우편, 화상회의 등과 같은 통신기술혁신은 직원들이 일정한 건물 안에서 함께 근무해야 할 필요성을 점차 감소시키고 있습니다. 필요한 의사소통은 카폰, 휴대폰이나 전자우편을 통해서 항상 실시간으로 전달할 수도 있고, 화상회의를 통해 원거리에서도 상대방의 얼굴을 보면서 직접 토의나 회의도 할 수 있기 때문입니다. 따라서 자택이나 자기가 원하는 장소에서 업무를 수행하고 일의 결과만을 필요한 사람에게 전화나 전자우편으로 보고하는 재택근무제도가 점차 늘어나게 될 것으로 보입니다.

이러한 기술혁신에 따라 회사의 조직구조도 대폭 간소해짐으로써 팀제도의 비중이 커지고 있습니다. 그리고 업무공동분담제, 탄력근무시간제의 비중이 상대적으로 커지고 있습니다. 따라서 정규적인 작업시간, 엄격한 복무규정, 생산성과 관계 없는 고정급(固定給) 등의 특징을 지니는 전통적 직업에 대한 매력은 점차 사라질 것으로 보입니다.

사장들도 이제 결재하기 위해 항상 사무실에 꼭 일정한 시간 동안 앉아 있어야 하는 부담에서 벗어날 수 있게 되었습니다. 이는 곧 사장들이 지리적·공간적 제약에서 벗어나게 되었다는 것을 의미합니다. 이제 사장들은 자유롭게 이동하면서도 회사나 공장의 주요사항을 항상 체크하고 보고받을 수 있고 지시를 내릴 수 있게 되었습니다. 그러므로 정보화시대에 빨리 적응해서 문명의 이기가 제공하는 혜택을 향유하고 활용하도록 해야 할 것입니다. 그러기 위해서는 컴맹에서 벗어나려는 노력뿐만 아니라 첨단 정보통신에 대한 기술을 습득해야 합니다.

바이트와 퍼즈 시스템

『직원들의 행동에는 절도가 있어야 하지 않는가?』

컴퓨터 시스템은 바이트(byte) 시스템으로 시작하여 최근에는 퍼즈(fuzz) 시스템으로 전환되고 있습니다. 바이트 시스템은 컴퓨터가 0과 1, 즉 작동과 부작동 두 가지만을 인식할 수 있는 시스템입니다. 그런데 최근 시장에 출현한 퍼즈 세탁기에서 보듯 퍼즈 시스템은 세탁기의 작동과 부작동만을 인식하는 것이 아니라, 세탁기가 작동할 경우에도 세탁물의 양이나 더러움 등에 따라 세탁기를 가동하는 시간에 차등을 두는 시스템입니다. 일반적으로 바이트 시스템은 기계적 방법이라 하겠고, 퍼즈 시스템은 인간의 사고에 접근된 방법이라 하겠습니다.

산업사회의 사장들은 기업체 직원들의 행동방식도 바이트 시스템이 좋은 것으로 생각했었습니다. 걸음걸이도 절도 있는 것을 선호했으며, 걷는 것도 아니고 서 있는 것도 아닌 흐릿한 자세는 비난의 대상이 되었습니다. 근무시간과 휴식시간도 정확하게 분리했었습니다.

전통적으로 동양적 사고방식과 행동방식은 퍼즈 시스템에 가까웠

제 3 장

경·쟁·과 윤·리

1

시장경쟁

『실업자를 양산할 중견기업의 도산은 정부가 막아줘야 하지 않을까?』

자본주의 시장경제체제의 기본 발상은 생산자와 소비자가 각기 경쟁하게 하면 궁극적으로 좋은 상품을 많이 생산할 수 있어 소비자에게 풍요한 삶을 제공한다는 것입니다. 생산자는 같은 값이면 좀더 좋은 품질의 상품을 만들기 위해서, 그리고 같은 품질이면 좀더 저렴하게 생산하기 위해 경쟁합니다. 소비자는 같은 값이면 좀더 질 좋은 상품을 구입하기 위해서, 그리고 같은 품질이면 좀더 저렴한 가격으로 구입하기 위해 경쟁합니다. 이러한 경쟁은 값은 동일한데 품질이 낮은 상품과 품질은 동일한데 값비싼 상품을 시장에서 도태시킵니다.

경쟁은 승리자와 패배자를 낳습니다. 비록 도산하는 모든 기업가들이 꼭 그러한 것은 아니지만, 시장경쟁에서 뒤떨어진 기업은 도산이라는 비운을 맞습니다. 그리고 그러한 기업에서 종사하던 사람들은 졸지에 실업자가 되기도 합니다. 그러므로 경쟁은 생산자와 근로자들을 피곤하게 하고 때로는 고통을 초래하기도 합니다.

실로 무차별적이고 무자비한 정글의 법칙이 작용하는 시장경쟁은, 낙오자에게는 처참한 악몽과 같은 결과를 부여합니다. 기업가는 자본금을 몽땅 잃고, 종업원은 삶의 터전을 상실할 수도 있습니다. 그러다 보니 도산의 위험을 줄이기 위해 생산자는 동업자끼리 협회와 같은 단체를 만들거나 정부의 규제를 통해서 경쟁을 제한하는 담합행위를 시도하기도 합니다. 그리고 치열한 경쟁 결과 기업이 도산하는 비참한 경우를 목도하는 국민들도 격렬한 경쟁, 특히 외국기업과 경쟁을 제한하는 데는 동정적인 입장을 보이기도 합니다.

경쟁을 제한하게 되면 무자비한 정글의 법칙이 작용하지 않기 때문에, 생산자들은 숨을 돌리며 느긋하게 지낼 수 있습니다. 품질을 향상시키거나 원가절감을 위한 노력을 좀 게을리해도 견딜 수 있고, 기술혁신을 위한 저축과 투자를 등한히 해도 버틸 수 있습니다. 서비스를 철저히 하지 않아도 견딜 수 있습니다. 그 결과 상품의 질은 낮아지고 값은 높아지며, 종업원들은 나태해져 기업경영의 능률이 떨어집니다. 그리고 기업은 국제경쟁력을 잃고 과소비가 생겨나고, 아울러 집단 이기주의가 팽배해집니다. 이러한 것들은 국가경제에 대단히 부정적인 폐해입니다.

사장들도 협회 등을 통해 경쟁을 제한하려 하기보다는 경쟁이 경제에 기여하는 긍정적 측면을 이해하고, 힘이 들더라도 소비자를 더욱 잘 모시기 위한 경쟁을 통해서 상호 발전하는 계기로 삼아야 합니다.

시장경쟁의 낭비와 경쟁의 제한

『시장경쟁은 낭비를 초래하므로 바람직하지 못한 것 아닌가?』

시 장에서 기업들이 치열한 경쟁을 통해서 어떤 상품을 얼마만큼, 어떻게 생산할 것인가를 결정하는 것이 시장경제의 기본 틀입니다. 이러한 경쟁과정을 거쳐서 생산과 배분을 해야만 효율적으로 경제가 운용된다고 자유시장론자들은 말합니다.

반면 시장경쟁원리로 생산량을 결정하는 것이 바람직하지 못하다는 논리를 펴는 사람들은 대개 시장경쟁의 낭비를 지적합니다. 예컨대, 현재 정부는 변호사나 의사 수를 제한하여 시장경쟁원리를 배제하고 있습니다. 정부가 현재의 정책을 완화하여 시장경쟁원리에 따라 변호사나 의사의 수가 결정되도록 하자는 주장에 대해 반대하는 사람들은 으레 그것이 초래할 낭비를 지적합니다. 분명 그렇게 하면 질이 떨어지는 변호사도 나타날 것이고, 의학 수업도 제대로 받지 않은 부실한 의사도 양산될 수 있습니다. 그것은 분명 낭비입니다.

시장경쟁에도 분명히 이러한 낭비가 발생할 수 있습니다. 그렇지만 시장경쟁으로 인한 낭비가 시장경쟁원리를 도입하지 않을 때 초래하는 낭비보다 과연 클 것인지의 여부가 문제의 초점입니다.

현재 정부는 변호사나 의사의 수를 제한함으로써 경쟁을 막고 있습니다. 그로 인해서 국민들은 높은 비용을 치르면서도 부실한 서비스를 받기 십상입니다. 때로는 비용 때문에 변호사나 의사의 조력을 아예 받지 못하는 사례도 발생할 수 있습니다. 그것은 대단히 큰 낭비입니다. 이 낭비는 경쟁원리에 따를 때 일부 부실한 변호사나 의사가 발생시키는 낭비에 비해서 훨씬 클 것이라고 생각합니다.

현재 농어촌이나 오지에는 변호사나 의사의 수가 매우 적습니다.

그 이유는 우선 국가 전체적으로 변호사나 의사 수가 적기 때문이고, 그것은 정부가 변호사나 의사 배출인원을 제한하기 때문입니다. 사실 변호사의 공급은 의사공급에 비해서 더욱 제한되어 있습니다. 의대 졸업정원의 90% 이상에게 의사자격이 주어지는 데 반해, 법대 졸업생의 불과 몇 퍼센트에게만 변호사 자격을 부여하고 있습니다.

국민들이 원하는 것은 실력 있는 변호사가 아니라 서비스가 좋은 변호사입니다. 질 높은 법률 서비스는 변호사들이 선의의 경쟁을 할 때 얻을 수 있습니다. 그리고 혹시 변호사의 질을 높이고자 한다면 법대교육의 질을 높일 일이지, 변호사의 배출인원을 제한하는 것이 항상 좋은 방법은 아닙니다.

이러한 논리는 일반 기업체 사장들에게 중요한 메시지를 시사합니다. 아마 사장들도 협회 등을 만들어 동업자 간 경쟁을 배제하고 공존공영의 원리를 강조하고 싶은 유혹에 흔들릴 때도 있을 것입니다. 그렇지만 그것은 해당 협회회원 전체에게 장기적으로 바람직스럽지 못한 결과를 초래할 수 있습니다. 왜냐하면 협회 회원 간에 경쟁하지 않으면 단기적으로 편할 수야 있겠지만, 장기적으로는 부실한 상품이나 서비스로 인해서 연관된 상품이나 서비스를 제공하는 대체재 산업에게 자신들의 시장을 잠식당할 우려가 크기 때문입니다.

특히 국내시장이 완전히 개방되어 가는 이 시점에서 국내업체들끼리 담합해서 경쟁을 제한한다고 항상 모두에게 좋은 결과를 보장하지는 않습니다.

과당경쟁의 허실

『기업 간의 과당경쟁은 바람직스럽지 못한 것 아닌가?』

얼마 전 어느 정유회사에서 시장점유율을 확대하기 위해 주유소에 휘발유 공급가격을 인하하고, 주유소로 하여금 소매가격도 인하하도록 시도한 바 있었습니다. 이에 대해 뜻밖에도 정부당국은 매우 못마땅해하는 반응을 보였습니다. 그 이유 가운데 하나는 만약 어느 한 정유회사가 시장점유율을 확대하기 위해 가격인하 경쟁을 시도하면 여타 정유회사들도 소매가격을 인하할 수밖에 없을 것이며, 이로 인해 정유회사 간 또는 주유소 간 「과당경쟁」이 일어날 소지가 있기 때문이라는 것이었습니다. 정부의 반응이 매우 의아하게 보이는 것은 특별한 예외를 제외하고는 경쟁을 제고시키는 것이 소비자들에게 더 질 좋은 상품과 서비스를 더 저렴한 값으로 제공할 수 있는 좋은 방도이기 때문입니다.

경제이론에서 과당경쟁이란 용어는 찾아보기 어렵습니다. 왜냐하면 이론적으로 적정한 경쟁과 지나친 경쟁을 구별하기가 어렵기 때문입니다. 원래 자유경쟁이란 기업들 사이에는 사활을 건 경쟁이기 때문에, 경쟁하는 기업들의 처지에서 보면 경쟁은 모두 과당경쟁으로 비쳐질 수밖에 없습니다.

과당경쟁이 바람직하지 않다는 것은 중동에 진출한 우리나라 건설업체들이 가격인하 경쟁을 벌인 예를 상기할 때, 부당하게 생각할 수 있는 여지가 있습니다. 따라서 중동에 진출한 건설업체들이 해외에서 수주경쟁을 벌일 때 과당경쟁을 자제하자고 말하는 것은 일리가 있어보입니다. 그런데 서로 가격경쟁을 자제하자는 것은 가격을 담합하자는 것과 유사합니다. 중동 국가에서 국제경쟁에 부쳐지는 건설공사의 수주경쟁에 나서는 공급자가 오직 한국업체들뿐이라면 가격담합이 비록 중동 국가에게는 상대적으로 피해를 줄 수 있지만, 공급자인 한국 기업들은 더 큰 이득을 기대할 수 있습니다.

그러나 세계시장에서 우리 업체끼리만 경쟁하는 경우는 흔하지 않습니다. 그러므로 우리 업체끼리 가격을 담합한다면 세계 여러 나라의 건설업체들과 장기간 경쟁에서 계속 이길 수는 없습니다. 따라서 부당한 투매가격을 제시하여 손실을 자초하며 출혈경쟁하는 것은 바람직하지 않지만, 정당하게 가격인하 경쟁을 벌이는 것은 상대방이 한국 기업이든 외국기업이든 간에, 그리 탓할 일은 아닙니다.

시장지배적 사업자

『재벌그룹이 자기 계열회사를 우대하는 것은 당연하지 않은가?』

시장경제체제에서는 모든 경제주체들이 공정한 경쟁을 할 때 자원이 효율적으로 배분되고 소비자의 효용이 극대화된다고 보고 있습니다. 그런데 어떤 기업이 독과점 위치에 있으면, 가격을 인위적으로 조정할 수 있는 시장지배력이 생기므로 시장경제체제의 효율적 운용에 지장을 초래할 수 있습니다. 그래서 정부는 이 독과점 기업자들을 「시장지배적 사업자」로 구분하고, 이들이 시장지배력을 이용해서 부당하게 가격을 인상하여 독과점 이윤을 획책하지 못하도록 규제하고 있습니다.

사람들이 대부분 독과점 기업이라고 말할 때 대기업을 의미하는 경우가 많습니다. 그렇지만 대기업의 준거기준은 분명하지 않습니다. 언뜻 생각하면 종업원 숫자가 좋은 기준이 될 듯도 싶습니다. 그렇지만 회사가 고용하는 사람의 숫자를 기준으로 삼는 것도 적절하지 않은 경우가 있습니다. 예컨대, 종업원의 숫자는 많지만 그 내용을 보면 중소기업으로 분류하는 것이 마땅한 기업도 있고, 원자력발전소처럼 몇 명밖에 일하지 않지만 대기업으로 보아야 할 경우도 많기 때문입니다.

그렇지만 대기업의 기준은 종업원 숫자뿐만 아니라 자산, 자본금, 매상고 등 여러 가지 기준이 있을 수 있습니다. 미국에서는 〈포천(Fortune)〉지가 자본금을 기준으로 전세계 500대 기업명단을 매년 발표합니다. 특히 금융기관은 어떤 기준을 적용하는 것이 좋은지 애매합니다. 예컨대, 매상고를 기준으로 한다고 해도 은행이나 증권회사 등 금융기업이 판매하는 것은 무엇을 기준으로 삼을지, 예컨대, 은행은 대출금액 또는 예금금액으로 해야 할 것인지, 그리고 증권회사는 위탁매매금액으로 해야 할지 분명하지 않습니다.

최근에는 「시장 집중화」 정도를 기준으로 시장지배 기업을 구분합니다. 왜냐하면 어느 시장에서 50대 기업이 매상고의 15%를 차지하는 경우와 51%를 차지하는 경우는 분명히 다르기 때문입니다. 여기에서 시장집중화는 대개 한 나라 전체를 기준으로 얼마만큼의 비중 또는 시장점유율을 차지하고 있는가를 기준으로 측정합니다. 실제로는 가장 큰 기업의 점유율이 기준이 될 때도 있고, 상위 4개 최대기업이 차지하는 시장점유율이 기준이 되는 경우도 있습니다.

이 때 어느 시장 또는 산업을 얼마나 많은 기업이 지배하고 있는가를 측정하는 척도가 허핀달-허쉬만 지수입니다. 이는 해당산업에 속해 있는 개별기업들의 시장점유율을 제곱한 값을 합한 것입니다. 예컨대, 어느 산업을 오직 한 개의 독점기업이 지배할 때, 즉 한 개 기업이 100%의 시장점유율을 차지할 때 허핀달-허쉬만 지수는 100에 100을 곱한 1만입니다. 만약 해당산업을 60%의 시장점유율을 차지하는 기업과 40%의 시장점유율을 차지하는 2개 기업이 지배한다

면, 60의 제곱인 3,600과 40의 제곱인 1,600의 합인 5,200이 허핀달
-허쉬만 지수입니다.

만약 그 산업에 각각 1%의 시장점유율을 갖는 1,000개의 기업이
있다면, 허핀달-허쉬만 지수는 1의 제곱에 1,000을 곱한 1,000입니
다. 그러므로 허핀달-허쉬만 지수가 높을수록, 즉 1만에 가까울수록
해당산업에 기업집중이 심하다는 것을 의미하고, 그 수치가 1에 가
까울수록 완전경쟁시장에 가까운 것을 의미합니다. 이 밖에 산업 집
중도의 측정방법으로는 해당산업의 4대 기업이 차지하는 시장점유율
을 기준으로 하기도 합니다.

우리나라도 1981년 독점규제와 공정거래에 관한 법률을 마련해서
독과점 사업자를 규제하고 있습니다. 현재 시장지배적 사업자 기준
은 해당품목의 국내총공급액이 최근 1년 간 500억 원 이상인 품목으
로서 상위 1개사의 시장점유율이 50% 이상이거나 상위 3개사의 시
장점유율이 75% 이상인 경우입니다. 이 기준은 경제상황에 따라 바
뀌는데, 현재 기준은 1993년 4월부터 적용해오고 있습니다. 이 기준
에 따라 정부의 규제를 받고 있는 시장지배적 사업자와 품목은 332
개 회사의 140개 품목입니다. 1994년 말에는 138개 독과점 품목을
발표한 바 있습니다. 그리고 이들 기업이 공급하는 316개 품목을 공
급하는 기업을 1995년도의 시장지배적 사업자, 즉 독과점기업으로
지정했습니다.

일본 공정거래위원회는 최근 독점의 기준을 완화하는 방향으로 방
침을 수정한 바 있습니다. 우선 독점기업 규모를 과거보다 규모 면에
서 두 배 이상으로 상향조정했습니다. 공정거래위원회는 감시대상
산업을 추가했는데, 콤팩트 디스크, 레이저 디스크 플레이어, 개인
용 컴퓨터, 비디오 카메라 산업 등입니다. 즉 일본 공정거래위원회
의 과거 기준은 국내 매상고가 500억 엔 이상이고, 시장의 75%를

한 회사 또는 2개 회사가 점유할 때로 규정했었습니다. 그런데 새로운 기준에 의하면 시장규모가 1,000억 엔을 초과해야 합니다. 이러한 해외추세를 고려할 때 경제규모의 확대로 우리나라에서도 시장지배 기업에 관한 기준을 재정립할 필요가 있을 것으로 보입니다.

우리나라에서 독과점사업자로 지정되면 불합리하게 값을 올릴 경우 가격인하 명령과 함께 과징금이 부과되며, 출고조절이나 신규시장진입 방해 등의 행위도 과징금 부과대상에 새로 포함돼 최고매출액의 3%를 과징금으로 내야 합니다. 흥미로운 것은 독과점 품목의 출하액 중에서 30대 재벌그룹이 차지하는 비중은 전년보다 오히려 늘어나, 재벌들에 의한 시장지배가 갈수록 심해지고 있음을 볼 수 있습니다. 시장지배적 사업자는 그 힘을 이용해서 폭리를 취하거나 독과점 상태를 유지하기 위해 다른 경쟁 사업자의 사업활동 및 진입을 방해하는 등 독과점기업 특유의 횡포를 부릴 가능성이 있어 정부는 이를 남용행위로 규제합니다.

이러한 일을 담당하는 우리 정부기구는 공정거래위원회인데, 이 위원회는 시장지배적 사업자가 가격을 부당하게 결정·유지하거나 부당하게 출고를 조절하는 행위, 다른 사업자의 사업활동을 부당하게 방해하거나 특히 새로운 경쟁사업자의 시장진입을 부당하게 방해하는 행위, 그리고 실질적으로 경쟁을 제한하거나 소비자의 이익을 현저히 저해할 우려가 있는 행위를 남용행위로 보고 금지하고 있습니다.

특히 중소기업 사장은 이러한 남용행위를 하는 대기업이나 재벌기업에 대해서는 공정거래위원회에 알려서 공정거래위원회로 하여금 가격의 인하명령, 당해 행위 중지와 법 위반 사실의 공표, 기타 시정을 위해 필요한 조치를 취하도록 할 수 있습니다. 만약 해당 대기업이 정부의 시정조치 요구에 불응할 경우에는 고발 등 형사처벌도 가능합니다.

경쟁 제한적 불공정거래

재벌기업은 수많은 계열회사를 거느리고 있습니다. 그래서 재벌기업군에 속한 계열회사끼리는 「누이 좋고 매부 좋은」 식의 거래를 벌일 수 있습니다. 그렇지만 이러한 거래가 비계열회사를 불공정하게 대우하는 형태로 나타나는 것을 공정거래법은 규제합니다.

공정거래법의 규제사항 가운데 하나는 재벌기업끼리 경쟁 제한적으로 내부거래하는 행위입니다. 경쟁 제한적 내부거래에는 몇 가지 유형이 있습니다. 첫째, 이익이 계열회사에서 발생하도록 내부거래하고, 또 이를 위해서 비계열회사의 거래요청을 부당하게 거절하는 경우입니다. 예컨대, 재벌기업이 상품구입거래에서 비계열회사가 제출한 견적서 가격이 계열회사가 제시한 공급가격보다 훨씬 저렴하고 품질에 차이가 없음에도 불구하고, 비계열사와의 거래를 거절하고 계열회사와 계속해서 거래하는 경우입니다. 또 다른 예는 재벌기업이 비계열회사로부터 상품을 몇 년 간에 걸쳐 안정적으로 공급받고 있던 중 계열회사가 동종의 상품을 생산하게 되자—— 가격·품질을 비롯한 거래조건 등을 객관적으로 고려할 때 비계열회사와 거래하는 것이 경영상 합리적임에도 불구하고—— 계열회사와 거래를 개시하는 한편, 지금까지 유지해오던 여러 비계열회사와 갑자기 거래를 중단하거나 구입규모를 현저하게 감축하는 경우입니다.

한 재벌기업이 비계열회사에 비해 계열회사를 부당하게 우대하는 등 편파적인 행위를 자행하는 것도 불공정거래 행위에 속합니다. 재벌기업이 정당한 이유 없이 계열회사를 유리하게 하기 위해 가격, 결제조건, 수량, 품질 등의 거래조건이나 거래내용에 대해서 거래 상대방에 따라 상당한 정도로 차별행위를 하는 것도 불공정거래 행위에 속합니다.

아울러 재벌기업이 경쟁자를 배제하기 위해 같은 계열회사끼리 보조지원하는 것도 불공정거래 행위에 속합니다. 예컨대, 재벌기업이 계열사에 대해서는 정당한 이유 없이 원재료를 값싸게 판매하고 비계열사에 대해서는 정상가격에 공급함으로써 비계열사의 가격경쟁력을 저하시키는 경우입니다. 또는 재벌기업이 계열사로부터 원자재를 고가로 구입해줌으로써 계열사의 경쟁자를 배제하는 행위도 이에 속합니다.

이러한 유형의 거래행위는 불공정행위로 간주하여 불공정거래법에 따라 규제합니다. 만약 불공정 거래행위로 억울한 사례를 경험한 경우 사장들은 공정거래위원회에 그 시정을 요청할 수 있습니다.

우월적 지위의 남용

기업과 기업 사이의 거래가 공정해야 한다는 데는 이론이 없을 것입니다. 그러나 현실적으로 대단히 불공정한 거래행위가 발생하고 있기 때문에, 정부는 이를 규제하기 위해 공정거래법을 만들어 공정거래위원회를 통해 이 법을 시행하고 있습니다. 특히 공정거래법의 규제대상 가운데 우리의 관심사는 시장지배력을 갖게 된 재벌기업이 우월적 지위를 남용하는 행위를 규제하는 것입니다.

우월적 지위를 남용하는 행위의 첫번째 유형은 재벌기업이 비계열회사에 대해 자기 계열회사와 거래하도록 부당하게 압력을 가하거나 강제하는 경우입니다. 예컨대, 시멘트 공급이 부족한 시장상황에서 시멘트 제조회사인 재벌기업이 계열사의 콘크리트 믹서 트럭을 구입한 레미콘 회사에 대해서만 시멘트를 공급하는 경우입니다. 또 다른 예는 거래회사나 대리점에 대해 계열회사에서 생산한 컴퓨터 주변기기를 구입하도록 압력을 가하는 경우입니다.

우월적 지위를 남용하는 두번째 유형은 경쟁사업자를 배제하기 위해 거래상대방을 부당하게 대우하는 행위입니다. 즉 재벌기업이 정당한 이유 없이 비계열회사에 대해 특정 회사나 특정 재벌기업과 상대하지 않는 조건으로만 거래하겠다고 나서는 행위입니다. 예컨대, 재벌기업이 자사 계열은행으로 하여금 자사나 계열회사와 경쟁관계에 있는 다른 기업에 대해서는 융자를 거절하도록 압력을 가하는 경우가 이에 해당합니다. 또는 재벌기업이 거래은행을 선정할 때 경쟁기업에 대한 대출억제를 조건으로 거래은행을 선정하는 경우도 이에 해당합니다.

우월적 지위를 남용하는 세번째 유형은 경쟁사업자를 배제하기 위해 비계열회사를 부당하게 대하는 행위입니다. 예를 들어, 자동차 제조 재벌기업이 비계열사로 하여금 자사가 제조한 자동차를 임직원용 승용차로 구입하도록 강제하는 행위 등이 이에 속합니다. 때로는 재벌기업의 계열사가 자사에 납품하러 들어오는 차량 중 계열사가 만든 차량만 정문을 통과시키거나, 비계열사의 차는 짐을 풀기가 어려운 후미진 곳에 주차하도록 강제하는 경우도 해당합니다.

이러한 유형의 거래행위는 불공정행위로써 공정거래법의 규제대상이 되므로 불공정거래 압력을 받는 기업, 특히 중소기업이나 영세기업은 공정거래위원회에 소청을 제기할 수 있습니다.

매점매석 행위

> 『재화를 비축하고 값이 오르기를 기다리는 행위는 모두 매점매석 행위로 비난받아 마땅한가?』

최근 파 값이 1995년에 비해서 80% 이상 비싸졌는데, 그 원인 가운데 하나가 일부 상인들의 매점매석에 있다는 지적이 있었습니다. 사실 매점매석의 원조(?)는 고전 소설 《허생전》의 주인공 허생이 아닌가 싶습니다. 글읽기만 좋아하던 허생이 부인의 성화에 못 이겨 돈을 벌기 위해 성 중에서 제일 부자인 변씨를 찾아가 돈 1만 냥을 꿨습니다. 그는 안성으로 내려가서 대추, 밤, 감, 배, 석류, 유자 등 과일을 모조리 두 배의 값으로 사들였습니다. 허생이 과일을 몽땅 사들였기 때문에 온 나라가 잔치나 제사를 지낼 수 없는 형편에 이르렀습니다. 얼마 안 가서 허생에게 두 배의 값으로 과일을 팔았던 상인들이 열 배의 값을 주고 되사가게 되었습니다. 그는 다시 제주도에 건너가서 말총을 죄다 사들였는데, 얼마 안 가서 망건 값이 열 배로 올랐습니다.

허생에게 1만 냥을 꿔주었던 변씨가 허생에게 돈을 번 내역을 묻자 허생은 매점매석 방법을 말해주며, 매점매석이 나라를 망칠 것임을 다음과 같이 경고합니다. 『뭍에서 나는 1만 가지 중 한 가지를 슬그머니 독점하고, 물에서 나는 1만 가지 중 하나를 슬그머니 독점하고, 의원의 1만 가지 약재 중 하나를 슬그머니 독점하면, 한 가지 물종이 한 곳에 묶여 있는 동안 모든 장사치들이 고갈될 것이매, 이는 백성을 해치는 길이 될 것입니다. 후세에 모든 장사치들이 만약 나의 이 방법을 쓴다면 반드시 나라를 병들게 만들 것이오.』

매점매석은 재화를 독점적으로 보유할 때 얻어지는 가격지배력을 이용해서 이득을 꾀하는 행위를 말합니다. 그렇지만 어떤 개인이 재화를 비축해놓고 값이 오르기를 기다리는 행위를 모두 매점매석 행위로 보아서는 안 될 것입니다. 왜냐하면 추수기에 곡식을 상대적으로 낮은 가격으로 매입하여 비축했다가 단경기(端境期)에 높은 가격으로 판매하려는 행위는 추수기에 지나친 가격하락을 막고 단경기에 지나친 가격상승을 방지해줍니다. 그러므로 개인이 비축하고 있는 상품 수량이 시장가격에 영향을 미칠 만큼 독과점상태일 때만 문제가 되는 것입니다. 이 때 정부가 매점매석을 단속해야 한다는 데는 이견이 있을 수 없지만, 좀더 근본적인 대책은 유통구조를 개선하고, 시장정보를 투명하게 유지함으로써 개인 또는 소수 상인이 전국을 대상으로 특정 농산물을 매점매석할 수 있는 여건을 제거하는 일입니다.

지대추구 행위

『의사나 건축사의 질을 유지하기 위해서는 면허 발급을 제한해야 하는가?』

토지는 여느 생산요소와 매우 다른 특성이 있는데, 그것은 공급량이 제한되어 있다는 사실입니다. 노동은, 임금을 인상하면 노동하고자 하는 의욕을 자극해서 공급량을 증가시킬 수 있습니다. 특히 최근에는 해외로부터 노동이라는 생산요소를 단기간에 수입해 올 수도 있습니다. 그렇지만 토지, 특히 생산에 이용할 수 있는 토지의 면적은 외국에서 수입해 올 수도 없고, 적어도 단기간에는 공급을 확대하기가 거의 불가능합니다. 비록 장기적으로는 개펄을 메워 토지면적을 확대할 수는 있지만, 많은 시간이 소요될 뿐만 아니라 전체 토지공급 면적에 비해 상당히 제한된 규모에 불과합니다.

경제이론에서 지대는 원래 땅을 사용하는 대가를 의미했습니다. 그런데 토지의 공급면적이 한정적이라는 특성 때문에, 지대를 높여 주어도 공급량이 증가할 수 없습니다. 그리고 지주에게 아무런 대가를 치르지 않더라도 토지공급량은 감소하지 않습니다. 왜냐하면 지주는 토지를 생산 이외의 목적으로 사용할 수 없기 때문입니다. 따라서 최악의 경우 아주 낮은 대가만 준다 해도 땅을 빌려주는 것이 놀리는 것보다는 나은 선택이라 하겠습니다. 그러므로 지대는 원래 값을 지불하지 않아도 되는 생산요소입니다. 그럼에도 불구하고 현실적으로는 땅을 빌리려는 사람들이 많으므로 땅을 빌리는 데 대해 대가를 치릅니다. 경제학자들은 이를 초과이득이라고 말합니다.

땅에 지대 또는 초과이득이 발생하는 원천은 공급이 한정적이라는 점입니다. 텔레비전 인기 드라마에서 일반 출연진이 받는 출연료는 임금으로 볼 수 있지만, 유명 탤런트가 일반 출연진의 출연료를 초과해서 받는 부분은 초과이득이라 할 수 있고, 그것도 경제이론에서는 지대라고 말합니다. 왜냐하면 유명 탤런트가 초과이득, 즉 지대를 받을 수 있는 것은 그 유명 탤런트와 같은 출중한 연기력을 가진 배우의 공급이 한정적이기 때문입니다. 이렇듯 원래 지대(rent)란 공급이 고정된 토지라는 생산요소를 일정기간 사용하는 데 드는 대가를 의미해왔는데, 최근에는 토지처럼 단기적으로 공급이 제한되는 생산요소에 대한 대가를 모두 지칭하는 용어로 사용합니다. *

공급이 제한된 생산요소는 이토록 남들이 받는 임금을 초과하여 특별한 이득을 얻을 수 있다는 점에 착안해서, 일부 경제계층은 자기들이 보유하고 있는 생산요소의 공급량을 인위적으로 제한해서 추가적으로 지대를 얻으려 합니다. 이를 경제학자들은 「지대추구(rent-seeking) 행위」라고 말합니다.

인위적으로 생산요소의 공급을 제한하는 행위 가운데 가장 확실한 방법은 정부의 면허증제도입니다. 정부의 면허가 필요한 의사, 공인회계사, 법무사, 세무사, 건축사 등의 직종에서 보듯 면허증제도는 생산요소의 공급을 제한하는 매우 효과적인 수단입니다. 왜냐하면 연간 개별 면허증의 발급량을 제한하면 자연적으로 한 해 동안 증가할 수 있는 공급량이 제한되기 때문입니다.

---

* 경제이론에서는 토지에 대한 지대를 순수지대(pure rent)라고 부르고, 기타 공급이 제한된 생산요소에 발생하는 지대를 경제지대(economic rent)라고 부르기도 한다.

최근 의과대학의 정원확대 여부로 보건사회부와 경제기획원 사이에 의견이 엇갈리고 있습니다. 보건사회부나 의사협회의 주장은 현재도 선진국과 비교할 때 우리나라의 1인당 의사 수가 절대로 적지 않으며, 현재도 적자에 시달리는 병원이 있다는 논거를 제시합니다. 그러나 병원 적자는 의사정원을 확대하는 반대 이유로 적합지 않습니다. 이는 모든 의사들이 병원경영으로 항상 이윤을 얻을 수 있어야 한다는 것을 전제로 하기 때문입니다. 또한 마치 적자에 시달려 도산하는 기업이 하루에도 수십 개씩에 달하므로 신규기업의 진출을 금지하자는 발상과 비슷합니다.

정부가 허가증을 발급하고 있는 모든 직종 가운데 유독 의사면허증에만 적정소득이나 이윤을 보장할 수는 없습니다. 정부는 영업용 자동차 운전면허증을 발급해주는데, 그러한 영업용 운전면허증을 발급받은 사람들 중에는 일자리를 구하지 못한 사람들도 있고, 또 일자리를 구했다고 해도 만족할 만한 소득을 얻지 못하는 사람들도 있을 것입니다. 그렇다고 해서 정부가 영업용 운전면허증 발급을 제한하거나 축소해야 한다고 말할 수는 없습니다.

이제 의사들도 면허증 자체가 일정 수준의 이윤이나 소득을 보장해주는 소득보증서가 아니라——영업용 운전면허증이 단순히 영업용 자동차를 운전해도 좋다는 허가증인 것처럼——의술을 시도할 수 있다는 허가증으로만 인식해야 합니다. 그 면허를 가지고 돈을 벌 수 있을 것인지 여부는 의사 개인의 능력에 달려 있다 하겠습니다. 좋은 의술을 펴서 환자들이 많이 찾는다면 돈을 벌 것이고, 의술이 시원찮거나 서비스가 부실해서 고객들이 외면하면 돈을 벌지 못할 것입니다. 따라서 의사들은 더 좋은 서비스를 제공하기 위해 열심히 노력하고 새로운 의술을 익히기 위해 고심하게 되어, 결과적으로 바람직한 일이라 하겠습니다.

최근 삼풍백화점 붕괴사고를 계기로 건축업계의 여러 가지 고질적인 문제점이 드러나고 있는데, 그 가운데 하나가 건축사의 부족입니다. 건물신축 때 설계와 감리를 담당하는 건축사가 절대적으로 부족하다는 것입니다. 이것도 기존 건축사들의 지대추구 행위의 결과가 아닌가 생각합니다. 물론 정부가 면허증 발급을 제한하는 명분은 해당 직종의 서비스 질을 높이자는 것입니다. 부실한 건축사가 양산되면 사회적으로 바람직하지 않다는 것입니다. 그렇지만 경제학자들은 서비스의 질은 자격을 강화하는 것보다는 공급량을 증대시켜 경쟁을 제고시키는 것이 효과적이라고 봅니다. 면허증 공급을 제한하면 면허증에 프리미엄이 붙어 거래되기도 하고, 면허증을 빌려주고 대가를 받는 부정이 생겨날 수 있습니다. 건축사 면허를 빌려서 건물을 짓는다면 그 때의 정부 면허증은 사회적으로 무가치한 것입니다.

우리는 주위에 있는 특정 계층의 지대추구 행위를 항상 경계해야 합니다. 기업체 사장들도 정부의 공권력을 이용해서 가급적이면 공급을 인위적으로 제한해서 지대를 추구하고 싶은 유혹에 빠지기가 쉽습니다. 특히 사업이 어려울 경우에는 더욱더 그러한 생각이 들 것입니다. 그러나 그것은 「이웃에 대한 봉사」라는 자본주의 정신에 역행하는 처사임을 인식해야 합니다.

동업자의 출현

『신규 동업자의 출현은 왜 반갑지 않은가?』

당신은 새로운 동업자의 출현을 환영하는 처지입니까, 그렇지 않으면 경계하는 처지입니까? 여타 조건이 일정하다면 특별한 경우를 제외하고는 아무래도 새로운 동업자의 출현을 크게 환영하지 않는 것이 인지상정이 아닌가 싶습니다. 그 이유를 경제 이론적으로 살펴보도록 하겠습니다.

상품가격은 상품을 한 단위 생산해서 공급할 때 기업이 받아야 할 가치를 돈으로 표시한 것입니다. 만약 동일한 판매량을 더 낮은 가격으로 판매하게 되면, 그만큼 상대적으로 손실을 입게 됩니다. 물론 반대로 동일한 판매량을 더 높은 가격으로 판매하게 되면, 그만큼 이득을 더 얻습니다.

만약 동일한 시장에 신규 생산자가 진입하여 공급량을 증가시키면, 기존 생산자에게는 손실이 발생할 수 있습니다. 그 이유는 여타 조건이 일정한 가운데 공급이 증가하면 가격이 하락하기 때문입니다. 비록 신규 생산자의 진입으로 가격이 하락하지 않는다 하더라도, 만약 시장수요가 일정하다면 신규 생산자의 진입으로 기존 생산자의 판매량이 감소할 가능성은 커집니다.

가격은 기업의 처지에서 보면 상품 한 단위를 생산하여 공급함으로써 얻는 보상입니다. 판매수입은 생산자가 이윤을 창출할 수 있는 원천입니다. 그러므로 기업의 처지에서는 되도록 가격도 높고 판매금액도 많으면 좋을 것은 당연합니다. 그런데 자사가 속해 있는 시장에 신규진입한 동료 공급자 수가 많아져 공급 증가로 가격이 하락하면, 기존 생산자 처지에서는 가격과 판매수입 두 가지 면에서 바람직하지 않은 방향으로 움직이므로 곤란을 겪게 될 것입니다.

이 같은 이론을 통해 자기가 공급하는 시장에 신규기업의 진입을 흔쾌한 마음으로 환영하지 못하는 사장의 심정을 이해할 수 있습니다. 그것은 양심불량이나 개인적으로 감정을 다스리지 못하거나 인격적 결함 때문이 아니라, 순전히 경제적 이해관계 때문임을 이해할 수 있습니다. 따라서 사장은 신규 진입 동업자에 대해 좋지 않은 감정이 들더라도 이를 스스로 자책하거나 죄악시할 필요가 없습니다.

오히려 신규 동업자의 진입으로 동업자 간에 경쟁심을 불러일으켜 상품의 질을 개선하고 신상품을 개발하는 노력을 경주하게 되면, 해당상품의 시장수요를 크게 증가시킬 수 있으므로 장기적으로는 해당상품의 모든 생산자들에게 이로운 결과를 초래할 수도 있습니다. 그래서 정부는 특별히 중요한 이유가 있기 전에는 대체로 시장의 신규 진입을 허용하고 촉진하는 쪽으로 시장정책을 펴고 있는 것입니다. 물론 신규 진입자들이 생김으로써 시장수요 자체가 증가할 수도 있습니다.

스프링 복의 교훈

『우리는 정말 더 잘 입고 잘 먹고 풍요한 삶을 위해 뛰고 있는가?』

아프리카에는 스프링 복(spring bok)이라는 양떼들이 있다고 합니다. 평소에 이 양들은 무리를 지어서 평화롭게 풀을 뜯고 있다가 조그마한 무리가 모이다 보면 큰 무리가 되는 수가 있는데, 그러면 대단히 이상한 습성이 나온다고 합니다.

무리가 커지면 맨 마지막에 따라가는 양들은 뜯어먹을 풀이 거의 없게 되므로, 그 양들은 좀더 앞으로 먼저 다가가서 다른 양들이 풀을 다 뜯기 전에 풀을 먹기 시작한다고 합니다. 그러다 보면 다시 맨 마지막에 처진 양들은 역시 먹을 풀이 없게 되니, 앞의 양들보다 조금 더 앞으로 나서려고 한다고 합니다. 그러다 보면 모든 양들이 뒤처지지 않으려고 조금씩 앞으로 더 먼저 다가가고, 그 앞에 있던 양들은 뒤에 오던 양들이 자기 앞으로 다가오니, 자기들도 뒤처지지 않으려 더 앞으로 나간다고 합니다. 그렇게 되면 맨 앞에 섰던 양들을 포함해서 모든 양들이 뒤처지지 않으려고 뛰기 시작하고, 그 속도는 점점 더 가속된다고 합니다.

한 번 뛰기 시작한 수천 마리의 양떼들은 노도와 같이 앞으로만 달려나간다고 합니다. 물론 쉴 사이도 없고, 쉴 수도 없이 밤낮을 가리지 않고 뛰며, 산과 늪을 넘어 계속 뛰기만 한다고 합니다. 그래서 마지막으로 해안에 다가가면, 모두 바다로 뛰어든다고 합니다. 왜냐하면 수천~수만 마리의 양떼들이 굉장한 속도로 달려왔기 때문에, 앞에 바다가 나타났다고 해서 급히 정지할 수가 없기 때문입니다. 그렇게 해서 한 번에 수만 마리의 양이 익사하는 사태가 가끔 발생한다고 합니다. 그 후 무리에서 뒤처진 힘없는 양들이 살아남아 다시 무리를 이루게 된다고 합니다.

지난 40여년 간 우리 모두는 더 잘 살기 위해서, 그리고 더 풍요롭고 인간다운 삶을 영위하기 위해 열심히 뛰었습니다. 그 결과 우리 경제는 절대적 빈곤을 탈피하고, 인간의 기본적 삶을 뒷받침할 만큼 발전했습니다. 그러나 이제 우리는 왜 뛰고 있는지, 즉 정말 더 잘 입고 잘 먹고 풍요로운 삶을 위해 뛰고 있는 것인지 한번쯤 생각해볼 때가 되었다고 봅니다. 혹시 목적도 없이 뒤에서 다른 사람과 다른 기업이 따라오기 때문에 단순히 앞으로 먼저 가기 위해 뛰는 것은 아닌지 생각해볼 일입니다. 맨 처음에 우리 모두는 더욱 풍요롭고 인간다운 세상을 만들기 위해서 열심히 일하기 시작했는데, 오늘날 우리 사회는 점점 더 비정한 세상이 되어가고 있습니다. 이는 우리가 마치 스프링 복이 바다를 향해서 맹목적으로 돌진하는 모습을 점차 닮아 가는 것 같기도 합니다. 한번쯤 우리 자신을 되돌아볼 필요가 있다고 생각합니다.

2

기업윤리

기업의 사회적 기여

> 『기업이 우리 경제에 가장 크게 공헌하는 점은 노동자들에게 높은 임금을 지급하는 것인가?』

우리나라는 경제성장률이 연 8% 이상이어서 실업문제는 그리 심각한 상태는 아닙니다. 사실 실업문제의 심각성으로 말하자면 유럽의 실업을 제일 먼저 떠올립니다. 전통적으로 실업의 가장 큰 원인은 경기침체로 보았습니다. 그렇지만 1995년 5월 말에 경제협력개발기구(Organization for Economic Cooperation and Develop-ment : OECD)가 내놓은 「고용 실업연구」 보고서에 의하면 유럽의 실업은 경기요인 이외에 산업의 구조적 요인 때문이라고 지적합니다.

실제로 1970~92년 사이 약 20여년 동안 독일의 경제는 75% 성장했는데 고용은 10% 증가했고, 영국도 이 기간 동안 경제는 55% 성장했는데 고용규모는 3% 증가한 것으로 나타났습니다. 이는 같은 기간 동안 80%의 경제성장률과 45%의 고용증가를 보인 미국의 경우와 크게 대비되고 있습니다. 아울러 지난 10년 간 유럽 근로자의 실질임금은 영국이 36%, 독일이 22%나 증가했습니다만, 미국의 실질임금은 8%가 하락했고 일본 역시 크게 변하지 않았습니다.

더욱이 유럽의 노동규제는 매우 엄격해서 한 번 채용한 정규직원은 해고가 거의 불가능하여, 정규직의 고용 기피와 임시직 채용이 증가하고 있습니다. 또한 정보화와 자동화 등 기술혁신도 실업을 유발합니다. 결국 유럽의 높은 임금과 경직된 고용관행 등이 기업의 경쟁력 약화를 초래하고, 이것이 고실업을 유발한다고 보고 있습니다.

OECD도 유럽의 실업문제 해소는 경기부양책만으로 해결하는 데 한계가 있으며, 최저임금제를 개선하고 실업보험제도의 보험급부기간을 제한하는 등 개혁이 필요하다고 지적합니다. 또한 사회보장제도도 미숙련노동자의 근로의욕을 북돋우는 방향으로 개선해야 한다고 주장합니다. 파트 타임제를 확대함으로써 한 가지 일에 여러 사람이 일하게 하는 방안도 모색하고 있습니다.

이 같은 실업난 해소대책은 결국, 실업은 좀더 활발한 기업활동을 통해서 해결해야 할 문제임을 시사합니다. 따라서 정책당국은 유럽의 실업사례를 타산지석으로 삼아 실업이 심각한 사회문제로 되지 않도록 해야 하겠습니다.

아울러 사장들은, 기업이 우리 경제에 가장 크게 공헌하는 점은 노동자에게 높은 임금을 지급하는 것보다는 안정적인 일자리를 제공해주는 것임을 인식해야 하겠습니다. 그리고 활발한 기업활동이야말로 기업이 일자리 창출을 통해 사회적으로 가장 크게 공헌하는 것임을 알고 자랑스럽게 생각해야 합니다.

기업의 가치창출

『제조기업은 모두 생산적인가?』

강의시간에 어느 직종이 생산적인지 또는 비생산적인지에 대해 논란을 벌이는 경우가 있습니다. 이 때 많은 경우 학생들은 제조업이 생산적이라는 데는 전혀 이의가 없는 것처럼 보입니다. 아마도 제조업자들이 원·부자재를 이용해 눈으로 확인할 수 있는 새로운 상품, 지금까지 없었던 상품을 만들어내기 때문인 것으로 보입니다.

그런데 제조업체가 생산적인가는 새로운 상품을 만들어내는 데 달려 있는 것이 아니라, 추가적인 가치창출 여부로 파악할 수 있는 것입니다. 아무리 값비싼 원·부자재를 투입해서 거창한 물품을 만들어냈다고 해도, 만약 그것을 원하는 사람이 아무도 없다면 그 물품은 결국 쓰레기에 불과한 것입니다. 아무리 값싼 원자재라고 할지라도 그것을 가지고 모든 사람들이 간절히 원하는 상품을 제조했다면 매우 생산적이고 높은 가치를 창출했다고 말할 수 있습니다.

그러므로 기업경영의 우선 목적은 가치창출에 두어야 합니다. 그래야만 이익도 발생하기 때문입니다. 만약 가치창출보다는 이익을 우선 목적으로 추구한다면, 그 기업은 우리 사회에 가치를 파괴하는 행태를 보일 수도 있습니다. 예컨대, 두부를 만들 때 견고하고 탄력성이 좋도록 독약과 같은 청산수를 집어넣을 수도 있는 것입니다. 따라서 기업의 최우선 목적을 가치창출에 둘 때 그 기업가의 행동은 자랑스럽고 고귀하기까지 한 것입니다.

기업가로서 경영자들은 가치창출을 할 때만 자기 일로부터 자긍심을 느낄 수 있을 것입니다. 만약 기업가가 가치를 창출한다는 자긍심이 없고, 오직 이익만을 추구한다면 천민자본가에 불과합니다.

　기업의 가치창출 여부를 결정하는 주체는 고객입니다. 따라서 사장들이 우러러보고 떠받들어야 할 주체도 고객이므로, 오늘날『고객은 왕』이라는 구호를 내걸고 고객중심의 경영방침을 밝히고 있는 것입니다. 결국 고객을 왕이 아니라「졸」로 인식하는 기업은 더 이상 존재할 가치를 상실합니다. 특히 왕으로 인식하고 있는 고객의 생명과 재산을 중요하게 여겨야 함은 두말할 필요가 없다 하겠습니다. 그런 의미에서 지난번「삼풍백화점 붕괴」사고는 우리에게 여러 가지 교훈을 주고 있습니다.

기업의 가격파괴와 소비자 잉여

『기업의 기술혁신 혜택은 기업만 향유하는 것 아닌가?』

　최근 시장에는「가격파괴」라는 약간 무시무시하게 들리기는 하지만, 소비자들에게는 결코 기분 나쁜 일만은 아닌 새로운 현상이 발생하고 있습니다. 이와 관련된 경제용어가「소비자잉여」입니다.

　추운 겨울 밤늦게 혼자 길에서 택시를 기다릴 때는 춥고 떨리며 지루하기 짝이 없습니다. 빨리 합승이라도 할 수 있었으면 좋겠다고 마음먹으며, 모범택시라도 오면 타겠다고 생각한다고 합시다. 그런데 마침 영업용 일반택시가, 그것도 빈차로 왔다면 아마도 기분이 썩 좋을 것입니다. 왜냐하면 합승이나 모범택시라도 타고 갈 생각이었는데, 영업용 일반택시를 타고 갈 수 있게 되었기 때문입니다. 이 때 승객이 느끼는 만족감을 소비자잉여라고 합니다. 경제이론에서 어떤 경제활동에서 소비자가 얻는 만족감의 크기가 어떻게 변하는가, 즉 소비자후생의 변화를 측정하는 지표로 소비자 잉여개념을 자주 이용합니다.

　소비자잉여 개념을 좀더 정확히 살펴보겠습니다. 예컨대, 여러분이 집까지 가는 구간이 5분도 안 걸리는 기본요금 거리이고, 모범택시의 안락함이 별 의미가 없어 기본요금이 3,000원인 모범택시나 1,000원인 일반택시가 모두 동일한 효용을 준다고 합시다. 추운 겨울 밤 만약 여러분이 집까지 모범택시라도 타고 갈 의향이 있었다면, 집까지 가기 위해 3,000원을 낼 용의가 있었다는 애기입니다. 그런데 영업용 일반택시를 타고 갈 수 있게 되어 1,000원만 냈으므로 2,000원에 해당하는 이득을 본 것과 같습니다. 이 때 2,000원을 소비자잉여라고 합니다.

　시장경제에서 사장들이 기술혁신을 통해 생산비를 절감시켜 상품가격이 하락하면 소비자는 소비자잉여를 얻습니다. 따라서 기업의 기술혁신 혜택을 공급자인 기업만 향유하는 것이 아니라 소비자도 향유합니다. 최근 시장에서 일고 있는「가격파괴」는 유통업자가 물류비용을 절감해서 남는 여유분만큼 가격을 인하하여 판매하는 현상입니다. 이는 상품가격의 하락이라는 의미뿐만 아니라, 소비자잉여를 크게 확대 창출한다는 데 더 큰 의미가 있습니다. 비록 소비자는 아름답게 꾸며진 매장에서 쇼핑하는 재미는 없을지라도 대폭적인 가격인하 혜택, 즉 소비자잉여를 향유할 수 있게 되었으므로 즐거운 일임에 틀림없습니다.

기업의 투자승수원리

『어느 기업이 10억 원을 신규투자하면, 국가경제적으로는 10억 원의 국민소득이 증가하는 것 아닌가?』

투자승수효과란 어느 기업이 기계를 구입하는 등 투자를 증대시켰을 때, 국민총생산이 당초 증가한 투자 규모의 몇 배 이상 증가하는 현상을 말합니다. 이 때 투자가 증가함으로써 국민총생산이 증가한 배수를 투자승수라고 말합니다.

투자가 증가할 때 이러한 승수효과가 발생하는 근본적 이유는 한 사람의 투자증대, 즉 생산을 위한 기자재의 구입은 그것을 판매한 사람의 소득을 증대시키고, 그 사람은 증대된 소득의 일부를 소비로 지출하는데, 그것은 그에게 소비재를 판매한 사람의 소득을 증대시키기 때문입니다. 예컨대, 어떤 기업이 10억 원어치 기계를 구입했다면 그에게 기계를 판매한 사람의 소득이 10억 원 증가합니다. 그가 증대된 소득 중 80%를 소비한다면 그에게 소비재를 판매한 사람의 소득이 8억 원 증가합니다. 만약 그도 소득의 80%를 소비지출한다면, 그에게 소비재를 판매한 사람의 소득은 6억 4,000만 원이 증가합니다. 이러한 과정이 계속될 것이므로 국민경제 전체로는 수십억 원의 국민총생산 증대가 가능하다고 보는 것입니다.

투자승수효과가 있다는 것은 사장들이 공장을 증축한다거나 새로운 생산기자재를 도입하는 등 실물투자를 증대시킬 때, 국가경제 전체로는 그 몇 배에 해당하는 국민총생산이 증가한다는 것을 의미합니다. 그것은 사장의 투자증대가 그 회사의 생산량을 증대시키고 새로운 일자리를 창출할 뿐만 아니라, 여타 회사들에게도 일자리를 만들고 생산을 증대시키는 긍정적인 기여를 하고 있다는 것을 의미합니다. 그렇기 때문에 국민총생산은 민간소비의 증대로도 증가할 수 있지만, 민간투자의 증대를 통해 증가하는 것이 바람직하다고 보는 이유가 바로 여기에 있습니다.

아울러 승수효과는 경기가 침체할 때 경기를 부양시키는 좋은 방안 가운데 하나가 투자의 진작이라는 사실을 알려주고 있습니다. 그래서 정부가 경기를 부양하고자 할 때 금리정책이나 대출정책을 통해서 투자를 북돋우는 이유가 바로 여기에 있는 것입니다.

승수효과는 민간투자의 증감에 따라 매년 심하게 변동하는 양상을 보이는데, 그에 따라 국민총생산도 그 몇 배씩 오르내립니다. 즉 경기변동과정에서 투자증감이 경기진폭을 매우 크게 할 가능성이 높습니다. 경제학자 케인스(John M. Keynes)는 그렇기 때문에 정부가 정부지출의 증감을 통해서 투자증감으로 인해 파생되는 경기진폭을 완화해주어야 한다는 이론을 제시했습니다. 즉 정부가 경제에 개입해야 한다는 이론적 근거를 제시한 것입니다.

우리 정부는 1996년에는 민간투자가 부진할 것으로 판단하고, 그에 따른 경기의 과도한 침체를 억제하고 경기를 연착륙시키기 위해 정부지출을 앞당기는 등 조치를 취했습니다. 이러한 정부정책도 바로 승수이론에 근거한 것입니다.

예산제약

『수명이 몇백 년 가는 다리를 왜 처음부터 만들지 않았는가?』

1995년 성수대교 붕괴사고를 당한 후 부실공사에 대해 많은 논란이 있었습니다. 특히 이탈리아에는 1,500년 전 로마시대에 지다고 봅니다. 예컨대, 서양의 요리책에는 음식을 만들 때 재료를 몇 그램씩 넣고 몇 도의 불에 몇 분 간 올려놓도록 정확하게 규정해놓고 있습니다만, 우리네 요리방식은 그렇지 않습니다. 세계적으로 유명한 김치를 담그는 데도 배추 몇 킬로그램에 고춧가루와 소금 몇 그램, 양파 몇 개를 넣으라는 방식이 아닙니다. 어머니가 딸에게 김치 담그는 법을 가르치는 방식은『배추 몇 포기에 고춧가루를 적당히 넣고 맛을 보면서 소금을 적당히 넣어야 한다』라는 것입니다. 동일한 분량의 김치를 담근다고 해도 배추의 크기와 배추를 숨죽일 때 소금을 얼마나 넣었는지, 그리고 얼마나 오래 헹구었는지에 따라서 김치를 절일 때 넣는 소금의 양은 달라져야 하기 때문입니다. 이것이 바로 퍼즈 시스템입니다. 농사를 지을 때도 풍물패가 논두렁에서 신명나게 꽹과리를 치며 흥을 돋웠습니다. 이는 일하는 것과 노는 것을 칼날같이 구분하는 서양식 바이트 시스템과는 다른 퍼즈 시스템이라 하겠습니다.

그런 의미에서 우리는 바이트 시스템이 큰 힘을 발휘했던 산업사회보다는 퍼즈 시스템이 큰 힘을 발휘할 21세기 정보화시대에 잘 적응할 수 있는 민족이 아닌가 생각합니다. 따라서 사장들도 21세기 정보화시대를 맞아 기업경영 방식에서도 전통적으로 내려오는 우리의 전통적인 퍼즈 시스템 사고방식과 행동방식을 개발하고 활용해서 국제경쟁에서 비교우위를 갖도록 해야 합니다. 예컨대, 출퇴근 시간을「9시 정각 출근, 오후 5시 퇴근」이라는 바이트 시스템만 고려할 것이 아니라, 직원이 편리한 시간에 출퇴근할 수 있는 퍼즈식 출퇴근 시스템이나 작업 시스템이 생산성을 더욱 제고시킬 수 있는 것은 아닌지 고려해보아야 합니다.

은 다리가 아직도 버티고 있는데, 다리를 왜 그렇게 튼튼하게 만들지 않았는가 질책하는 목소리도 높았습니다.

소비자 선택이론은 「주어진 예산으로 상품을 얼마만큼씩 소비할 것인가?」라는 선택문제를 다루고 있습니다. 이 때 소비자의 예산이 한정되어 있다는 것을 예산제약이라고 합니다. 이는 소비자가 주어진 예산범위 내에서만 선택할 수밖에 없다는 제약을 말하고, 소비자가 주어진 예산을 가지고 한 가지를 더 많이 소비하려면 다른 것을 덜 소비해야 한다는 것도 의미합니다.

소비자뿐만 아니라 정부가 다리를 건설할 때도 예산제약이라는 한계 내에서 선택해야 합니다. 국민세금으로 조달하는 정부예산은 단기적으로 무한한 것이 아닙니다. 또한 동일한 예산을 가지고 한 가지 사업을 하려면 다른 사업은 하지 못하거나 축소해야 하는 제약도 받습니다. 그러므로 주어진 예산을 가지고 30년 간 지탱할 수 있는 다리를 만들 수도 있었는데, 건설업체가 부당이윤을 얻기 위한 부실공사로 수명이 15년밖에 안 되는 다리를 만든 경우는 당연히 질책의 대상이 되어야 합니다.

그러나 왜 수명이 몇백 년씩이나 가는 다리를 처음부터 만들지 않았는가, 즉 왜 저급수준의 다리를 건설했는가라는 질책은 조심스럽게 제기해야 할 일입니다. 만약 과거에 다리를 건설할 당시 제한된 정부예산으로 수명이 50년 정도의 다리를 당해 연도에 건설할 수는 있었지만, 수명이 100년씩이나 되는 다리 건설을 위해서는 몇 년 더 기다려야 하는 상황에서 정부가 우선 50년 가는 중급수준의 다리를 만들기로 판단했다면 우리 후세대는 그 판단을 존중해주어야 합니다.

이제는 우리 경제가 성장하여 한 해 동안 수명이 100년 정도 가는 다리를 몇 개라도 만들 수 있는 역량이 되었다해도, 30년 전에는 왜

수명이 100년 간 갈 다리를 건설하지 않았는가 질책하는 것은 적절하지 못합니다. 이는 마치 가난 때문에 어린 아들을 겨우 중학교밖에 못 보낸, 그러나 그 이후 자수성가해서 지금은 부자가 된 아버지에게, 왜 그 때 자기를 대학에 보내주지 않았느냐며 아버지를 원망하는 다 큰 자식의 투정과 같기 때문입니다.

　기업을 경영하는 과정에서도 세상 모든 일에는 예산제약이 있고, 그 범위 안에서 선택해야 한다는 점을 유념해야 합니다. *

＊ 예산제약을 그림으로 표시하면, 예컨대 어느 사람의 월급이 100만 원이고 값이 1만 원인 X재와 값이 2만 원인 Y재를 선택한다고 할 때, 예산제약선은 우하향 곡선으로 나타낼 수 있다. 그는 월급 100만 원을 가지고 오직 X만을 100개 소비할 수도 있고, Y만을 50개 소비할 수도 있다. 또는 X를 20개 소비하고 Y를 40개 소비할 수도 있다(A점). 그렇지만 그는 X를 20개 소비하고 Y를 50개 소비할 수는 없다(B점). 왜냐하면 그렇게 하려면 월급이 120만 원이 있어야 하기 때문이다. 따라서 그것은 예산제약 밖의 선택이 된다.

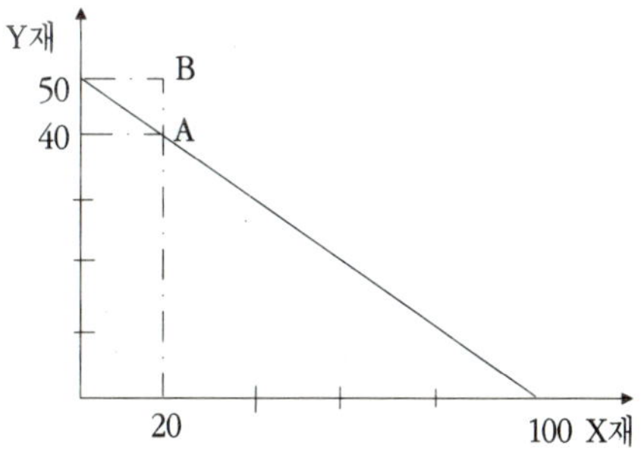

　이렇듯 우리 인생도 항상 예산의 제약범위 내에서 선택할 수밖에 없다. 한 가지를 더 선택하려면 다른 한 가지를 포기해야 한다는 이치를 예산제약이론은 우리에게 가르쳐주고 있다. 경제에서 「꿩 먹고 알 먹기」는 대단히 어려운 일이다.

폐지에 물 뿌리기

『폐지에 물을 먹이는 행위를 금지시키기 위해서는 업자들의 양심에 호소해야 하는가?』

얼마 전 어느 텔레비전 뉴스 시간에 재생용 폐지수집업자들이 수집한 종이에 물을 뿌리는 볼썽 사나운 모습을 보았습니다. 종이에 물을 뿌리는 것은 도살하기 직전에 소에게 물을 먹이는 행위와 똑같습니다. 이 같은 행위를 하는 이유는 소나 재생용 종이가 무게를 기준으로 거래되기 때문입니다. 어쨌든 그러한 행위는 우리 경제주체들이 얼마나 경제적 유인에 민감하게 반응하는가를 극명하게 보여주고 있습니다.

사실 경제적 유인에 따라 반응하는 것은 시장경제뿐만 아니라 계획경제에서도 볼 수 있었던 일반적 현상입니다. 계획경제하에서 생산업체에게 무게를 기준으로 생산량을 할당하는 경우 대부분의 못 생산공장에서는 큰못만 대량 생산했었습니다. 그래서 정부가 생산량 할당기준을 못의 개수로 변경하자, 이번에는 잔못만 대량 생산했던 경험이 있었습니다.

폐지에 물을 먹이면 곰팡이가 나고 썩기 때문에 그런 폐지를 이용해서 재생용지를 만들면 그 지질이 크게 하락한다고 합니다. 그렇다고 해서 폐지에 물을 먹이는 행위를 업자들의 양심에만 호소해서 방지하려는 것은 한계가 있습니다. 왜냐하면 그것은 개인이나 기업으로 하여금 경제적 유인에 역행해서 행동하기를 요구하는 것과 같기 때문입니다.

폐지에 물 먹이는 행위를 좀더 효과적으로 방지하기 위해서는 「폐지에 물 먹이지 않는 행위」가 금전적으로 이득을 보게 하는 경제적 유인을 제공해야 합니다. 사실 이번 사건을 보면서 한 가지 의아스러웠던 것은 재생용 폐지원료를 구입하는 공장에서 폐지원료의 품질관리를 전혀 하지 않고 있었는가 하는 점이었습니다. 물을 먹인 종이와 물을 먹이지 않은 종이를 구별하지 않았는지 또는 못했는지 모르지만, 그것을 식별할 능력이나 의지가 없는 재생공장이라면 공장 자체에 더 큰 문제가 있다고 생각합니다.

재생공장에서는 물 먹인 종이와 물 먹이지 않은 종이를 분명히 차별해서 구입해야 합니다. 구입가격에 큰 차이를 둘 수도 있을 것입니다. 그렇게 되면 종이에 물 먹이는 행위가 금전적으로 이득을 얻는 행위가 아니기 때문에 물 먹일 경제적 유인을 약화시킴으로써 그러한 행위를 근절할 수 있을 것입니다.

제조일자와 사용기한 표시

『제조일자 표기방식은 소비자 전체에게 항상 좋은 결과를 초래하는가?』

얼마 전 서울 시내 유명 백화점에서 가공식품의 제조일자를 변경했다고 해서 말썽이 일었던 적이 있었습니다. 그 이후 백화점에서는 가공식품의 제조일자 대신에 사용기한을 표시하고 있다는 뉴스가 전해졌습니다.

가공식품의 상품가치는 유통기술과 보관기술의 발달에 따라 상당 기간 유지할 수 있습니다. 이 때 소비자 선택에 유용한 정보는 「제조일자」와 「사용기한일자」 입니다. 제조일자는 신선한 식품을 구입하려는 소비자의 선택을 도와줍니다. 사용기한일자는 그 기한이 지나면 사용하지 못하도록 함으로써 먹거나 마시지 못할 식품의 구매를 사전에 방지해줍니다. 그런데 소비자들은 사용기한 만료일자 표기만 보아서는 가공식품의 신선도를 파악하기 어렵기 때문에 가급적 제조일자도 아울러 표기해주기를 희망하는 것입니다.

문제는 가공식품에 제조일자를 표기하면 소비자는 신선한 것만을 선택할 것이기 때문에, 비록 사용기한이 상당히 많이 남아 있다 하더라도 조금만 기간이 지난 것도 결국 재고로 남아 낭비되거나 반품으로 처리해야 하는 문제를 야기할 수 있습니다. 그것은 개별 판매자에게 재고비용과 반품비용을 부담시키고, 다시 소비자가격의 상승으로 나타납니다. 그리고 쓰레기 공해를 더 많이 야기할 수도 있습니다. 따라서 제조일자 표기방식은 신선한 것을 선택할 수 있게 하여 개별 소비자에게는 유용한 것이지만, 소비자 전체의 처지에서 보면 항상 좋은 결과를 초래하는 것만은 아닙니다.

판매자의 처지에서는 사용기한 표시만 하면 사용기한 동안에는 계속 판매할 수 있어서 재고부담이나 반품부담을 덜 수 있습니다. 따라서 가급적 제조일자 표기를 기피하고, 그 대신 사용만료 기한만 표시하고 싶어하는 것입니다. 문제는 동일한 식품이라도 각 판매업소의 냉장기술이나 보관기술에 따라 사용기한이 크게 다를 수 있다는 점입니다.

그러므로 정부는 판매업소의 냉장과 보관기술에 관한 기준을 정해야 할 것이며, 기업은 정부의 규정이 최소한의 규제임을 유념하고 소비자보호 차원에서 제조일자와 사용가능 기간을 함께 표시하는 등 가급적 소비자 선택에 필요한 정보를 정확히 제공해야 합니다. 예컨대, 도시락과 같이 상하기 쉬운 품목은 「사용기한」을 표시하고, 훈제품이나 통조림 등 비교적 잘 상하지 않는 품목은 품질을 유지할 수 있는 기간인 「품질유지기한」을 표시토록 하는 방안이 그것입니다.

제조일자 조작

> 『백화점에서 냉장육류와 수산물 등의 제조일자를 수정해서 파는 것은 자원 절약인가?』

얼마 전 시내 유명 백화점에서 냉장육류와 수산물 등의 제조일자를 속여 팔았다고 해서 물의를 빚고 있다는 뉴스가 있었습니다. 상품의 가치는 시간이 지나면서 급격하게 하락하는 것도 많습니다. 예컨대, 생선의 상품가치는 냉동처리한 상태에서는 상당기간 유지할 수 있으나, 일단 진열대에 내놓으면 비록 냉장시설을 갖춘 진열대라 해도 그 가치가 하락합니다. 상품의 본질적 특성상 생선은 재고성이 낮기 때문입니다.

재고성이 낮은 상품은 수요량과 공급량 사이의 불균형을 조절하기가 대단히 어렵기 때문에, 수요량을 초과하는 공급분은 급격히 상품가치가 하락합니다. 그래서 제값을 받고 팔기가 어렵습니다. 그렇기 때문에 공급업체에서는 무엇보다도 수요를 좀더 정확히 예측하여 대처하려 합니다. 과거의 경험에 근거하여 요일별 또는 시간대별 수요를 예측해서 수요의 증감추이에 맞춰 진열장에 내놓을 상품의 수량을 조절하는 것입니다. 그러나 아직까지는 요일별, 시간대별 수요량을 정확히 예측할 수 있는 기법은 개발하지 못했습니다. 그러므로 어느 정도의 예측오차는 발생하게 마련이어서 수급 불균형으로 인한 초과공급분의 발생은 불가피한 일입니다.

문제는 상품의 수급 불균형으로 발생한 초과공급분을 처분하는 방법입니다. 얼마 전에 물의를 일으켰던 백화점에서 사용했던 제조일자 조작방식은 사기에 가까운 방법입니다. 더욱 합리적인 방법은 마치 철 지난 옷을 값싸게 파는 것처럼, 진열장에서 일정 시간이 지나

가치가 크게 하락한 생선이나 야채를 정상품보다 싼값에 파는 것입니다. 즉 시간경과에 따른 상품가치의 하락에 맞춰 판매가격을 인하 조정하는 것입니다. 미국 슈퍼마켓에서는 오후가 되면 비록 완전히 무르지는 않았지만 부분적으로 물러버린 바나나를 반값에 판매하는 경우가 많습니다. 일본의 슈퍼마켓에서도 시간이 경과하여 가치가 떨어진 생선 두 마리를 묶어 한 마리 값에 판매하기도 합니다.

이제 우리나라 굴지의 백화점들을 비롯해서 기업체 사장은 사기적 수법으로 일시적 수급 불균형을 해소하려 하기보다는, 고객의 신뢰를 쌓는 합리적 방법으로 수급 불균형 문제를 해소해야 합니다. 그렇지 않으면 1996년 도·소매업이 완전 개방되어 국제적 신용도를 갖춘 해외 유명백화점이 국내에 진입할 때 우리나라 백화점들은 결정적 위기를 맞게 될 우려가 있습니다. 고객의 신뢰를 한번 상실하면 장기적으로 우리 기업이 발 딛고 설 토대를 상실할 수도 있기 때문입니다.

기업활동의 자유

『룸 살롱은 폐쇄하는 것이 바람직하지 않은가?』

얼마 전 퇴폐향락업소인 룸 살롱을 아예 없애는 것이 좋겠다는 여론이 대두된 적이 있었습니다. 사실 그 동안 룸 살롱에서 일어났던 낭비와 퇴폐적인 모습을 텔레비전을 통해서 본 사람들은 룸 살롱이 우리의 「국민정서」에 걸맞지 않다는 것을 느끼고, 룸 살롱의 폐쇄 주장에 동의한 사람도 많았을 것입니다.

그런데 자유시장경제는 법이 허용하는 한도 내에서는 기업을 창업하고 새로운 상품이나 서비스를 만들어 팔 자유를 최대한 보장하며, 또 그것을 소비할 소비자주권을 인정하는 것이 바람직하다는 체제입니다. 왜냐하면 바로 그것이 시장경제를 역동적으로 이끌어가는 원동력이기 때문입니다. 그러므로 일부 개인의 도덕적 열정이나 기준을 가지고 경제를 운용하려는 것은 매우 위험스러운 일입니다.

창업과 기업활동을 자유롭게 보장하는 이 제도적 장치 때문에 새로운 기업이 매일 태동하고 새로운 상품이나 서비스가 시장에 출현합니다. 그리고 시장은, 소비자가 원하지 않는 상품 및 서비스를 만드는 기업은 경쟁을 통해 도산시키거나 도태시킵니다. 그러므로 원칙적으로 어떤 상품이나 서비스가 바람직한 것인지, 즉 상품의 적정성 여부는 시장의 판단에 맡기자는 것이 시장경제의 기본원리입니다.

현재 정부가 룸 살롱을 호화업종으로 구분하여 금융세제 면에서 불이익을 주는 데도 룸 살롱이 번성하고 있다면, 아직은 룸 살롱을 좋아하는 사람들이 많이 있거나, 아니면 룸 살롱이 제대로 세금을 내지 않고 장사하고 있다는 증거라 하겠습니다. 만약 전자의 경우 룸 살롱의 번창이 국가경제에 바람직하지 못하다면 강제적으로 폐쇄하기보다는 좀더 비싼 대가를 치르고 룸 살롱을 이용하도록 한층 더 무거운 세금을 부담시켜 수요를 감축시키는 정책이 바람직할 것입니다. 또 기업의 접대비 한도를 축소시킬 수도 있을 것입니다. 룸 살롱의 번창이 탈세 때문이라면 세무단속을 더욱 강화해야 합니다.

만약 룸 살롱을 여론에 의해 강제적으로 철폐한다면, 이는 여타 기업활동도 위축시킬 우려가 있습니다. 왜냐하면 그러한 시스템 아래에서는 기업이 새로운 상품이나 서비스를 만들어 적정성, 즉 성공의 여부를「시장의 판단」에 맡기기 이전에 우선 여론에 물어보아야 하는데,「여론」이나「국민정서」는 그런 것을 정확하게 판단해줄 장치로선 매우 미흡하기 때문입니다. 그렇게 되면 창의적인 상품이나 서비스가 출현하기 어려운 경제환경이 조성되고, 이는 국가장래의 번영을 위해 바람직하지 않은 결과를 초래할 것입니다.

3

직업윤리

『고객중심 사고는 경영자에게만 필요한 것인가?』

과거에는 기업의 사용자와 노동자의 관계가 마치 주종관계와 비슷한 때가 있었습니다. 사용자는 주인으로서 노동자를 하인 부리듯 지시하고 해고했으며, 업무량도 마음대로 부과했었습니다. 노동자들은 업무량이 많아서 사용자가 시키는 것만 해내기도 어려웠습니다. 이제는 세상이 바뀌어 사용자와 노동자가 모두 대등한 위치에 서게 되었습니다. 더 이상 사용자가 노동자를 하인처럼 함부로 대할 수도 없게 되었습니다. 그러므로 이제 노동자도 사용자와 마찬가지로 주인의식을 갖고 일해야 하는 시기가 되었습니다.

주인의식이란 주인과 같은 책임감을 느끼는 것입니다. 기업에 무슨 문제가 발생할 때 그 책임을 남에게 전가하지 않고, 스스로 해결해야 하는 것이 주인입니다. 그러한 책임의식을 노동자들이 가질 때 주인의식이 있다고 말할 수 있습니다. 노동자가 자기 일에 주인의식을 가질 때 직업정신에 투철하다고 말합니다. 직업정신은 주인이 고객을 최우선으로 대하듯, 노동자들도 고객중심적 사고를 하는 것을 말합니다.

얼마 전 제주국제공항에서 대한항공 비행기가 어려운 기상여건하에서 착륙을 시도하다가 활주로에서 미끄러져 동체에 화재가 나는 엄청난 사고가 발생했습니다. 이 때 남녀 승무원들이 보여준 자세와 일처리 방식은 직업정신의 좋은 본보기라 하겠습니다. 승무원들은 전문가로서 기체가 얼마 후면 폭발할 위험에 직면해 있다는 점과 잘못하면 자기 개인의 생명이 위태롭다는 사실을 누구보다도 잘 알고 있었을 것입니다. 그럼에도 불구하고 불이 붙은 비행기 안에서 승객들을 질서 있게 대피시킨 후 마지막으로 기체를 탈출하는 모습을 우리에게 보여주었습니다. 이는 고객중심 사고, 즉 고객의 생명 우선 사고를 몸소 실천한 것이었습니다. 이것이야말로 우리 모두에게 좋은 귀감이 되는 직업정신의 표상이라 하겠습니다.

우리 사회에는 직업정신이 투철하지 못해 부실한 아파트를 건설하는 업체들이 있습니다. 고객의 생명과 행복이 달려 있는 아파트를 부실시공하고 있는 일부 건설업체 사장과 종사자들은 철저한 직업정신을 배워야 하겠습니다.

전문직의 윤리

『의사의 수술행위는 왜 감사(監査)받지 않는가 ?』

전 문직은 어느 나라를 막론하고 사회로부터 높은 평가와 상당한 금전적 보상을 받고 있습니다. 특히 전문직은 자격증제도하에 운용되고 있는데, 정부가 특정 자격을 가진 사람들에게만 전문가로서 일할 수 있는 자격증을 제한하여 발급하고 있기 때문에 공급이 제한되어 있습니다. 이러한 공급제한은 전문직으로 하여금「경제적 지대」라고 불리는 초과이윤을 얻게 합니다.

우리 사회가 전문직에게 높은 사회적 평가와 초과이윤에 상당하는 보상을 하는 이유는, 우리가 위임한 역할 및 책임을 그들이 충실히 해달라는 바람과 그 소임을 다하겠다는 그들의 다짐을 전제로 하고 있습니다. 그러므로 특별한 하자로 문제가 발생하기 전에는 전문직의 행위에 대해서는 수행한 일의 잘잘못을 특별히 감사(監査)하거나 감독하지 않습니다.

이러한 사회적 신뢰는 전문직에게 자기의 잘못을 은폐할 수도 있는 여지와 고객의 신뢰를 악용해서 개인 이득을 추구할 수 있는 기회를 부여하기도 합니다. 따라서 전문직에게 가장 우선적으로 요구하는 덕목은 윤리의식입니다. 전문직의 윤리의식이란 자기에게 부여된 소임을 최선을 다해 충실히 수행하고, 잘못이 있을 경우에는 스스로 이를 시정하기 위해 노력한다는 것입니다.

며칠 전 광주에서 수술할 때 거즈를 넣은 채 봉합하여 환자에게 말할 수 없는 고통을 3년 간이나 안겨준 의사의 이야기와 인천과 부천의 법무사들이 세무공무원과 짜고 세금을 횡령하는 데 참여한 이야기는 우리 사회에 전문직의 윤리의식이 심각한 수위에 이르렀음을 시사합니다.

사람인 이상 전문직이라고 모든 일에 완벽을 기대할 수는 없습니다. 그러므로 전문직은 자신의 잘못을 스스로 시정하도록 노력해야 할 것이며, 전문직 집단은 자기 집단에서 부패한 사과를 스스로 골라내는 노력을 부단히 경주해야 합니다. 그렇지 않으면 해외로부터 전문가를 수입해서 국내 전문직을 대체해야겠다는 여론을 형성시켜 국내 전문직이 설 땅을 잃을 수도 있습니다.

삼풍백화점 사고 이후 국내 건설업계에서 전문가인 감리회사가 부실하기 때문에 외국의 감리회사를 수입해야 한다는 여론이 비등해져 국내 감리회사가 곤경에 처해 있습니다. 아울러 전문직 자격증의 공급제한을 완화해야 합니다. 그래서 무능하거나 부패하고 고객을 무시하는 전문직들을 시장경쟁을 통해 탈락시키도록 해야 합니다.

기업체 사장은 비록 정부로부터 자격증을 인정받은 것은 아니지만, 사실은 제조·공급하는 상품생산이나 서비스생산 분야에서 전문가입니다. 일반 소비자는 상품제조에 쓰여진 원자재가 인체에 유해한 성분을 포함하고 있는지 잘 모르지만, 전문가인 사장은 그런 것을 잘 알 수 있습니다. 그러므로 의사나 법무사 이상으로 사장도 자기가 제공하는 상품이나 서비스에 대해 책임의식을 가져야 하며, 문제가 발생할 때는 스스로 개선하려는 노력을 기울여야 할 것입니다.

일과 혼(魂)

『일은 마지못해 하는 것이 오히려 정상적이지 않은가?』

일본 도쿄에 매우 유명한 생선초밥집이 하나 있는데, 주방장이 생선초밥을 아주 잘 만든다고 소문이 났습니다. 어느 날 이름

만 대면 누구나 알 만한 생선초밥 전문가 한 분이 그 집에 들렀습니다. 주방장이 영광스럽게 생각하며 생선초밥을 정성스럽게 만들어 올렸더니 한두 개 먹어보고 나서는 『이것은 생선초밥이 아니다』라는 평을 했습니다.

며칠 후 그 전문가가 그 생선초밥집에 다시 들렀습니다. 이번에는 주방장이 더욱 정성을 들여 생선초밥을 만들어 그 전문가에게 드렸더니 한두 개 먹어보고 나서는 역시 그 날도 『이것은 생선초밥이 아니다』라고 평했습니다.

주방장은 그 날 이후부터 생선초밥을 더욱 열심히 만들기 시작했습니다. 며칠 후 역시 그 전문가가 초밥집에 들렀습니다. 이 때 주방장은 도마에 칼을 꽂아놓고, 만약 그 날도 자기가 최선을 다해 만든 초밥을 그 전문가가 『생선초밥이 아니다』라고 평하면 자결하겠다는 결의를 다졌다고 합니다. 비장한 마음으로 만들어진 문제의 생선초밥을 한두 개 먹어본 전문가는 『이것이야말로 진짜 생선초밥이다』라고 평했다는 것입니다.

　주방장이 그 전문가에게『선생님이 저희 집에 들렀을 때마다 저는 생선초밥을 정성들여 만들어 내놨었는데, 그 때마다 선생님께서는「이것은 생선초밥이 아니다」라고 평하셨습니다. 그런데 오늘도 똑같은 재료를 가지고 지난 번과 똑같이 만들었는데, 어찌해서 오늘은「진짜 초밥」이라고 말씀하십니까?』하고 물었답니다. 그러자 그 전문가는『이 초밥에는 혼이 들어가 있기 때문일세』라고 대답했다는 것입니다. 그래서 주방장이『사실 저는 오늘도 선생님께서 제가 만든 초밥이 진짜 초밥이 아니라고 말씀하시면 자결할 생각으로 도마에 칼을 꽂아놓고 죽기살기로 혼신을 다해서 초밥을 만들었습니다』라고 대답했다는 것입니다.

　만약 건설업자나 백화점 경영자, 그리고 관계공무원들이 혼을 다해서 건물을 짓고 관리하고 감독했더라면, 삼풍백화점 붕괴사고와 같은 불행한 일은 없었을 것입니다. 일이란 정성을 다하는 것이고, 그것은 곧 혼신을 다하는 행위입니다.

4

자본주의와 이윤추구

『이윤추구는 정당한 행위인가?』

역사적으로 부국강병을 위한 국가경영원리에 대한 여러 가지 사상과 의견들이 있었습니다. 그런 것을 보면 나라를 부강하게 하고 국태민안을 도모하고 세상을 다스리는 경세제민의 국가통치학, 즉 국가경영 원리를 찾고자 하는 열망은 예나 지금이나 마찬가지였던 것 같습니다.

아마도 우리에게 가장 익숙한 경제사상은 「농자천하지대본」을 표방하는 중농주의일 것입니다. 한 알의 볍씨가 땅에 뿌려지면 수십, 수백 개의 알곡으로 변하는 농업만큼 생산성이 큰 것을 본적이 없는 우리 선조들은 농업을 육성하는 길이 국가를 번영하게 하는 지름길로 생각했습니다. 물론 이러한 사상은 우리 선조들만의 것은 아니고, 18세기 서구 여러 나라에서도 믿고 있었던 경세제민(經世濟民)의 사상이었습니다.

중농주의 이후에 대두한 경제사상은 이른바 자본주의였습니다. 자본주의는 공장을 짓고 생산설비를 많이 갖추는 것, 즉 자본축적이 국가를 번영케 하는 첩경임을 주장하는 사상입니다. 자본을 축적하기 위해서는 저축이 필요한데, 그 원천은 이윤으로 보았습니다. 왜냐하면 저축의 원천인 소득은 크게 이윤소득과 임금소득으로 나눌 수 있는데, 임금소득은 저축할 여력이 없는 노동자들의 몫이기 때문입니다.

자본가들이 등장하기 시작한 초창기에는 이윤을 추구하는 행위가 부도덕한 행위로 지탄받기도 했는데, 신학자 베버(Max Weber)는 자본가들의 이윤추구 행위를 정당화하는 새로운 윤리관을 제시했습니다. 그는 인생의 최종목적은 이 세상을 하직하고 하늘나라에 갈 때 자기 영혼을 구제하는 것이며, 그것은 세상을 사는 동안 모든 인간들이 태어날 때 하느님에게서 부여받은 소명에 충실하게 살 때 가능한 것이라고 주장했습니다. 그러므로 자본가들도 자기 소명에 충실하기만 하면 자기 영혼을 구제할 수 있다는 것이었습니다.

기업가 역시 하늘로부터 기업가라는 직분을 소명으로 타고났으므로, 자기 직분에 충실하면 그것을 적덕(積德)으로 천국에 들어갈 수 있다고 보는 것입니다. 그런데 기업가가 직분에 충실하려면 기업을 번성케 하고 좋은 상품을 값싸게 만들어야 합니다. 그래야만 더 많은 노동자에게 생업의 터를 제공하고, 소비자에게는 좋은 상품을 제공할 수 있기 때문입니다. 이를 위해서 기업가는 끊임없는 재투자가 필요하고 그것을 위해 이윤을 추구할 필요가 있습니다. 그래서 베버는 기업가가 기업을 확장하고 신상품을 개발하는 데 필요한 자금을 마련하기 위해서 이윤을 극대화하려는 행위는 바람직한 행위로 인정했습니다.

다만, 이윤을 추구하는 궁극적 목적은 자기 영혼을 구제하기 위한 소명을 다하는 것이기 때문에, 이윤추구 행위는 이웃에 대한 봉사를 전제해야 한다고 역설했습니다. 요컨대, 베버는 자본주의 정신이 전제된 이윤추구를 정당한 것으로 본 것입니다. 그래서 자본가들의 이윤추구 행위를 「자본주의 원리」라 하고, 이윤추구 행위의 전제인 이웃에 대한 봉사를 「자본주의 정신」이라고 합니다. 사실 자본주의 정신을 망각한 사람들이 자본주의 원리에만 충실하여 이윤을 추구하는 것은 어린아이에게 칼을 준 것보다도 더 위험합니다.

기업이 이윤을 극대화하려 해도 그 목적이 이웃을 위한 것이 아니라, 자기 자신만을 위한 것일 때 이를 「천민자본주의」라 부릅니다. 이 말은 이윤추구를 통해 물질적으로는 풍요해지더라도, 그것을 추구하는 정신이 부응하지 못할 때의 자본주의를 일컫는 것입니다.

인생의 목적이 자기의 영혼을 구제하는 것이라는 기독교 사상을 믿든 믿지 않든 간에, 자본주의 원리, 즉 이윤추구 행위는 이웃에 대한 봉사라는 자본주의 정신을 전제해야 하는 것입니다. 이는 오늘날 서양이나 우리나라를 막론하고 자본가들 모두가 받아들여야 할 대전제라 하겠습니다. 아울러 우리 삶의 목적이 소명에 충실하기 위한 것이고, 그것은 이웃에 대한 봉사라는 자본주의 정신은 자본가뿐만 아니라 모든 직업인들도 받아들여야 할 전제이기도 합니다.

최근 신정부의 개혁과정에서 드러나고 있는, 대학교수를 포함한 사회 각계 지도층 인사들의 부정과 부패는 그 동안 그들을 사회의 지도자로, 그리고 공인으로 존경하고 존중해왔던 대다수 국민들을 분노와 허탈에 빠뜨렸습니다. 이 모두가 「이웃에 대한 봉사」라는 소명의식은 완전히 잊어버리고, 자기의 직장과 직위를 이용하여 부를 축적하고 권력을 유지하고 명예를 추구하며, 부를 세습하려는 시도를 해왔기 때문인 것으로 보입니다. 즉 「자본주의 정신」은 철저하게 저버리고 「자본주의 원리」에만 충실해온 결과라 하겠습니다.

얼마 전 삼풍백화점 붕괴사고로 수백 명의 귀중한 생명이 목숨을 잃었고 1,000여 명의 부상자가 발생했습니다. 그 과정에서 우리에게 참담한 심정을 갖게 한 것은 백화점 고위경영진이 백화점을 빠져나오는 그 순간에라도 백화점 붕괴 가능성에 대비해 고객들을 대피시켰으면 하는 아쉬움이었습니다. 물론 그렇게 하지 않은 까닭은 실제로 백화점이 붕괴되지 않을는지도 모르는데, 그렇게 함으로써 만에 하나라도 단골고객들을 잃어버려 앞으로 백화점 경영에 손실을 보게될지도 모른다는 생각 때문이었을 것입니다. 이 때 생각나는 것도 이윤추구의 정당성 문제입니다.

앞으로 자본주의체제를 통한 경제발전을 지속하고, 우리 사회가 잘난 사람 못난 사람 모두가 더불어 사는 사회가 되기 위해서는, 교수와 기업체 사장을 비롯한 사회지도층 인사들부터 자본주의 정신에 따라 부와 명예 또는 권력을 추구해야 합니다. 그래야만 자본가인 사장의 이윤추구 노력과, 남들이 놀고 있을 때 열심히 노력하여 승진하고 중책을 맡아서 소득과 지위를 높이려는 직업인의 시도를 국민이 백안시하지 않고 흔쾌히 인정해주는 사회가 될 것입니다.

우리 국민은 거의 지난 반 세기 동안 절대빈곤을 탈피하기 위해서 열심히 일해왔습니다. 절대빈곤시대에는 자기 목숨 하나 건사하기가 어려운 생존경쟁의 시절이었으므로 이웃을 보살필 여유가 없었습니다. 따라서 미래세대를 생각해줄 여유는 더더욱 없었습니다. 결국 선진 외국들은 100년 앞을 내다보고 다리와 주택을 건설한다지만, 우리는 50년 앞을 감안해서 다리와 아파트를 만들 여유조차 없었습니다. 따라서 절대빈곤 시절에는 천민자본주의가 불가피했었다는 점을 어느 정도는 그대로 이해할 수 있습니다.

이제 우리는 양 중심의 절대빈곤시대를 탈피하고 질을 중시하는 상대적 빈곤시대에 접어들었으므로, 우리의 의식구조 역시 천민자본주의를 탈피해야 합니다. 이제 다리를 만들고 아파트를 지을 때도 양이 아니라 질을 중시하고, 우리 세대뿐만 아니라 미래세대까지도 생각해주는 여유가 있어야 하겠습니다. 이제 우리는 이웃과 미래에 봉사하라는 자본주의의 기본정신에 부응해야 할 때입니다.

기업체 사장들도 절대빈곤시대의 행태와 그러한 시대를 마감한 지난 날의 행태를 되밟을 수는 없을 것입니다. 절대빈곤시대에는 천민자본가들처럼 수단과 방법을 가리지 않고 돈을 벌어도 생존을 위한 몸부림으로 이해해줄 수 있는 여지가 조금은 있었습니다. 그러나 이제는 생존을 위해서 기업을 경영하기보다는 이웃에 대한 봉사를 통해 더욱 보람 있는 인생을 살기 위한 수단으로 기업을 경영하는 세상이 되었기 때문에, 사장들도 수단과 방법을 좀더 지혜롭게 구사해야 할 것입니다.

기업의 이윤추구 행위

『기업의 이윤추구는 부도덕한 행위인가?』

오늘날에는 기업의 국제경쟁력에 따라 국가경쟁력이 결정된다고 할 만큼 기업의 국제경쟁력을 중요하게 인식하고 있습니다. 기업의 경쟁력은 궁극적으로 기업의 이윤에서 나오는 것입니다. 왜냐하면 기업이 이윤을 얻어야만 더욱 질 좋은 상품을 만들거나 신상품을 만드는 데 필요한 기술과 자본투자를 할 여력이 생기기 때문입니다. 그런데 우리 주위에는 기업의 이윤추구 행위를 마치 부도덕한 행위로 보는 시각도 있는 것 같습니다.

경제이론에서는 기업이윤을 기본적으로 위험부담에 대한 대가라고 보고 있습니다. 기업가가 신상품을 만드는 경우, 이것이 소비자의 취향에 맞아 제값을 받고 판매될 수 있을는지는 대단히 불확실합니다. 그럼에도 불구하고 기업은 자기 재산, 즉 자본을 투입하여 공장과 기계를 설치하고 신상품을 제조·판매합니다. 즉 신상품 제조에 따르는 위험을 부담하는 것입니다. 만약 만든 상품이 소비자의 취향에 맞는다면 기업은 커다란 이윤을 얻을 수 있지만, 그렇지 못하면 기업은 도산할 것입니다. 이와 같이 기업경영은 잘 되면 커다란 이윤을 얻을 수 있지만, 잘못되면 재산을 모두 잃을 위험도 있습니다. 따라서 기업가는 불확실성에 도전하는 사람들이고, 이윤은 위험을 무릅쓰고 도전하여 성공을 거둔 대가입니다.

이러한 기업가들이 있기 때문에 노동자에게는 일자리가 생기고, 소비자에게는 다양한 신상품을 공급할 수 있는 것입니다. 일자리는 노동자에게 삶의 근거와 터전을 제공하고 있습니다. 그러므로 국민들은 일자리를 창출하는 기업가의 이윤추구 행위를 긍정적으로 평가해야 합니다. 만약 돈 있는 사람들이 은행에 저축해서 이자만으로 편안히 살려 하고 아무도 기업을 설립하려는——즉 불확실성에 도전하려는——사람이 없는 경제라면 생산의 저하와 실업자의 양산으로 암울해질 것입니다.

그러므로 기업체 사장의 적법한 이윤추구 행위를 부도덕한 행위로 보는 시각은 불식되어야 합니다. 물론 기업의 이윤추구 행위가 정당하게 평가받으려면 기업이윤이 사회적 이득을 제고시키는 방향으로 쓰여져야만 한다는 것을 기업가들은 유념해야 합니다.

경제적 평등

『경제적 평등과 경제적 효율은 상치되는가?』

일반적으로 시장경제에서 경제적 효율과 경제적 평등은 대립하는 개념으로 보기 쉽습니다. 경제적 효율은 자유로운 시장경쟁을 통해 달성되는데 그 결과 소득의 격차, 즉 경제적 불평등이 발생할 수도 있기 때문입니다.

경제적 평등은 크게 두 가지로 구분할 수 있는데 하나는 「기회의 균등」이고 다른 하나는 「결과의 균등」입니다. 기회의 균등은 인생의 출발점에서 평등을 의미합니다. 부모 덕분에 출발선에서 미리 앞서 출발하는 행위는 불평등하다고 보는 것입니다. 그래서 정부가 상속세를 부과하는 것도 부모 덕분에 인생의 경주에서 너무 앞서 출발하지 못하도록 조정하기 위한 장치입니다.

물론 모든 사람들이 인생의 출발점에서 똑같이 출발했다고 해서 인생의 종착역에 똑같이 도착하는 것은 아닙니다. 먼저 도착한 사람, 늦게 도착한 사람이 있게 마련입니다. 즉 종착역에서의 결과는 매우 불평등해질 수도 있습니다. 그렇지만 「기회의 균등」을 주장하는 사람들은 그것은 어찌할 수 없는 일이며, 정부가 해야 할 일은 출발점에서 평등조건을 유지할 수 있도록 상속세, 의무교육제도, 성차별 금지와 같은 제도적 장치를 마련하는 것이라고 주장합니다.

「결과의 균등」을 주장하는 사람들은 비록 모든 사람들이 출발점에서 똑같은 조건으로 출발했더라도 각자 타고난 능력, 성격, 자질 등에 우열이 있을 수 있기 때문에 종착역에 도달할 때는 대단히 불균등한 결과가 나올 수 있는데, 그것은 불공평하다고 보는 것입니다. 예컨대, 아름다운 미모와 늘씬한 몸매로 태어난 여성이 미스코리아로 선발되어 인기와 부귀를 누리는 것은 그렇게 태어나지 못한 사람들에게는 불공평하다는 것입니다. 따라서 뛰어난 천부적 능력과 자질로 인해 높은 소득을 얻는 사람들로부터 소득세를 징수하여 부실한 자질로 인해 별로 소득을 얻지 못하는 사람들을 도와주는 소득재분배정책이 필요하다는 것이「결과의 균등」주장입니다.

경제적 평등을「기회의 균등」으로 이해하면 경제적 평등이 경제적 효율과는 상치되지 않고, 다만「결과의 균등」으로 해석하면 경제적 효율과 상치한다고 말할 수 있습니다.

과거지향적 사고

『과거 연고가 있던 지역에 사놓은 땅은 부동산 투기행위가 아닌 것으로 보아야 하지 않을까?』

얼마 전 공직자의 재산공개 때 부동산 투기 여부가 논란의 대상이 되었던 적이 있었습니다. 그런데 공무원들이 지방에 땅을 사놓았을 경우 부동산투기 여부를 판단할 때, 과거 연고 여부에 언론매체가 큰 관심을 보여, 마치 과거 연고지역에 사놓은 땅은 부동산 투기행위가 아닌 것으로 보는 듯한 시각을 노출했습니다.

이것은 우리의 전통적 특징인「과거지향적 사고」를 웅변적으로 보여주는 사례로 여겨집니다. 왜냐하면 동일한 규모의 부동산을 사놓았다 하더라도 과거 인연이 있었던 곳에 사놓았으면 투기가 아니고, 인연이 없는 곳——역설적으로 해석하자면 미래에 인연을 가지려는 곳——에 사놓았으면 투기라는 발상이기 때문입니다. 물론 과거 연고지역에 땅을 사놓은 것은 은퇴 후 그 지역으로 귀향할 의사의 표출로 볼 수 있어 조금은 관대하게 보아줄 여지가 있기 때문일 것입니다. 이는 수구초심(首邱初心)과 같은 전통적인 사고를 귀하게 또는 당연하게 여기는 발상의 결과라 하겠습니다.

그러나 다시 생각해보면, 은퇴 후 과거 연고지역으로 돌아가든 새롭게 인연을 맺고 싶은 곳으로 돌아가든 간에, 그것이 무슨 그리 큰 차이가 있다고 부동산 투기 여부를 판단하는 기준이 되는지 납득하기 어렵습니다. 더구나 과거 연고의 범위도 불확실합니다. 왜냐하면 과거 연고지역이 자기가 태어난 마을, 태어난 읍·면 또는 태어난 도(道) 가운데 어디를 의미하는지 불분명하기 때문입니다. 비록 태어나지는 않았더라도 오랜 기간 살았던 지역도 포함하는지, 또는 오래 살지는 않았더라도 일정기간 거주하여 인연을 맺었던 공무원들의 여러 임지도 포함하는지 궁금합니다.

이러한 과거 지향적 사고는 21세기를 맞는 우리의 사고 범주를 지나치게 과거집착형으로 만들 우려가 있습니다. 예를 들어, 대한민국의 좁은 국토에서 부대끼며 살기보다는 광활한 해외로 진출하여 전세계를 앞마당으로 만드려는 꿈을 위축시킬 수도 있습니다. 사장들이 은퇴하여 반드시 고향에 묻히려는 꿈보다 은퇴 후 해외에 살고 싶다는 꿈을 꾸고, 그러한 꿈을 키우는 것이 꼭 나쁘다고 볼 수는 없다고 생각합니다.

『혈맹을 저버리는 행위는 부당한 것 아닌가?』

우리는 지금도 「미국」하면 언제나 6·25동란을 상기하며 그 때의 도움에 감사하는 마음을 갖고 있습니다. 그래서 오늘날 미국이 우리에게 시장개방압력을 부단히 가해올 때면 과거 혈맹의 인연을 떠올리면서 야속하다는 생각을 갖기도 합니다. 그런데 서양사람들은 우리만큼 과거 인연을 중히 여기지 않는 것 같습니다. 과거는 단지 미래를 비춰보는 거울인 듯 싶습니다.

얼마 전에 〈쉰들러 리스트〉라는 영화를 관람했습니다. 독일 민간인 쉰들러가 폴란드 수용소에 있는 유태인들을 활용해 군수공장에서 벌어들인 자기 재산을 모두 독일군에게 뇌물을 주고 1,000명 이상의 유태인을 죽음 직전에 구해낸 감동적인 실화였습니다. 영화는 쉰들러의 도움으로 살아남은 사람들이 수십 년 만에 다시 모여 생명의 은인인 쉰들러의 무덤에 꽃을 바치는 장면으로 끝납니다.

영화를 보고 난 후 한 가지 이상하게 생각했던 것은 독일 민간인 쉰들러의 도움으로 생사의 갈림길에서 살아남은 이스라엘 사람들이 전후에 생명의 은인에 대해 별다른 고마움을 표하거나 지속적 관계를 유지하지 않았다는 점입니다. 고향에 무일푼으로 돌아온 쉰들러는 사업도 실패하고 가정도 파탄되어 외롭게 죽어간 것으로 알려지고 있습니다.

만약 일제 때 한 일본인의 도움으로 수백 명의 한국사람들이 사지에서 구출되었다면, 우선 동우회를 결성하여 매년 또는 몇 년마다 주기적으로 생명의 은인을 초대해서 감사의 뜻을 표시했을 것입니다. 또 은인이 사업실패로 곤궁한 지경에 이르렀을 때는 금전적으로도 도와주었을 것입니다. 추모할 때도 은인의 무덤에 꽃을 바치는 정도가 아니라, 은인의 이름을 기념하는 대대적인 기념사업을 벌였을 것입니다. 그런데 이스라엘 생환자들이 그러한 활동을 했다는 애기는 영화에 없었습니다. 그 이유는 서양사람들이 우리처럼 과거 인연을 중히 여기지 않기 때문인 듯싶습니다.

기업체 사장들이 서양사람들과 국제무대에서 상거래 협상을 할 때유념해야 할 점은, 그들은 우리만큼 과거 인연을 중시하지 않는다는 것입니다. 그러므로 감상적인 과거 인연이나 은혜의 역사보다는 미래의 이해득실이 더욱 중요한 것임을 깨닫고 협상에 임해야 하겠습니다.

제 4 장

서・비・스・산・업

1

서비스산업

『서비스산업의 비대화는 바람직하지 못한 것 아닌가?』

얼마 전 미국 정부가 우리 정부에게 법률서비스 시장개방을 촉구하는 공문을 보냈다는 뉴스를 접했습니다. 이를 계기로 우리나라 서비스산업에 대한 일반인들의 관심이 높아지고 있습니다. 1992년도 기준으로 우리나라 서비스산업은 국내총생산의 47.2%를 점유하고 있는데, 금액으로 따지면 1985년도 불변가격 기준으로 약 71조 원으로서 매년 급격하게 성장하고 있습니다. 이 가운데서 무역의 대상이 되기 어려운 정부 서비스와 민간 비영리 서비스를 제외한 순수 민간 서비스산업의 규모는 전체 국내총생산의 약 40%인 60조 원 정도입니다. 전체 산업에서 서비스업이 차지하는 비중은 미국 70.7%,

일본 62.5%에 달하며, 대만의 경우에도 50%에 이르고 있습니다.

통계청이 발표한 「1992년도 서비스업 통계조사 결과」에 따르면 1992년 7월 1일 현재 전국의 서비스업체 총수는 45만 1,940개로 전년에 비해 2.1% 증가한 것으로 나타났습니다. 이들 업체의 종사자 수도 1991년에 비해 9.2% 늘어나 서비스업 부문에 인력 유입이 계속되는 것으로 집계되었습니다. 1991년 1년 간 서비스산업의 총수입액은 약 42조 7,000억 원으로 1990년에 비해 23.8%가 증가했는데, 이는 서비스산업이 우리 경제의 생산과 고용 면에서 대단히 큰 비중을 차지하고 있으며, 서비스산업에 대한 부정적 시각에 문제가 있음을 시사해주고 있습니다.

업종별로 보면 세탁업, 이·미용업, 예식장업 등을 포함한 기타 서비스업체가 전체의 28.7%를 차지했고, 그 다음으로는 각급 학교·학원 등 교육서비스업이 20.1%이고, 오락·문화와 운동관련 서비스업이 13.3% 순으로 나타났습니다. 종사자 수에서는 교육서비스업 종사자가 37%로 가장 많고 기타 사업관련 서비스업이 31.5%, 보건과 사회복지사업 종사자가 12.9%로 집계되었습니다. 증가율에서는 정보처리와 컴퓨터 관련 서비스업 종사자가 1년 사이에 17.5%나 증가했고, 기타 사업관련 서비스업이 15.5%, 오락과 운동관련 서비스업이 14.7%로 높은 증가율을 보이고 있습니다. 특히 서비스업 조직형태에서 개인경영 형태는 약간 증가한 반면에, 회사와 법인 형태가 큰 폭으로 증가하여 서비스업의 조직이 고도화하는 것을 알 수 있는데 특기할 만한 일입니다. 1991년에 경기가 부진했음에도 불구하고, 정보처리와 컴퓨터 운용관련 업체 수가 큰 폭으로 증가했다는 사실을 볼 때 우리나라 서비스산업이 질적인 면에서나 양적인 면에서 지속적인 신장세를 유지하고 있는 것으로 보입니다.

일반적으로 산업구조가 고도화할수록 서비스산업의 비중이 높아진다는 점을 고려할 때, 우리나라의 경우 서비스산업의 추가 성장 여지는 매우 높다 하겠습니다. 1992년 이래 우리나라 서비스 시장이 금액기준으로 연평균 10% 이상 성장해왔는데, 앞으로도 이 추세가 계속된다면 1998년에는 100조 원을 돌파하게 될 것입니다. 이 때 외국업체들이 우리나라 서비스시장의 약 5%만 잠식한다 하더라도 그 규모는 약 5조 원에 이를 것입니다. 참고로 쌀 시장이 완전개방될 때까지 우리 농민들이 입을 피해가 약 1조 원이라는 점을 감안할 때, 서비스시장의 개방으로 우리 경제가 입을 충격이 얼마나 클 것인지는 쉽게 짐작할 수 있습니다.

우리나라 서비스시장은 전체 경제규모와 국민소득 수준에 비추어 볼 때 이미 충분한 규모를 갖추었으며 잠재적인 성장전망도 좋습니다. 그럼에도 불구하고 국내업체들이 제공하는 서비스의 품질은 열악한 상황이며, 국민들이 서비스산업을 보는 시각도 매우 부정적이고, 정부의 정책지원 대상에서도 제외되기 일쑤입니다. 이것은 해외 서비스 생산업자들에게는 우리나라 진출을 촉진시키는 낭보가 될 것입니다. 특히 성장잠재력이 크면서도 국내 생산능력이 제한된 법률, 금융, 리스, 연구개발, 광고, 회계와 컨설팅사업 서비스와 영화, 방송, 위락시설 등 문화·오락서비스 사업이 향후 국내에 진출하는 외국기업의 표적이 될 가능성이 높습니다.

그럼에도 불구하고 서비스업에 관한 우리나라 국민들의 일반적인 시각은 상당히 부정적인 듯싶습니다. 그 이유는 서비스 하면 곧장 러브호텔이나 퇴폐적 룸 살롱 등을 포함해서 대다수 국민들이 눈살을 찌푸릴 여지가 있는 업종들을 생각하기 때문입니다. 국민들은 서비스업을 무조건 터부시하지 말고 어떠한 종류의 서비스업이 번창하는가에 유의하고, 그러한 서비스산업에 진입하는 것도 국가경제에 기여하는 것임을 인식해야 합니다. 그리고 서비스업체를 경영하는 사장들도 제조업 못지않게 당당하고 자랑스러운 업체를 경영하고 있음을 자부할 수 있어야 합니다. 물론 그러기 위해서는 경영자가 공여하는 서비스가 자랑스럽고 떳떳한 것이어야 합니다. 자녀들에게도 자신의 일이 부끄럽지 않아야 합니다. 그리고 그 서비스가 우리 공동체의 삶을 더 윤택하게 하고 삶의 조건을 개선하는 데 기여해야 합니다.

서비스산업의 의의

『한 나라의 경제발전을 뒷받침하는 것은 역시 제조업 아닌가?』

가을철 농촌 집 앞마당에 높게 쌓인 노적가리를 바라볼 때 우리 마음은 풍요해집니다. 그런가 하면 자동차 제조공장의 어셈블리 라인에서 새 차를 조립해 야적하는 것을 바라볼 때 우리 마음은 뿌듯합니다. 그렇기 때문인지 우리는 이렇게 눈으로 바라보고, 손으로 만져볼 수 있는 상품의 생산이 증가하는 것에 대해서는 자랑스럽게 생각하고 호의적인 데 비해, 눈으로 볼 수도 없고 손으로 만져볼 수도 없는 서비스의 생산에 대해서는 별로 탐탁하게 생각지 않는 의식이 마음 저변에 있습니다. 그러다 보니 산업구조상 제조업의 비중이 높아지는 것은 환영하면서 서비스산업의 비중이 증가하는 것은 바람직하지 못한 것으로 바라보는 부정적 시각이 있는 것 같습니다.

더구나 이러한 부정적 시각을 더욱 부채질하는 사치·향락산업이 바로 서비스산업이라는 데 착안하여, 모든 서비스산업을 그와 비슷한 종류의 산업으로 보고 있습니다. 결국 이러한 시각은 장님이 코끼리 생김새를 평하듯, 서비스산업의 일부를 보고 전체를 평가하는 대단히 큰 잘못을 범할 수 있습니다. 서비스산업 가운데는 제조업을 지원하는 분야도 많습니다. 사실 서비스산업이 발달하지 않고는 제조업이 제대로 발전할 수 없다고 보아야 마땅합니다. 예컨대, 도·소매업, 운수, 보관, 금융, 보험 등과 같은 서비스업이 발달하지 않고 어찌 자동차를 제대로 생산하고 수송하며 판매하고 수출할 수 있겠습니까. 우선 자동차의 제작에 가장 중요한 자동차 설계도 역시 서비스업종인데, 설계도면 없이 자동차를 생산할 수 없음은 자명한 일이고 보면, 서비스업이야말로 상품제작 이상으로 중요한 일임을 쉽게 짐작할 수 있을 것입니다.

일반적으로 서비스업은 제조업의 효율을 높이고, 나아가 경제발전을 촉진시키는 중요한 역할을 담당합니다. 특히 경제가 발전함에 따라 제조업과 서비스업의 상호의존관계가 더욱 돈독해지고 있습니다. 아무리 첨단 컴퓨터를 생산했다고 해도 이를 가동시킬 수 있는 소프트웨어가 없다면 컴퓨터는 무용지물이나 마찬가지인 것을 생각해보면 서비스업의 중요성을 더욱 쉽게 이해할 수 있습니다.

이제 산업구조상 서비스산업의 비중이 높아지는 것은 바람직하지 못하다는 지금까지의 편견을 불식시키고, 어떤 종류의 서비스산업을 발전시켜야 할 것인가에 대해 더욱 연구해야 할 때입니다. 물론 그렇다고 해서 모든 종류의 서비스업이 다 바람직하다는 것은 아닙니다. 이는 모든 종류의 제조업이 다 바람직하지 않은 것과 마찬가지입니다.

서비스의 공짜인식

『서비스는 공짜가 아닌가? 아니, 공짜로 제공해야 하는 것 아닌가?』

한계비용은 상품이나 서비스를 한 단위 추가적으로 생산할 때 필요한 비용입니다. 일반적으로 서비스의 경우 한계비용이 매우 낮다는 특징이 있습니다. 항공사에서는 비행기에 승객을 태우고 서울에서 부산까지 가는 수송서비스를 제공하는데, 승객을 한 명 태우거나 10명을 태우거나 서울에서 부산까지 가는 데 드는 항공기 임차료, 연료비, 승무원 수당 등은 모두 동일한 고정비이고 또 그러한 것들이 총운항비용의 대부분을 차지합니다. 그리고 승객을 한 명 더 태우는 데 추가적으로 필요한 한계비용은 매우 낮습니다.

서비스의 한계비용이 낮다 보니 상식적으로 생각하면 생산비가 별로 들지 않는다고 생각하기 쉽습니다. 그 결과 비용도 들어가지 않는 것이므로 공짜로 제공해도 손해볼 것 없지 않는가라고 생각하여, 서비스는 공짜로 제공해도 괜찮은 것이라고 착각하기가 쉽습니다.

그래서인지 우리 사회가 특별한 대우를 해주어야 할 계층에게 무엇인가 무료로 제공하는 것이 좋겠다는 생각이 들 경우에는 으레 서비스를 무료로 제공하도록 해야 한다는 생각을 공무원들이 하는 것 같습니다. 예컨대, 정부가 운송업체로 하여금 노인들에게 버스를 무료로 태워드리도록 하는 정책도, 노인 한 분을 추가적으로 버스에 태워드린다고 해서 추가비용은 거의 들지 않으니 버스회사의 부담이 없는 것으로 생각하는 데서 나온 발상이라 생각합니다.

경제 이론적으로 말하자면, 이러한 경우처럼 한계비용이 낮으므로(거의 영에 가까운 경우) 노인들이 버스를 무료로 이용하도록 요청하는 정책은, 노인 운송 서비스가격을 한계비용에 근거하여 책정하라는 것과 같습니다. 즉 노인들이 치러야 할 버스요금 중 한계비용만큼만 지불하도록 하겠다는 정부 공무원의 발상입니다. 그런데 만약 한계비용이 평균비용, 즉 생산단가보다 낮은 경우에 정부가 운송업체로 하여금 한계비용만큼만 요금을 받도록 강제하면 운송업체는 손실을 입게 마련이고 이러한 상황이 장기간 지속되면 그만큼 손실이 누적되어 도산할 수도 있을 것입니다.

이제 정부관리들이 왜 목욕탕업자들로 하여금 노인들에게 무료로 목욕할 수 있게 하는 정책을 구상했으며, 그것이 장기간 지속되면 목욕탕업자들이 큰 손실을 볼 수 있는지 알게 되었을 것입니다.

이 이야기는 생산량을 결정하는 데 중요한 길잡이는 한계비용이기는 하지만, 그렇다고 한계비용을 기준으로 가격을 책정하면, 한계비용이 평균비용을 하회하는 경우 사장은 큰 손실을 볼 수도 있음을 보여주고 있습니다. 그러므로 한계비용은 원론적으로 생산량을 결정하는 데 유용한 지표로 삼아야지 가격을 책정하는 기준으로 삼는 것은 문제가 있다는 점을 알아야 합니다.

서비스 정보기술

『기술은 역시 제조기술이 최고 아닌가?』

최근 정보처리 기술의 발전으로 서비스 정보기술에 관한 관심이 높아지고 있습니다. 여기에서 서비스 정보기술이란 제조기업이나 서비스기업이 제공하는 서비스 기능을 제고시키기 위해 개발된 시스템 운영기술, 하드웨어와 소프트웨어 기술을 총칭합니다. 자동차 제조분야에서 운용되는 자동차수리 애프터서비스 시스템이 그 좋은 예입니다.

서비스 정보기술을 중시하게 된 이유는, 오늘날 제조기업의 책임범위가 전통적으로 수행해왔던 상품제조로 끝나는 것이 아니라, 제조한 상품의 유통과 애프터서비스에까지 확대되고 있는데, 이러한 기능의 대부분을 서비스가 차지하고 있기 때문입니다. 아울러 서비스 정보기술을 이용해서 설계하면 기업조직의 효율성을 제고시킬 뿐만 아니라, 종업원들이 직무를 더 잘 수행할 수 있도록 도와줄 수 있습니다.

대부분의 서비스는 생산과 동시에 소멸하는 특징을 갖고 있어 재고로 축적할 수 없고, 사후에 애프터서비스를 해줄 수 있는 성질의 것도 아닙니다. 서비스의 가치는 서비스를 주고받는 순간에 결정됩니다. 따라서 조직구성원의 대 고객서비스가 어떻게 수행되는지에 따라 고객의 만족도, 나아가서는 기업의 성패가 결정적으로 영향을 받습니다.

예컨대, 전통적으로 자동차 제조회사는 자동차 제조에만 주로 초점을 맞추었습니다. 그러나 이제는 제조한 자동차의 유통과 애프터서비스가 자동차 제조회사의 성패를 좌우합니다. 그래서 자동차 수리 서비스만 해도, 고장수리를 받으러 온 자동차에서 과거에 발생했던 문제점의 종류와 애프터서비스 사례, 해결방안 등의 정보를 서비스 정보기술을 이용해서 데이터베이스화할 수 있습니다. 그러면 자동차 구매고객의 자동차 수리 관련정보를 전부 데이터베이스화했기 때문에 개별고객이 경험했던 애프터서비스 문제점을 쉽게 파악할 수 있어, 자동차 수리시간과 비용을 크게 절감시킬 수 있고, 고객만족도 역시 크게 증대합니다.

앞으로 모든 기업체 사장들은 서비스 정보기술에 더 큰 관심을 기울여야 할 것으로 보입니다.

서비스의 소멸성

『재고가 있다는 것이 기업경영에 무슨 관계가 있는가?』

일반적으로 제조업에서는 상품의 생산과 소비 시점 사이에 상품을 재고로서 창고에 보관하는 기간이 있습니다. 상품재고는 기업경영에 매우 중요한 의미를 갖습니다. 첫째, 재고는 하자를 교정할 기회를 제공합니다. 예컨대, 창고에 보관하는 기간 동안 상품에 어떤 하자가 발견된다면, 창고에 있는 상품을 꺼내 수정할 수 있습니다. 그러므로 재고가 있다는 것은 오류 없는 상품을 제조하려는 제조업자의 처지에서 보면 참으로 다행스러운 일이라 하겠습니다.

서비스는 생산과 동시에 소비되므로 저장할 수가 없어 재고가 없습니다. 서비스를 재고의 형태로 저장할 수 없다는 것은 서비스를 공급할 때 오류가 발생하면 이를 수정할 기회가 없다는 것을 의미하므로 서비스업체 사장들에게는 매우 부담스러운 일입니다. 그러므로 서비스는 생산·공급하는 시점에서 완벽을 기하도록 노력해야 합니다. 서비스업은 여느 업종에 비해서 정교하고 많은 노력을 기울여야 하는 것도 그 때문입니다.

둘째, 상품재고는 수요-공급의 불균형을 조정할 수 있게 해줍니다. 재고로 저장할 수 있는 상품의 경우, 공급이 수요보다 많을 경우에는 재고로 창고에 비축하고, 수요가 공급보다 많을 경우 비축한 재고를 활용해서 부족한 공급량을 충족시켜 수급 불균형을 조정할 수 있습니다. 그런데 서비스는 재고로 저장할 수 없기 때문에 서비스의 수요-공급상의 불균형을 조정하기가 어렵습니다. 서비스 수요가 공급능력을 초과해도 문제이고, 그 반대인 경우에도 문제입니다.

서비스의 이러한 특징은 정확한 수요예측의 중요성과 그 가치를 강조하는 것입니다. 음식점만 하더라도 연중 어느 기간에 고객들이 몰리는지, 같은 달이라 해도 언제 고객이 집중하는지, 그리고 같은 주일이라도 언제 집중하는지, 하루 동안에도 어느 시간대에 집중하는지 파악해야 합니다. 이러한 수요예측을 근거로 해당 시간대에 고객의 수요를 최단시간 내에 충족시킬 수 있도록 대비해야 합니다. 어쩔 수 없이 기다리게 할 수밖에 없다면, 그 시간 동안 고객을 즐겁게 만드려는 노력도 필요합니다.

　서비스업체 사장들은, 본질적으로 서비스는 모든 고객들이 흡족해하도록 제때 제공하기가 어려운 것임을 이해하고, 정확한 수요예측을 통해 공급량을 조절함으로써 오류 없는 정확한 서비스 제공에 만전을 기해야 할 것입니다. 그리고 그러한 어려운 일을 빈틈없이 수행하는 자신과 자신의 일에 대해 자랑과 긍지를 느껴야 합니다.

서비스 수출

『역사적으로 서비스는 귀족 계층이 담당한 직종이었는가?』

전통적으로 우리는 서비스와 서비스를 제공하는 사람들을 경시하는 문화적 배경을 가지고 있습니다. 최근에는 대단한 서비스로 평가하고 있는 의료서비스, 즉 의술만 하더라도 조선시대 때는 중인계급이 주로 담당했고 양반이 할 만한 일은 아닌 것으로 여겼습니다.

　최근 모 산업디자인 전문회사에서 국내전문가들이 개발한 산업디자인이 해외로 수출되었다는 낭보가 있었습니다. 이 회사는 최근 외국의 산업디자인 관련 유명업체들과 치열한 경합을 벌인 끝에 미국 월풀사의 세탁기, 타파웨어(Tupperware)사의 8만 달러짜리 가정용 용기부문 디자인 수주상담에 성공하여 계약만 남겨놓고 있는 상태라고 합니다. 이 회사는 1992년에도 세계의 유명 디자인회사들과 경합 끝에 모토롤라(Motorola)사의 통신기기 디자인 용역을 5만 달러에 따낸 적도 있었습니다. *

　서비스 수출의 장점은 우선 부가가치가 높다는 점입니다. 산업디

---

* 〈매일경제신문〉, 1993. 4. 2.

자인은 컴퓨터 등 기본장비만 갖춰놓으면, 거의 원료 없이 순전히 아이디어만으로 제품을 만드는 이른바 지식 집약적 산물입니다. 그러므로 외국에서 원·부자재를 수입하여 물건을 만들어 파는 상품수출과는 비교할 수 없을 만큼 부가가치가 높습니다. 물론 매연이나 쓰레기 공해도 유발하지 않습니다. 아울러 머리를 쓰는 직종이므로 더럽거나 위험하지도 않고, 육체적으로 힘든 3D업종도 아닙니다.

우리나라 사람들은 개별적으로는 우수한데 협동심이 부족해서 좋은 상품을 만들지 못한다는 비난이 있는데, 그 진위 여부를 제쳐놓더라도 서비스는 개인의 지적 능력이 중요할 뿐 동료와의 협동이 중요한 것은 아닌 경우도 많기 때문에, 국제경쟁력을 키울 수 있는 부문이라 하겠습니다.

따라서 창조적인 한국인에게 굳이 더럽고 힘들고 위험한 3D업종의 일을 강요하거나 기피한다고 탓하기보다는, 산업디자인과 같은 서비스를 개발해서 수출하는 것도 바람직합니다. 더욱이 서비스 수출 가운데는 소수 전문가들의 두뇌를 동원해서 창출하는 경우도 많습니다. 따라서 서비스산업은 앞으로 중소기업들도 진출할 수 있는 새로운 시장 전선(front)이라 하겠습니다.

서비스의 품질

> 『첨단 상품가격은 급격하게 하락하는데, 첨단 서비스 가격이 급등하는 이유는 무엇인가?』

불과 5년 전만 하더라도 지금은 공짜로 줘도 가져가지 않을 16비트 XT급 개인용 컴퓨터를 적어도 200만 원 이상 주어야만 구입할 수 있었습니다. 그런데 이제는 그것과 비교할 수 없을 만큼 품질이 획기적으로 개선된 AT 486급 컴퓨터의 가격이 100만 원 수준으로 하락했습니다. 이처럼 지난 몇 년 동안 제조업의 상품은 가격하락과 품질향상이 이루어졌음에도 불구하고, 우리가 사용하는 서비스의 가격은 오히려 크게 상승했으며, 동시에 품질은 악화된 사례가 많습니다. 예컨대, 의료서비스 가격은 지난 몇 년 동안 급등했지만, 최근 병원에 가보면 옛날보다 더 오래 기다려야 합니다.

서비스 가격 상승은 정부의 예산을 급격하게 증가시키고 있습니다. 왜냐하면 정부가 제공하는 주요상품이 대부분 서비스이기 때문입니다. 어떤 이는 정부비용의 상승 원인을 정부의 비효율이나 부패에서 찾으려 하기도 합니다. 물론 그런 면이 전혀 없다고는 말할 수 없겠지만, 더 중요한 원인은 서비스의 근본적 특성에 기인한다고 봅니다.

대부분의 서비스는 생산자와 소비자가 현장에서 직접 만나야 거래가 가능합니다. 예컨대, 의료서비스나 교육서비스를 제공하는 의사나 교사들은 현장에서 직접 사람을 만나야만 서비스를 제공할 수 있습니다. 그리고 서비스의 질은 서비스를 제공하는 시간이 단축됨에 따라 하락하는 특성도 있습니다.

반면에 자동차와 같은 상품거래는 생산자와 소비자가 직접 만날 필요도 없고, 자동차 한 대를 만드는 데 얼마나 긴 시간을 투입했는지 소비자는 관심이 없습니다. 그래서 노동절약적 기술혁신이 자동차의 품질을 하락시키지는 않습니다. 그러므로 제조업부문에서는 노동절약적 기술혁신이 서비스부문에 비해 훨씬 용이합니다. 그 결과 두 부문 간 생산성 증가에 차이가 발행하고, 그것이 가격차이를 유발합니다. 더욱이 제조업부문의 임금상승은 생산성 증가로 상쇄할 수도 있지만, 서비스산업의 임금상승은 생산성 증대로 상쇄하기가 어렵기 때문에 가격상승과 품질저하로 이어지기가 쉽습니다.

앞으로도 현재와 같은 서비스 가격상승과 품질저하 추세가 계속된다면 우리 사회는 물질적으로는 풍족해지지만, 서비스는 매우 열악한 사회가 될 것입니다. 따라서 정부는 서비스산업에 더 많은 자원이 공급되고 기술혁신이 이루어지도록 배려할 필요가 있습니다. 아울러 서비스 가격이 계속 상승한다는 것은 경영자들에게는 새로운 공급으로 이윤을 얻을 여지가 있다는 사실을 의미하기도 합니다. 그런 의미에서 기업체 사장들은 서비스 부문에 진출하여 더 질 좋은 서비스를 더 저렴한 가격으로 제공하는 경쟁을 통해 일류기업의 꿈을 키우는 것도 바람직하리라고 생각합니다.

서비스의 적시성

『상품납품은 좀 늦어도 별로 탓하지 않으면서도, 서비스는 조금만 늦어도 크게 탓하는 것은 부당한 것 아닌가?』

서비스는 일반 제조상품과는 매우 다른 특성이 있습니다. 그 가운데에서도 가장 독특한 것은 서비스의 가치가 서비스를 제공하는 시각에 따라 크게 달라질 수 있다는 점입니다. 고객이 원하는 시각 또는 시간에 정확하게 공급하지 못하면, 그 서비스의 가치는 급격하게 하락하거나 아무런 가치가 없게 될 수 있습니다. 예컨대 어떤 사람이 비행기를 타기 위해 시내에서 공항까지 택시를 탔을 경우 만약 비행기가 출발한 다음에 공항에 도착하게 된다면, 시내에서 공항까지 수송해준 택시 서비스의 가치는 영이 됩니다. 그래서 서비스의 생명은 타이밍, 즉 적시성인 경우가 많습니다.

최근 각종 행사에 출장요리 서비스가 매우 인기를 끌고 있습니다. 일일이 음식을 만들지 않아도 되고, 다양한 음식이 제공된다는 편리함 때문에 많은 모임이나 회사가 이용하고 있습니다.

얼마 전 서울시가 발간한 〈서울경제〉(1995. 7) 책자에는 서비스의 타이밍이 얼마나 중요한 것인가를 시사하는 좋은 사례가 실려 있었습니다. 이야기인즉, 어느 회사가 공장 이전을 축하하기 위한 행사에 온 하객들에게 음식을 대접하기 위해 출장요리를 계약했다고 합니다. 행사 시작 10분 전까지 200명 분의 부페 음식을 준비하는 조건으로 300만 원에 계약을 체결하고, 계약금으로 70만 원을 지급했습니다. 그러나 계약과는 달리 행사시간이 다 끝날 때까지 음식이 도착되지 않아 결국 하객들은 인근 식당에서 식사를 하게 되었습니다. 이 경우 행사를 준비한 회사는 크게 당황했을 것이고, 또 행사에 참석한 하객들에게 제대로 음식을 대접하지 못한데서 오는 정신적 고통까지 경험해야 했을 것입니다.

이 같은 사태는 출장요리가 서비스이므로 타이밍을 제 때 맞추지 못하면 서비스가 아무런 가치가 없어지기 때문에 발생한 것입니다. 하객들이 모두 떠난 다음 또는 인근 식당에서 모두 식사를 끝낸 다음에는 아무리 훌륭한 부페 음식이 도착한다고 해도 그것은 쓰레기와 같게 됩니다.

이토록 시간을 제대로 맞추지 못하는 경우에는 출장요리를 제공하는 사업자의 책임에 따른 계약불이행이므로 그로 인해 발생한 직접적 손해는 물론 위약에 따른 정신적 피해에 대해서도 소비자는 공급자에게 배상을 요구할 수 있습니다. 이러한 경우 위약금은 일반적으로 총 계약금액의 10% 정도가 적정한 것으로 보고 있습니다.

이 이야기는 서비스를 제공하는 경영자들에게 매우 중요한 교훈을 시사하고 있습니다. 서비스는 제공되어야 할 때를 맞추지 못하면 가치를 크게 상실하므로, 무엇보다도 시간이 생명이라는 점입니다. 그러므로 서비스업체 사장들은 납품시간을 맞추기 위해 서비스의 적시

제공에 장애가 될 요소를 파악하여 사전에 제2, 제3의 임기응변책을
마련해 놓아야 합니다.

서비스 보증제

『서비스는 표준화가 쉬운가?』

서 비스의 특징 가운데 하나는 표준화가 불가능하다는 점입니다.
왜냐하면 동일한 서비스라도 그것을 제공하는 사람과 시간에
따라서 품질이 달라질 수 있기 때문입니다. 예를 들면 음식점의 주방
장이 동일한 음식을 준비한다고 해도 음식을 주문한 후에 얼마나 기
다려야 음식이 나오는지, 그리고 음식을 나르는 종업원이 어떻게 음
식을 갖다 주느냐 등에 따라 고객이 느끼는 만족감은 크게 다를 수
있습니다. 이토록 서비스의 품질은 일정 수준을 유지하기가 힘들기
때문에 표준화하기도 어렵습니다.

서비스의 품질을 표준화하기가 어렵기 때문에 서비스를 구매할 때
고객은 상당한 위험을 부담합니다. 그러므로 기업이 서비스를 더 많
이 판매하기 위해서는 고객의 신뢰감—— 일정한 수준의 질 좋은 서
비스를 받으리라고 믿는—— 이 대단히 중요합니다. 그래서 서비스
를 판매하는 기업에서는 일정한 수준의 서비스 질을 유지하기 위해서
종업원의 교육 등에 많은 노력을 경주합니다.

서비스에 대한 고객의 신뢰감을 높이는 또 한 가지 방법은 서비스
품질을 보증하는 제도입니다. 최근 모 시중은행이 고객에게 일단 약
속한 서비스에 대해서는 어떠한 상황하에서도 책임을 지고, 만약 약
속을 어기는 경우 일정한 보상을 해주는 「서비스 보증제」를 시작했
습니다. 예를 들어, 현금자동지급기가 고장나는 바람에 고객이 제때

현금을 인출할 수 없게 되거나, 종합통장을 가지고 있는 고객이 대출을 신청한 후 24시간 안에 대출을 받지 못할 때, 그리고 창구서비스가 잘못돼 고객이 손해를 입었을 때는 은행이 일부 수수료를 면제해 주겠다는 것입니다. 만약 이러한 불편을 겪은 고객이 은행창구에 신고하면 은행측은 고객에게 「고객사랑카드」를 발급하고, 이 카드를 소지한 고객은 3개월 간 송금수수료와 자기앞수표 발행수수료를 내지 않아도 좋다는 것입니다. 이는 일선 창구에서 사전에 현금인출기를 철저히 점검하고, 창구 서비스에 더욱 진력하게 하여 고도의 서비스 질을 유지하는 계기가 될 것으로 보입니다.

서비스 보증제는 은행에서만 할 수 있는 것은 아니고, 일반 서비스업체 사장들도 시도해볼 수 있는 제도라고 생각합니다. 물론 이를 위해서는 고도의 서비스 질을 유지할 수 있는 사전준비가 필요합니다. 그렇게 하면 해당 서비스업체는 고객으로부터 더 많은 사랑을 받게 될 것입니다.

제 5 장

기·업·과 금·융

1

어음·수표와 결제제도

『백지어음은 당연히 무효어음 아닌가?』

경제활동을 하다 보면 어음을 발행하기도 하고 받을 수도 있습니다. 그런데 어음법에 의하면 어음을 발행·교부할 때 필히 기재해야 할 사항을 여덟 가지로 정해놓고, 이 가운데 어느 하나라도 기재사항이 누락된 어음은 이른바 「불완전 어음」이어서 어음 자체가 무효가 되도록 규정합니다. 다만 만기, 발행지, 지급지에 대해서는 후에라도 보충할 수 있습니다.

백지어음은 불완전 어음과는 달리 어음요건의 일부 또는 전부를 후일 어음의 소지인이 보충하게 할 의향으로 어음을 발행할 때 일부러 기재하지 않고 백지, 즉 공백으로 남겨놓고 기명날인하여 교부한

「미완성 어음」입니다.

백지어음이 되려면 발행인, 즉 백지어음을 발행한 사람이나 배서인의 백지 기명날인, 보증인의 백지보증, 인수인의 백지인수 등을 표시하는 적어도 어느 한 개의 기명날인이 있어야 하고, 어음요건의 전부 또는 일부의 기재가 없는——즉 공백으로 남겨진——어음이어야 하며, 소지인이 공백으로 남겨진 어음요건을 보충할 권리를 가져야 합니다.

백지어음은 발행할 당시에 원인관계상 지급될 금액이나 변제기일이 확정되지 못한 경우 후일에 보충시킬 의향으로 금액이나 변제기간을 공백으로 발행합니다. 어음에 의해 자금을 융통하고자 할 경우 금융업자를 사전에 결정할 수 없는 경우에도 수취인 난을 공백으로 발행할 수 있습니다.

백지어음은 공백으로 남겨진 부분이 보충이 안 된 상태에서는 미완성 어음이므로 어음 자체의 효력이 인정되지 않습니다. 그러므로 어음요건을 보충하기 전에 백지상태로 금융기관에 지급을 제시하면 무효어음을 제시하는 셈이 되므로 어음채무자는 채무변제의 이행을 거절할 수 있습니다.

백지어음은 금융기관을 경유해서 지급제시되므로 백지어음임을 발견한 금융기관 직원은 전문적 훈련을 받은 사람으로서, 혹시 법률관계에 대해 잘 알지 못하는 고객이 백지어음을 지급제시한다 하더라도 백지부분을 보충하도록 촉구하거나 발행지 등 사소한 사항은 대신 보충해주어야 합니다. 백지어음에 관한 이러한 사항은 대체로 백지수표에도 그대로 적용됩니다. 그러므로 사장은 백지어음을 받으면 은행에 지급제시를 요청하기 전에 백지(공란) 부분을 반드시 보충해야 합니다.

어음·수표의 기명날인

『성춘향 명의로 기명된 수표에 이몽룡의 도장이 찍혔을 경우에는 무효 수표 아닌가?』

상거래에 수반하는 결제수단으로 어음이나 수표는 매우 큰 비중을 차지합니다. 그런데 어음이나 수표는 법적 문서이기 때문에 법적 요건을 갖춰야만 효력을 발생합니다. 현재 법률상으로 어음이나 수표를 발행할 때 반드시 기재해야 할 사항으로 환어음은 아홉 가지, 약속어음은 여덟 가지, 수표는 일곱 가지가 법률로 명시되어 있습니다. 이 가운데 어느 하나라도 불비되어 있으면 그 어음이나 수표는 원천적으로 무효입니다.

그런데 의도적으로 또는 악의적으로 어음이나 수표의 법적 기재요건인 발행지나 지급지 등 사소한 사항을 갖추지 않고 발행하고 이를 근거로 훗날 대금지급을 기피하는 경우가 있습니다. 이 때 어음수취인이 어음대금지급 청구소송을 제기하면 법원은 무효어음을 가지고 제기한 소송이라 하여 기각하는 예가 흔히 있습니다. 그러므로 사장이 어음을 받을 때는 어음요건의 기재가 완벽한가를 체크하고, 혹시 빠진 사항이 있으면 가급적 즉석에서 보충해야 합니다.

어음·수표의 법적요건과 관련해서 특히 분쟁이 많은 사안은 법에서 명시한 기명날인과 관련된 것입니다. 기명날인이란 어음을 발행하는 사람의 이름을 직접 쓰거나 타자나 고무인 등으로 기재하고, 발행인의 자유의사로 도장을 찍는 것을 말합니다. 문제는 기명자의 이름과 날인된 이름이 다른 경우입니다. 예컨대, 어음이나 수표상의 기명자는 성춘향인데, 이몽룡의 도장이 찍혔을 경우 효력의 유효성 여부에 관한 것입니다. 성춘향은 자기 도장이 찍힌 어음이 아니므로 어음 요건이 충족되지 않은 무효 수표라고 주장할 수 있습니다.

대법원 판례에 의하면 기명날인이란 이름을 쓰고 도장을 찍는 행위이지, 그 도장이 꼭 기명자의 것과 동일해야 할 필요는 없다고 판시했습니다. 그러므로 기명자는 성춘향이지만 이몽룡의 도장이 찍힌 어음이나 수표는 유효합니다.

다만, 기명날인 가운데 날인은 있지만 기명이 안 된 경우가 있을 수 있습니다. 즉 수표에 이몽룡 도장은 찍혀 있지만 이몽룡이나 성춘향이란 기명이 없는 경우인데, 이러한 어음은 무효로 처리합니다. 그런데 기명, 즉 발행자의 이름을 소지인이 나중에 보충할 수는 있습니다. 어음상에 쓰여진 성명이 본명이 아니라 별명인 경우에도 발행인이 어음지급에 대한 책임을 져야 한다는 것도 알아두면 편리합니다. 그러므로 사장은 수표를 받을 때 기명날인이 안 된 것은 즉석에서 기명날인을 받아두는 것이 안전합니다.

어음·수표의 배서

> 『배서는 어음의 뒷면에만 하는 것 아닌가?』

요즘 어음이나 가계수표를 사용하면서 발생하는 문제 가운데 하나가 배서입니다. 예컨대, 갑이 발행한 가계수표를 물건대금으로 받은 을이 제3자인 병에게 물건을 구입하면서 건네주었다고 합시다. 이 때 병은 가계수표 뒷면에 을의 이름, 주민등록번호, 전화번호 등을 기재하게 했다고 합시다. 그런데 그 가계수표가 부도가 났을 경우 병은 배서한 을에게 돈을 갚도록 요구할 수 있는지, 즉 병은 을에게 배서인으로서 소구책임(담보책임)을 물을 수 있는지 의문이 들 수 있습니다.

어음이나 수표는 일정기간이 지난 이후 만기에 현금을 청구할 수 있는 권리를 표시한 증서인데, 「배서」에 의해 그 권리를 제3자에게 이전할 수도 있습니다. 배서는 대체로 피배서인(권리를 양도받는 사람)의 이름을 쓰고, 배서인(권리를 양도하는 사람)의 기명날인을 함으로써 행해지고 있습니다. 「배서」는 「뒷면에 쓰는 글」이라는 뜻이지만, 배서하는 장소가 꼭 어음이나 수표의 뒷면일 필요는 없고 앞면에도 배서할 수 있습니다.

배서는 권리를 양수·양도하는 법률적 행위이기 때문에 신중히 해야 합니다. 원칙적으로 권리를 양도받는 피배서인의 이름과 권리를 양도하는 배서인의 기명날인이 필요합니다. 배서문구나 배서일자 등은 배서의 필수적 요건은 아닙니다. 법적으로는 피배서인의 이름까지도 생략할 수 있습니다. 피배서인의 이름을 기재하면 기명식 배서이고, 없으면 백지식 배서가 될 뿐입니다.

실무상 자기앞수표나 가계수표 등을 주고받으면서 건네주는 사람의 이름이나 주민등록번호, 전화번호 등을 수표뒷면에 기록해두는 경우가 있습니다. 그러나 이것은 후일 그 수표가 분실·도난당한 것으로 판명될 경우 건네받은 사람이 선의취득을 주장할 수 있는 근거는 될 수 있지만, 그것만으로 어음법상의 「배서」로 인정되지는 않습니다. 왜냐하면 배서는 최소한 배서인의 「기명날인」이 있어야 하기 때문입니다. 그러므로 사장이 자기앞수표나 가계수표를 건네받을 때, 건네주는 사람에게 담보책임을 묻기 위해서는 기명날인을 꼭 받아야 합니다.

어음결제제도

『어음결제제도는 전세계의 보편적인 결제제도 아닌가?』

상품의 매매대금을 결제하는 방식은 크게 현금결제방식과 어음결제방식이 있습니다. 현금결제방식은 상품 구입대금을 현금이나 당좌수표로 결제하는 것을 말하며, 미국을 비롯한 서구 선진국 기업들이 주로 활용하고 있는 결제방식입니다. 어음결제방식은 상품 구입대금을 1개월 또는 3개월짜리 어음으로 지급하는 것을 말하는데, 일본 기업들이 주로 활용하는 결제방식입니다.

일반 소비자가 상품을 구입할 때 일부는 신용카드로 결제하는 등 외상결제가 있기는 하지만, 대부분 현금결제가 보편화되어 있습니다. 그럼에도 불구하고 우리나라에서 기업 사이의 결제는 현금결제보다는 어음결제가 더 보편화되어 있습니다. 이는 일본과 우리나라에만 있는 결제관행입니다. 특히 중소기업이 대기업에 부품을 납품하는 경우 현금결제는 고사하고 납품한 지 상당기간이 지난 다음에야 어음으로 결제해주는데, 그 때에도 60~90일짜리 어음을 발행하기도 하고 때로는 더 장기의 어음으로 결제해주는 경우도 있다고 합니다.

어음결제방식의 이론적 근거는 진성어음의 자동청산원리입니다. 진성어음이란 원·부자재를 납품하고 그 대가로 받은 어음을 말합니다. 상품의 생산능력이 수요를 따라가지 못했던 옛날에는 납품받은 원·부자재를 가지고 생산만 해놓으면 얼마든지 팔렸기 때문에, 진성어음은 상품이 생산된 후 팔리는 기간, 예컨대 한두 달이 지난 다음에는 거의 자동적으로 청산할 수 있었습니다. 이 때 납품한 원·부자재는 발행된 진성어음의 담보역할을 하는 셈이 되었으며, 진성어음을 받은 납품업자는 진성어음의 부도 가능성을 염려할 필요가 없었습니다.

그러나 세월이 바뀌어 지금은 기업들이 수요를 크게 초과하는 과잉생산시설을 갖춰놓게 되었습니다. 그 결과 납품한 원·부자재로 제조한 상품이 곧 판매되리라는 보장이 없게 되었고, 따라서 원·부자재를 납품하고 일정기간이 지난 이후에도 진성어음을 자동적으로 청산할 수 없게 되었습니다. 그러다 보니 진성어음의 부도가 발생하게 되었는데, 이는 납품한 원·부자재로 제조한 상품이 팔리지 않았을 때의 위험을 원·부자재 납품업자에게 전가하는 셈입니다. 더욱이 최근에는 한 기업의 어음부도가 다른 여러 중소기업, 특히 영세기업의 연쇄부도사태를 야기하고 있어 중소기업이나 영세기업 경영자들의 어려움을 가중시키고 있습니다. 또한 이 때문에 유망 중소기업이 흑자도산을 하는 등 건실한 경영자들마저 고통 속에 몰아넣고 있습니다.

완제품을 만들어 소비자들에게 현금결제방식으로 판매하면서도 대기업들이 장기 어음결제를 함으로써 대기업에 납품하는 중소기업들은 금융 애로에 직면합니다. 왜냐하면 중소기업이 부품을 생산하는 과정에서 지출하는 원자재와 인건비 등은 대부분 현금결제가 불가피하기 때문입니다. 사실 공정거래법은 납품대금을 60일 이내의 어음으로 결제하도록 하고 있지만, 이를 피할 수 있는 예외조항을 두고 있어 사실상 실효가 적습니다.

어음기일의 단축이 중소기업에 얼마나 도움을 줄 것인가는 다음의 예에서 살펴볼 수 있습니다. 예컨대, 수취어음의 평균기일이 90일인 어떤 중소기업의 원활한 자금회전을 위해서 은행은 1억 원의 어음할인 한도가 필요하다고 합시다. 만약 평균 어음기일이 60일로 30일 단축된다면, 해당업체를 위한 은행의 어음할인한도 준비금액은 3분의 1 감축하여 6,700만 원만 필요합니다. 그러면 은행은 여유자금

3,300만 원을 다른 중소기업의 어음을 할인해주는 데 활용할 수 있습니다. 그러므로 중소기업 금융활성화를 위해서는 현금결제 관행을 정착시키는 것이 가장 시급한 과제입니다. 정부는, 정부가 현금결제를 해줄 수 있는 대기업을 상대로 정부사업 관련 원·부자재를 납품하는 중소기업들에게는 현금결제를 해주도록 권장해야 하겠습니다.

정부는 여러 가지 중소기업 지원책을 발표하고 있는데, 무엇보다도 가장 실속 있는 지원책은 어음결제제도를 개선하고, 가급적 현금결제방식으로 전환하는 것이라고 생각합니다. 물론 오랜 기간의 어음결제방식을 하루 아침에 현금결제방식으로 바꾸기란 쉬운 일이 아니겠지만, 중소기업의 육성을 위해서 현금결제방식의 보편화는 정부가 반드시 추진해야 할 정책과제라고 생각합니다.

진성어음과 융통어음

『상업어음이야말로 진짜 어음 아닌가?』

어느 기업이 다른 기업에게 상품을 납품하고, 일정 기간 후에 납품대금을 지급하겠다는 약속증서를 받았을 때 그 증서를 약속어음이라고 합니다. 이와는 달리 한 기업이 다른 기업에게 단순히 차입증서를 써주고 자금을 빌렸다면 이 때 차입증서는 융통어음이라고 부르며, 기업어음이 그 좋은 예입니다.

전통적으로 어음 가운데 상품을 납품한 대가로 받은 것이 진짜 어음이라 해서 이를 「진성어음」이라 부르기도 하고, 또 상업거래 결과로 발행된 것이라 해서 「상업어음」이라고 부르기도 합니다. 특히 안전성을 항상 중시하는 은행은 과거에 상업어음 또는 진성어음만을 할인해주는 것을 건전경영을 위한 기본적 경영원칙으로 여겨왔습니다.

상업어음을 안전한 진성어음으로 본 이유는 상업어음은 부도가 날 가능성이 적기 때문인데, 그 까닭은 납품받은 사람이 상품을 판매하면 자동적으로 납품대금의 지급능력이 생길 것으로 보았기 때문입니다. 이를 상업어음의 「자동청산성(self-liquidation)」이라고 합니다.

과거 공급보다 수요가 많았던 판매자시장 시대에 상업어음은 자동청산성을 가졌던 것이 사실입니다. 그러나 오늘날 유사한 상품이 여러 기업에서 과잉생산·공급되는 구매자시장 시대에는 상업어음의 자동청산성은 보장되지 않습니다. 왜냐 하면 납품한 상품이 제대로 팔릴 것인지 여부는 소비자가 원하는 상품인지 여부에 달려 있고, 또 소비자가 원하는 상품이라 하더라도 소비자가 돈이 없으면 살 수 없기 때문입니다. 그래서 최근에는 융통어음과 진성어음을 크게 차별하던 시각은 점차 사라지고 있습니다.

전통적으로 우리나라 은행은 상업어음의 할인을, 그리고 단자회사들은 융통어음의 할인을 주종업무로 취급해온 바 있습니다. 최근 은행에서 융통어음의 할인을 취급할 수도 있지 않느냐는 견해가 제시되자 단자회사에서 크게 반발한 것은, 융통어음인 기업어음의 할인이 단자회사 업무의 70% 이상을 차지하는 주종업무이기 때문에 업무영역의 중대한 침해로 여기고 있기 때문입니다.

이제 구매자시장 시대를 맞아 기업체 사장뿐만 아니라 은행원도 상업어음과 융통어음을 매우 다른 것으로 보던 시각을 교정해야 할 것으로 생각합니다.

서비스업체의 어음할인 규제

『서비스업체의 어음할인은 규제하는 것이 마땅하지 않은가?』

우리나라의 생산물시장에서는 어음결제가 보편적입니다. 어음결제란 외상거래와 같습니다. 자재나 서비스를 구입한 업자는 일정기간이 지난 후에 대금을 현금으로 결제하는 셈이 되기 때문입니다.

금융기관이 발달하지 않았던 옛날에는 중간재를 납품받은 업체가 비록 완제품을 납품해서 얻을 소득이 예견된다 하더라도 당장 현금결제를 하기는 어려웠을 것입니다. 그래서 외상거래의 일종인 어음결제를 선호했을 것으로 보입니다. 그런데 오늘날 금융기관의 가장 중요한 역할 가운데 하나는 고객의 장래소득을 현재로 앞당겨 지출할 수 있게 해주는 것입니다. 그러므로 현금결제에 필요한 자금을 융통해 줄 수 있어야 합니다.

건설업의 경우 일반건설업체가 전문건설업체에게 하도급을 주고 공사대금을 주어야 하는 때, 금융기관에서는 일반건설업체의 공사 완료 또는 공사 진척도에 따라서 공사대금의 수수를 예견할 수 있습니다. 그러면 은행에서는 이를 근거로 일반건설업체에게 대출해줄 수 있고, 따라서 일반건설업체는 전문건설업체에게 공사 진척도에 따른 현금결제가 가능해집니다.

문제는 정부가 서비스산업에 관한 대출규제를 하고, 건설업은 서비스산업이기 때문에 은행대출이 어렵다는 데 있습니다. 그러다 보니 일반건설업체는 하도급업자인 전문건설업체에게 어음결제를 할 수밖에 없는데, 전문건설업체는 사전작업과 자재구입비, 노임 등을 어음으로 결제할 수가 없습니다. 더구나 일부 일반건설업체는 하도급업체에 대해 선급금은 고사하고 공사 진척도에 따라 공사대금을 결제할 때도 어음을 즉시 끊어주는 것이 아니라, 공사가 진척된 지 몇 개월 후에 60~90일짜리 어음을 결제해주는 경우도 있으므로, 전문건설업체들은 적어도 반 년 정도의 자금융통을 스스로 해결해야 하는 어려움에 봉착합니다. 더욱이 건설어음은 공금융기관에서 할인이 안 돼 사채시장에서 할인할 수밖에 없으므로 금융비용도 높습니다. 따라서 예상한 만큼 사채시장에서 자금회전이 안 될 때는 즉각 전문건설업체의 부도위기로 이어지곤 합니다.

최근 들어 건설업계에 부도가 급증하고 있는데, 그 원인 가운데 하나는 제도권 금융시장에서 건설어음이 융통되지 않는 데서 발생하는 자금조달상의 애로라고 합니다. 대한건설협회와 전문건설협회 등을 비롯한 건설업계에 의하면, 지금까지 발주자와 원청업체가 공사대금으로 지급한 어음인 건설공사어음의 재할인을 한국은행이 허용하지 않아 일반은행에서도 할인대상에서 제외하는 것으로 드러났습니다.

건설업계가 발행한 이른바 「건설어음」의 재할인을 한국은행에서 허용하지 않는 근거는, 정부가 「서비스산업」에 대한 자금지원을 규제하기 때문입니다. 그러나 그것은 서비스산업에 대한 그릇된 편견에 기인합니다. 예컨대, 서비스산업 중에는 러브호텔을 짓는다거나 카바레나 나이트 클럽 공사 같은 것이 포함되는데, 사실 그러한 업종에 대해 정부가 자금지원까지 하며 육성할 것인가에 대해서는 충분히 의구심을 가질 만합니다. 그렇다면 서비스산업인 컴퓨터 프로그램산업이나 통신산업에도 정부가 자금지원을 금지해야 한다는 논리입니다. 따라서 서비스산업이라고 해서 무조건 정부의 자금지원을 금지해야 할 대상은 아닌 것입니다. 그것은 마치 제조업이라고 해서 무조건 자금지원 대상이 될 수 없는 것과 같습니다.

이론적으로 서비스산업에 대한 자금지원을 규제하는 것은 서비스를 창출하는 행위를 비생산적 행위로 보는 데에서 기인합니다. 우리가 눈으로 보고 손으로 만질 수 있는 상품제조만을 생산적 행위로 보고, 이것만이 진정으로 금융기관의 지원을 받을 만한 가치가 있는 행위로 인식하는 데 기인합니다. 그러나 생산이란 가치를 증대시키는 행위이고, 가치는 소비자의 욕구를 더 많이 충족시킬 때 증대하는 것입니다. 그런 의미에서 서비스를 제공하는 것은 인간의 오관을 직접 자극해서 만족감을 주는 가치창출의 행위입니다. 그럼에도 불구하고 서비스를 제공하고 받은 어음은 비생산적 행위의 결과라며 할인대상에서 제외시키는 것은 부당하다고 하겠습니다. 러브호텔의 신축 등과 같은 특정 건설부문의 자금지원을 규제하는 것은 이해할 수 있지만, 국민의 기본적 욕구인 의식주 가운데 하나를 해결하는 일반주택 건설 등과 같은 건설사업 자금지원을 금융기관에서 무조건 금기시하는 것은 시급히 시정해야 할 관행이라 하겠습니다.

덕산그룹의 부도 사태를 비롯해, 일반건설업체가 쓰러져 전문건설업계에 연쇄파장이 몰아칠 경우 정부에서 구제금융을 풀 것이 아니라, 건설어음을 융통시키는 방안부터 모색해야 한다는 전문건설업계의 주장에 정책당국이 귀를 기울여야 할 것으로 보입니다. *

부도수표범의 처벌 강도

『부도수표 발행범은 무조건 구속수사하는 것이 마땅하지 않은가?』

수 표는 일상생활에서 마치 현금처럼 사용되고 있는 예금화폐입니다. 현금보다도 휴대가 더욱 편리하고, 거액의 거래도 수표 한

---

* 〈매일경제신문〉, 「건설어음 푸대접 재무구조 악화」, 1995. 3. 25.

장으로 결제할 수 있다는 장점이 있습니다. 그런데 현금은 거래대금으로 지급하려 할 때 거절할 수 없는 강제 통용력을 갖는 법화인데, 수표는 원하지 않으면 거절할 수 있는 관습화폐입니다. 수표를 거절하는 이유는 예금잔고가 없어도 수표를 발행할 수 있는 가능성, 즉 부도수표를 받을 위험 때문입니다.

부도수표가 발생하는 이유는 수표대금을 결제할 예금잔고의 여부는 수표를 다음날 교환에 회부하여 수표발행자의 은행에 제시했을 때가 되어야 확인할 수 있기 때문입니다. 그런데 교환에 회부한 수표가 예금잔고가 없어서 부도 처리되면, 수표를 받은 사람은 거래대금을 받기가 어렵습니다. 더구나 자기가 받은 수표는 배서하여 다른 사람과의 거래대금으로 현금 대신 사용하기도 하는데, 부도수표가 되면 배서한 사람이 거래대금을 현금으로 다시 치러야 합니다.

따라서 잔고 없이 수표를 발행하는 사람이 많아지면 수표의 공신력이 떨어져서 거래에 사용하기 어렵습니다. 그런데 수표만큼 거래대금을 편리하게 결제할 수 있는 수단도 많지 않으니, 몇몇 신용이 부실한 사람 때문에 수표의 통용을 금지시킨다면 사회적으로 큰 손실이라 하겠습니다. 그래서 정부는 잔고 없이 수표를 발행하는 부도수표 발행행위를 범죄행위로 규정하여 엄중하게 구속수사하며 처벌합니다.

그런데 때로는 자기가 받은 수표가 결제될 것을 전제하고 수표를 발행했는데, 받은 수표가 부도처리되면 자기도 부도수표를 발행한 꼴이 되어 억울하게 부도수표범으로 몰리는 경우가 있을 수 있습니다. 그래서 정부는 부도수표 발행을 범죄행위로 무조건 구속수사하던 관행을 폐지하거나 바꿔보겠다는 것입니다. 문제는 그렇게 제도를 바꾸면 선의의 부도수표 발행자의 억울함은 어느 정도 방지할 수 있겠지만, 고의적으로 부도수표를 남발하고 해외로 도피해서 잘 살며 법의 시효가 끝나기를 기대하는 악질적인 부도수표범을 막을 길이 없어 신용질서를 교란할 수 있다는 데 고민이 있는 것입니다. 그러므로 이 문제는 법의 폐지보다는 법의 신축적 운용으로 대처하는 것이 바람직할 것으로 생각합니다.

2

일반 기업금융

『기업이 은행대출을 받는다는 것은 정말 고마운 일 아닌가?』

지난 반 세기 동안 정부는 은행금리를 시장 실세금리 이하로 규제해왔습니다. 그러다 보니 은행은 상대적으로 낮은 금리로 대출하게 되었고, 그 결과 은행의 대출자금 수요는 항상 초과수요 상태가 되어, 은행은 대출신청 고객 가운데 일부에게만 한정된 대출자금을 배정하게 되었습니다. 따라서 은행 문턱이 높다는 말이 나온 것도 이상한 일이 아닙니다.

은행에서 대출을 받는 사람들도 시장 실세금리를 내고 대출을 받는다면 그리 특별히 고마운 마음도 없었을 것입니다. 그러나 시장 실세보다 낮은 금리로 대출을 받게 되니 대출 자체는 하나의 특혜적 성격을 띠므로 고마운 마음이 들 것이고, 대출해주는 과정에서 혹시 은행원이 마음이라도 바꿀까봐 굽실댈 수밖에 없었을 것입니다. 이러한 폐단은 정부가 금리를 규제했기 때문에 발생하는 행태라 하겠습니다.

이제 거의 모든 금리가 자유화되었습니다. 은행들도 제값 받고 대출해주고, 고객들도 제값에 은행돈을 빌려 쓰게 되었습니다. 그리고 은행 간, 그리고 금융기관 간의 경쟁도 더욱 치열해지고 있습니다. 결국 개별 고객이 은행에 얼마나 큰 이득을 주는가에 따라 고객에 대한 예우가 달라질 수 있습니다. 대기업은 일상거래를 위해 은행에 많은 당좌예금을 하고 있는데, 이는 은행의 수익제고에 크게 기여합니다. 이러한 경우에는 오히려 은행이 앞장서서 해당 대기업에게 좋은 대출조건을 제시하면서 계속 자행과의 거래를 요청하게 될 것이고, 기업은 더욱 낮은 대출이자를 당당하게 요구할 수 있을 것입니다.

금리자유화 시대에는 은행에 예금을 더 많이 하는 사람들은 더 융숭한 대접을 받게 될 것이며, 남보다 좋은 조건으로 대출자금을 빌려 쓸 수 있게 될 것입니다. 그러므로 이제 은행의 문턱은 경제력이 없고 신용도 없으며 은행수익에 별로 기여하지 못하는 사람들에게는 더욱 높아지겠지만, 은행에 대한 기여도가 큰 고객들에게는 과거에 비해 크게 낮아지리라고 생각합니다. 그러므로 기업체 사장이 은행에서 제대로 대우를 받기 위해서는 예금, 대출, 무역결제, 환거래 등 여러 금융관련 업무를 어느 한 은행 또는 소수은행에 집중시킴으로써 거래은행에 대한 기여도를 제고시켜야 합니다.

금리자유화와 단골은행

『기업은 여러 은행과 거래해야만 다급할 때 돈 빌리기가 수월해지는 것 아닌가?』

금리자유화란 예금금리와 대출금리를 개별은행이 자유롭게 결정할 수 있는 자율성을 확대하는 것입니다. 따라서 은행들은 더 많은 예금을 조성하기 위해서 은행끼리, 그리고 다른 금융기관들과 치열한 경쟁을 할 것입니다. 이 때 가장 중요한 경쟁대상 가운데 하나가 상품의 가격, 즉 금리입니다. 은행은 가급적이면 높은 예금금리를 제시하여 많은 예금을 자행으로 유인하려 하고, 가급적이면 낮은 금리로 대출하여 질 좋은 고객이 자행에서 대출을 받도록 유인하려 합니다.

이러한 여건의 변화는 은행고객에게 매우 중요한 의미를 갖습니다. 과거에는 은행에서 돈 빌리기가 하늘의 별 따기만큼이나 어려웠던 기업들도 많이 있었을 것입니다. 그러나 이제는 높은 가격, 즉 높은 금리를 지급하겠다고 하면 대출해줄 은행을 상대적으로 용이하게 찾을 수 있게 될 것입니다. 이 때 은행이 가장 중요하게 여기는 것이 고객관계, 즉 은행과 고객 사이에 얼마나 긴밀한 관계가 있었는가 하는 점입니다.

그러므로 앞으로 기업이 은행을 많이, 그리고 유용하게 이용하기 위해서는 단골은행을 만들어야 합니다. 그래서 고객이 단골은행과 장기간 거래하고 단골은행의 금융서비스를 많이 이용하면 이용할수록, 즉 이용실적이 많을수록 그 고객은 그 은행에서 더 귀한 손님으로 대접받게 될 것입니다.

중소기업체 사장은 우선 직원들 월급의 자동이체를 위한 자금도 단골은행을 정해놓고 그 은행계좌를 이용하고, 개인적으로 자동차세를 비롯해서 토지나 건물에 관한 세금도 단골은행에 납부하고, 신용카드도 단골은행의 신용카드를 사용하는 등 단골은행을 집중적으로 이용하는 것이 좋습니다. 은행은 이 모든 거래실적을 기록해놓았다가, 고객이 대출신청을 할 때 이 실적을 감안하여 대출 여부와 대출한도액 산정, 그리고 이자율 적용 등을 결정할 때 참고합니다. 무작위로 여기저기 여러 은행을 거래하는 사장은 앞으로 가급적 소수 단골은행과 집중적으로 거래하는 것이 바람직할 것입니다.

금융한도제

『자금이 필요할 때면 은행에서 언제라도 빌릴 수는 없을까?』

1960년대만 하더라도 우리나라 무역수지가 항상 적자여서 이를 메우기 위해 주기적으로 국제통화기금(International Monetary Fund : IMF)에서 차입해야 할 때가 많았습니다. 그런데 자금이 필요할 때 IMF에 차입신청서를 제출하여 허가가 나올 때까지는 상당한 기간이 소요되므로, 수시로 발생하는 무역수지 적자를 메우는 데 어려움이 많았습니다.

이를 보완한 제도가 스탠드 바이 크레디트(stand-by credit) 협정, 즉 대기(待期) 차관협정입니다. 우리 정부가 1년 간 예상하는 차관자금을 미리 신청하고 IMF에서 이를 사전에 한 번 허가하면, 허가범위 안에서 1년 동안 필요할 때마다 수시로 인출해 사용할 수 있도록 한 것입니다. 이자는 대기차관 전액에 대해서 지급하는 것이 아니라, 실제 차입한 금액에 대해서만 지급합니다.

이러한 문제는 개별 기업의 경우에도 발생합니다. 물론 대기업은 당좌대월제도가 있으므로 필요하면 급전을 당좌대월 한도 내에서 인출해 쓸 수가 있습니다. 그러나 요즈음엔 과거보다 사정이 나아졌다고는 하지만, 아직도 중소 영세기업이 은행에서 돈을 빌리는 것은 여의치 않습니다. 따라서 한 번 은행에서 대출을 받으면 기업은 비록 갚을 여력이 생기더라도 대출금을 변제하지 않고 불필요한 이자를 물며 예금해놓으려 합니다. 은행은 은행대로 고객이 여유 자금이 있더라도 대출금을 변제하지 않기 때문에, 대출재원을 고갈시켜 더 많은 사람들에게 대출자금을 제공할 수 없습니다.

현금수입이 수시로 발생하고 때로는 목돈이 필요한 영세사업자에게는 현금수입이 있을 때 차입금을 일부 또는 전부 갚고 목돈이 필요할 때면 언제든지 다시 차입할 수 있으면 참으로 좋을 것입니다. 이러한 고객욕구를 충족시킨 대출제도가 「소매금융한도제」라는 이름으로 우리나라의 모 은행에 등장한 대기차입 협정제도입니다. 사전에 은행과 협정한 차입한도 내에서 기업은 언제나 차입할 수 있고, 반대로 차입금을 갚을 수도 있습니다. 이로 인해 기업은 자금이 필요할 때 신속하게 차입할 수 있고, 자금여유가 있을 경우에는 차입금을 빨리 변제할 수 있습니다. 은행은 대출자금이 빨리 회전되기 때문에 더 많은 고객에게 대출자금을 제공할 수 있습니다.

급변하는 금융환경에서 자금공급과 운용의 신축성을 더욱 강조하고 있는 지금, 이 제도는 은행과 고객 모두에게 바람직한 제도라 하겠습니다. 특히 중소기업 사장들은 은행에서 소매금융거래 한도제의 혜택을 받을 수 있도록 주거래 은행과 돈독한 고객관계를 유지하는 것이 바람직합니다.

금융비용

『금리 인상은 금융비용을 증대시키는 것 아닌가?』

사장은 자기 자본뿐만 아니라 차입자본도 이용해서 경영합니다. 그러므로 기업경영 과정에서 차입자본 이자와 같은 금융비용이 발생하는 것은 자연스러운 일입니다.

일반적으로 금융비용의 크기를 측정하는 지표로는 금융비용 비율 지표를 이용하는데, 이는 총금융비용을 매출총액으로 나눈 값입니다. 우리나라 제조업의 금융비용 비율은 1990년 5.1%였던 것이 1993년에는 5.9%로 상승했습니다. 이에 비해서 일본 기업의 금융비용 비율은 1990년 1.9%였고, 대만은 2.5%였으며, 독일 기업은 1%에 불과했습니다. 이는 우리나라 기업보다 최소한 2~3%가 낮은 수준이어서, 우리나라 기업이 부담하는 금융비용이 얼마나 무거운가를 짐작하게 합니다.

금융비용은 금리에 차입금을 곱한 값입니다. 그러므로 차입금 규모가 일정하다면 금리가 높을수록 금융비용이 증가하고, 금리가 일정하다면 차입금 의존도가 높을수록 금융비용이 증가하게 마련입니다. 우리나라 기업의 금융비용이 높은 것은 1차적으로 고금리에 기인하는 것으로 보여지지만, 차입자본의 비중이 높은데도 그 원인이 있습니다.

금융비용이 높으면 기업의 국제경쟁력도 취약해집니다. 제조업에서 이익을 측정하는 지표로서 매출액이익률과 경상이익률이라는 개념이 있습니다. 매출액과 이익금의 비율인 제조업의 매출액이익률은 우리나라가 6.9%로 일본의 4.7%나 대만의 6.6%보다 높습니다. 그런데 우리나라의 금융비용 비율이 4.9%로 일본의 1.9%나 대만의

2.3%보다 높기 때문에, 경상이익률은 오히려 우리나라 제조업이 3.2%이고 일본은 4.9%, 대만은 7.4%입니다.

금융비용의 비율이 높을수록 또는 차입금 의존비율이 높을수록 기업체 사장은 금리자유화에 대해서 저항합니다. 왜냐하면 차입자금 의존도를 비롯해서 여타 조건이 일정할 경우 금리자유화로 금리가 상승하면 금융비용 부담이 증가하기 때문입니다.

기업경영에 큰 부담을 주고 있는 금융비용을 줄이기 위해서는 한편으로는 금리가 안정적이어야 하겠고, 다른 한편으로는 차입자금 의존도가 낮아져야 합니다. 물론 이를 위해서는 물가안정이 필요합니다. 왜냐하면 인플레이션은 명목금리를 상승시키기 때문입니다.

금융실명제 : 경제논리 대 정치논리

『경제논리와 정치논리 중 어느 것을 우선해야 하는가?』

경제문제는 대체로 정치문제와 어울려 있는 경우가 많습니다. 그래서 경제문제를 해결하는 데는 항상 정치적 고려나 배려를 해야 하는 경우가 많습니다. 그렇지만 경제학자들은 경제문제를 해결하기 위해서는 경제논리가 정치논리보다 우선해야 한다고 믿고 있습니다.

그렇다면 경제논리와 정치논리는 어떻게 다른 것인가에 대해 먼저 알아보겠습니다. 경제논리는 효율성의 논리인 반면에, 정치논리는 형평성의 논리인 경우가 많습니다. 예컨대, 극장의 뒤편 사무실에서 불이 났다고 합시다. 이 때 극장직원이 뒷줄에 앉아 있는 관객들에게만 불이 난 사실을 살짝 알리며 남들이 눈치채지 못하도록 조용히 퇴장해줄 것을 부탁해서 손님들을 극장 밖으로 대피시킬 수도 있고,

『불이야!』하고 큰 소리를 질러 불이 난 것을 모든 관객에게 동시에 알려 퇴장시킬 수도 있습니다.

만약 뒷줄 관객에게 조용히 퇴장을 요청했다면, 극장 안에서 영화를 보고 있던 관객 모두에게 불이 난 것을 알리는 경우에 비해서 더 많은 사람들의 생명을 구할 수가 있을 것입니다. 왜냐하면 극장에 불이 났다고 소리지르면 어두운 곳에서 영화를 보던 모든 관객들이 일시에 입구로 몰려들어, 입구가 막히는 혼란이 초래될 것이므로 많은 인명피해가 발생할 가능성이 높기 때문입니다. 불이 난 것을 안 극장 관계자들이 극장 뒷좌석에 있는 관객들부터 조용히 퇴장시키자고 주장한다면 이는 더 많은 관객들을 대피시키자는 효율성의 논리, 즉 경제논리에 근거한 것입니다.

그렇지만 극장 뒷줄 관객에게만 화재 사실을 조용히 알리고 대피시키기 시작한다는 것은 극장 앞줄 관객에게는 매우 불공평한 처사가 될 수도 있습니다. 불이 번지다 보면 앞줄에 앉아 있던 사람들이 미처 빠져나오기도 전에 극장이 화염에 휩싸여 앞줄의 관객들은 불에 타 죽을 수도 있기 때문입니다. 극장에 앉아 있는 좌석의 위치에 따라 생사가 갈릴 수도 있고, 또 불이 난 사실을 미처 알지도 못하고 불에 타 죽을 수 있다는 사실은 불공평한 일입니다. 그래서 모든 사람들에게 불이 났다는 사실을 알려서 모두에게 극장을 빠져나올 기회를 공평하게 제공해야 한다고 주장한다면 이는 형평성의 논리, 즉 정치논리에 근거한 것입니다.

금융실명제도 역시 기본적으로는 경제문제이지만, 효율성을 강조하는 경제논리와 공평성을 강조하는 정치논리 가운데 어느 것에 우선하느냐, 즉 효율성과 공평성 가운데 어느 것을 얼마만큼 우선하느냐에 따라 금융실명제 실시의 결과와 실적이 달라집니다.

금융실명제 : 당위성과 경제논리

『경기 침체기일수록 국민들이 근검절약해야 함에도 불구하고, 연말연시에 관광지 호텔 방이 동나는 것은 바람직하지 못한 일 아닌가?』

세상에는 개인이 전체 경제를 위해서 마땅히 해야 할 일, 즉 당위성 있는 일이 많습니다. 그렇지만 국민 모두가 그렇게 하리라고 전제하거나 기대하는 것은 매우 위험한 생각일 수 있습니다. 예컨대, 최근 기업의 설비투자가 장기간 침묵하고 있으며 경기침체도 지속되고 있습니다. 사실 이러한 시기일수록 국민들이 더 많이 저축해서 더 낮은 금리로 실물투자를 지원하는 것이야말로 온 국민들이 해야 할 일임에 틀림없습니다.

그럼에도 불구하고 연말연시 때 관광지나 유원지의 방이 동나는 등 때 아닌 과소비 바람이 불고 있다는 소식이 전해지고 있습니다. 새 정부 출범 직후 한때 사정바람으로 냉기가 감돌던 고급 음식점이나 호텔 음식점에는 자리잡기가 어려워졌고, 고급 유흥가의 룸 살롱도 예약하기가 어렵다는 것입니다. 그뿐만 아니라 고급승용차의 판매가 급격히 증가하고 있으며, 귀금속의 소비에 부과하는 특별소비세의 세수도 증가하고 있다는 소식도 들립니다.

이토록 갑자기 소비가 증가한 까닭은 금융실명제 실시와 무관하지 않은 것으로 보입니다. 금융자산의 노출을 꺼리는 사람들은 은행에 저축해서 이자소득을 기대하기보다는 차라리 소비하고 보자는 쪽으로 마음을 돌릴 가능성이 크기 때문입니다. 특히 1995년 물가지수가 연말 억제 목표수준을 상회했다는 보도는 이러한 소비행태를 더욱 자극했을 것으로 보입니다.

이러한 과소비 열풍이 우리에게 주는 교훈은, 경제란 당위성의 논리로만 운용되는 것이 아니고, 경제논리에 따라 진행된다는 것입니다. 정부는 금융실명제 실시에 따라 금융소득을 종합과세하고 실물 자산 보유에 대한 징세를 강화하겠다는 것을 천명한 바 있습니다. 비록 이 모두가 사회정의 면에서 바람직한 것이고 마땅히 성취해야 할 목표임에 틀림없지만, 정책당국은 그러한 당위성 있는 목표를 추진할 때 소비 증가 등의 부작용을 초래할 것이라는 경제논리를 인식하고 정책입안 때 감안해야 합니다.

자산재평가

『기업이 보유하고 있는 자산의 가치는 구입가격과 같은가?』

기업의 재무제표 상황을 알 수 있는 대차대조표를 살펴보면 어느 기업이나 자산가치는 항상 부채와 자본금의 합과 같습니다. 예를 들어, 어느 기업이 부채로 기계를 사들이면 기계구입 금액만큼 자산가치가 늘어나고 같은 금액만큼 부채규모가 증가하여 역시 자산가치의 합은 부채와 자본금의 합과 일치합니다. 장사를 잘 해서 이익이 발생하면 자본금의 증가로 표시합니다.

그런데 비록 대차대조표에 기록하는 자산가치는 장부가격, 즉 기계를 구입할 때 지급한 금액으로 기재되지만 세월이 흐름에 따라 자산의 가치가 변동할 수 있습니다. 예컨대, 빚을 내서 부동산을 사놓았는데, 그 후 땅값이 두 배가 되었다면 비록 장부상으로는 자산과 부채가치에 변함이 없지만 회사의 실질 자산가치는 크게 늘어난 것입니다. 이 경우 기업의 가치를 평가할 때 장부가치와 실제가치의 차이가 크게 발생할 수 있습니다.

그래서 법으로 자산의 실제가치를 평가해서 장부가격이 실제가치를 반영하도록 조정하는 것이 자산재평가입니다. 만약 자산가치가 장부가격보다 50% 높게 평가되었다면, 그 차액은 자산재평가 이익으로 보아 장부상 자산가치의 증가와 함께 자본금 증가로 기록합니다.

자산재평가법에 따르면 재평가할 수 있는 자산은 재평가일 현재 취득일 기준으로 생산자물가가 25% 이상 상승한 경우입니다. 1995년 말 현재 생산자물가가 1987년 말 이후 25% 이상 상승했으므로, 1987년 말 이전에 구입한 자산이나 그 이전에 자산재평가를 실시한 기업은 재평가를 실시할 수 있습니다.

자산재평가는 기업의 자산가치를 실제가치에 일치시킴으로써 기업은 적정한 감가상각을 할 수 있고, 담보자산의 가치증가로 은행에 담보를 설정할 때 더 많은 돈을 대출받을 수 있습니다. 그렇지만 기업은 자산재평가 이익금에 대해 자산재평가 세금을 납부해야 합니다.

일반적으로 자산재평가 이익을 기대할 수 있는 기업의 주식가격은 재평가 공시를 전후해 상승합니다. 이는 재평가 이전 대차대조표에 나타난 기업보유 자산의 장부가치에 근거하고 있는 주식가격이 자산의 실제가치를 충분히 반영하지 못했기 때문입니다.

3

중소기업 금융

『금융기관의 중소기업 의무대출 비율은 높을수록 바람직한 것 아닌가?』

1994년 6월부터 정부는 금융기관의 중소기업 의무대출비율을 인하하는 조치를 취한 바 있습니다. 1965년 시작한 이 제도는 정부가 그 동안 의무대출비율을 계속 상향조정해오다가 이번에 처음으로 인하조정했는데, 정책전환을 시사하는 것은 아닌가 해서 학계와 업계에서도 매우 큰 의미를 부여합니다.

중소기업 의무대출비율은 금융기관의 총대출 가운데 중소기업 대출이 차지해야 하는 강제비율입니다. 이 제도는 중소기업의 발전이 장기적으로 국가경제 발전에 필요하다는 인식과 현재 중소기업이 상대적으로 취약하여 금융기관의 대출을 충분하게 공급받을 수 없어

선별적 지원이 필요하다는 전제로부터 출발합니다.

이론적으로 보면 중소기업이 금융기관에서 대출자금을 제대로 받기 어려웠던 까닭은 금리를 규제해왔기 때문입니다. 같은 값이라면 상대적으로 안전한 대기업에 자금을 공급하는 것이 당연한 시장원리이기 때문입니다. 정부가 금리를 규제하는 상황하에서 강제적으로라도 중소기업에게 대출자금을 공급하게 하면 적어도 단기적으로는 중소기업에게 혜택이 돌아갑니다. 그렇지만 이러한 제도는 장기적으로 대출자금의 공급재원을 고갈시켜서, 비록 의무비율은 지킨다 하더라도 중소기업 대출금액은 줄어들 수 있습니다.

특히 옛날에는 은행에 예금이 있어야 대출해 줄 수 있다고 생각했었는데, 최근에는 대출을 해주어야 예금이 들어오는 것이 현실입니다. 따라서 중소기업 의무대출비율이라는 강제규정에 묶여 개인대출을 못 해주는 중소기업 전담은행들의 예금을 고갈시키고, 오히려 중소기업 대출자금 규모가 줄어들 지경에 이르는 것입니다. 실제로 중소기업 의무대출비율이 90％인 중소기업대출 전담은행인 대동은행과 동남은행은 대출자금 재원고갈로 경영압박을 받고 있습니다.

이제 금리가 자유화되고 금융기관들이 수익성 경쟁을 벌이면, 위험 정도에 따라 더 높은 이자를 받을 수 있으므로 금융기관들도 과거처럼 중소기업을 차별하지는 않을 것입니다. 아울러 중소기업 의무대출 비율을 계속 강화했음에도 불구하고 중소기업체 사장이 금융기관의 대출혜택을 별로 받지 못했던 지난날의 경험은, 아무리 정책의지가 좋더라도 경제원리를 무시하면 소기의 목적달성도 불가능할뿐더러 장기적으로 더 큰 부작용이 발생한다는 것을 시사합니다.

중소기업의 차입자본 의존도

『왜 중소기업만 높은 금융비용을 부담해야 하는가?』

최근 시중금리가 11% 이하로 하락하는 현상을 보이고 있습니다. 그럼에도 불구하고 은행에서 빌리는 돈의 금리부담은 예전과 별 차이 없이 크게 줄어들지 않았다는 불만이 중소기업으로부터 제기되고 있습니다. 은행에서 「꺾기」를 노골적으로 요구하지는 않지만 금융거래 도의상 적금 등을 들어주다 보면 금리부담이 연 17~18%에 이른다는 것이 중소기업 관계자들의 얘기입니다. 더욱이 대출상환기간을 연장하려면 금융기관에 적금을 들어야 하고 추가로 0.5~1%의 금리를 더 부담해야 합니다. 또 금리자유화 폭을 확대하고 신용차등 대출제도를 도입하면서, 영세 중소기업의 금융비용 부담이 더 커졌습니다. 최근 부도를 낸 기업 가운데는 금융비용 부담을 견디지 못해 흑자도산을 한 경우도 있는 것으로 밝혀졌습니다.

기업이 창업할 때는 회사를 설립하는 데 활용할 수 있는 자본금이 필요합니다. 그렇지만 기업은 자기자본만으로 기업을 경영하는 것은 아니며, 타인에게서 차입한 자금—— 이른바 타인자본 또는 차입자본—— 으로 기업의 사업에 투자하는 예도 많습니다. 그러므로 사장이 기업경영에 필요한 자금을 조달하는 방법은 크게 두 가지라 하겠습니다. 하나는 주식발행, 즉 자기자본을 증가시켜 조달하는 것이고, 다른 하나는 채권발행, 즉 차입자본을 증가시켜 조달하는 것입니다. 물론 전자는 이익이 발생하면 배당금을 지급하겠다는 약속하에 조달하는 것이고, 후자는 이익에 관계 없이 일정 기간이 지나면 이자를 지급하겠다는 약속하에 조달하는 것입니다. 그러므로 사장은 어느 방법을 이용하더라도 자금을 사용하기 위해서는 금융비용을 지급해야 하며, 주식을 발행하여 자금을 조달하는 것도 결코 공짜가 아님을 알아야 합니다.

우리나라 기업의 차입자본 의존도는 다른 나라에 비해 상대적으로 높은 편입니다. 여기에서 차입자본 의존도 또는 차입자본비율은 이자 등 금융비용으로 발생하는 금융부채를 자본금으로 나눈 비율입니다. 이 비율이 높다는 것은 총자금 조달액 가운데 남의 돈이 차지하는 비중이 높고, 자기자본의 비중이 낮다는 의미입니다. 통계를 보면 우리나라 제조업의 자기자본 비율은 25% 내외인 데 비해서, 외국기업의 경우 총자금 조달액 가운데서 자기자본이 차지하는 비중이 60~100%에 달합니다. 1994년 우리나라의 매출액 대비 금융비용은 4.3%인데, 일본은 0.3%로 낮습니다. 우리나라 중소기업의 금융비용 부담이 높은 것은 사실인데, 그 이유 가운데 하나는 우리나라 중소기업의 외부차입 의존도가 그만큼 높기 때문이기도 합니다. 즉 자기자본의 비중이 상대적으로 낮기 때문입니다. 그러므로 우리나라 기업의 높은 금융비용 부담을 모두 고금리 탓으로만 돌릴 수는 없습니다.

기업경영 결과, 이익이 발생하면 기업은 이를 모두 배당하는 것이 아니라, 내부유보 이윤으로 비축해 기업의 신규 투자자금의 재원으로 활용합니다. 우리나라 기업은 신규투자하는 데 필요한 자금의 원천으로 쓸 수 있는 내부유보율이 상대적으로 낮습니다. 1986~90년 기간 중 우리나라 기업의 내부유보율은 14.1%로, 비슷한 기간 대만의 57%보다 크게 낮습니다. 소요자금 가운데 주식발행에 대한 의존도 역시 일본·대만이 각각 18.8%와 23.7%인 데 비해 우리나라는 7.6%에 불과합니다.

결론적으로 우리나라 제조업은 다른 나라에 비해 금융비용 부담이 커서 기업의 수익성이 낮고, 따라서 내부유보 등 자기자본에 의한 재원확보가 어려운 실정에 있습니다. 이에 따라 왕성한 투자자금 수요를 계속 외부 차입자금에 의존할 수밖에 없고, 그에 따라 금융비용 부담이 높아지는 악순환에 빠져 있습니다.

우리나라 기업체 사장이 자금조달 방안으로서 차입자본을 선호하는 이유는, 첫째 세제상의 이점을 생각할 수 있습니다. 차입자금에 대해 지급하는 이자는 이자비용으로 비용처리를 할 수 있습니다. 그러므로 기업의 처지에서는 차입자본을 많이 쓸수록 법인세 과표가 낮아져 상대적으로 이득입니다. 반면에 비록 이윤이란 법인세를 납부하고 난 나머지이며, 한 번 세금을 내고 난 나머지 돈으로 볼 수 있지만, 이를 배당금으로 받으면 주주들은 개인적으로 종합소득을 신고할 때 다시 세금을 내야 합니다. 이는 실제로 동일한 소득에 대해서 두 차례 세금을 납부하는 것과 같습니다.

둘째, 지난 1960년대 이래 투자활성화를 위해 정부가 시행해온 저금리정책도 사장으로 하여금 차입자금 의존비율을 높이게 했습니다. 물론 여기에서 「저금리」란 명목금리 수준을 의미하는 것이 아니라, 명목금리에서 물가상승률을 뺀 실질금리를 기준으로 말하는 것입니다. 명목금리 수준은 높다 하더라도 인플레이션율을 감안하면 실질금리는 거의 영에 가까웠던 적이 과거에는 많았었습니다. 그러므로 실질금리 부담이 거의 없었기 때문에 사장이 차입자본 의존비율을 높였던 것은 매우 합리적인 경제행위였습니다.

셋째, 사장, 특히 대기업 사장이 차입자본 의존율을 높이려는 이유는 기업도산에 따른 위험부담을 감소시키는 데 유리하기 때문입니다. 기업이 커지면 커질수록 고용인원과 연관기업과의 관계가 밀접해지므로 공공성도 커집니다. 그러므로 공금융기관의 차입을 통해 기업을 확장하면 해당기업이 부도를 냈더라도 금융기관, 나아가서는 정부도 부도처리하기가 어렵습니다. 왜냐하면 그 기업 및 연관기업에 종사하는 종업원과 가족들의 명운이 바로 그 회사의 사활에 달려 있어서, 순전히 경제논리에 근거하여 도산 결정을 내리기가 어렵기 때문입니다. 이는 마치 차입자본이 도산위험에서 기업을 지켜주는 안전핀 역할을 하는 것과 동일합니다. 실제로 도산의 위기에 처한 기업, 특히 대기업에 대해서는 여러 차례 정부가 부도를 떠맡아서 처리해준 적이 적지 않습니다.

빚은 어찌 보면 적을수록 자랑스러울 것 같기도 하지만, 항상 그런 것만은 아닙니다. 여러분이 소유하는 회사의 빚은 확실히 포항제철의 빚 규모보다 적을 것입니다. 그렇다고 해서 여러분 회사가 항상 재정적으로 포항제철보다 건실하다고 말할 수는 없습니다. 그래서 어떤 이는 빚이 많은 것은 문제가 안 된다고 말하지만, 지나치게 높은 차입자본비율은 바람직하지 않습니다. 그 이유는, 첫째 기업의 차입자본비율이 높다는 것은 기업의 경영성과에 관계 없이 지출해야 하는 고정비 성격의 이자부담이 커서 기업의 불황 내구력이 약해지기 때문입니다. 왜냐하면 경기는 항상 호황과 불황국면을 순환하게 마련인데, 불황국면에 직면하면 영업이 안 되어 영업수입이 상대적으로 낮아질 것입니다. 그런데 이자지급은 불황이라고 해서 감면하거나 연기하기가 어렵기 때문에 차입자본비율이 높은 기업은 조금만 불황이 닥쳐, 생산과 판매가 계획대로 이루어지지 않아 자금회전에 차질이 발생할 경우 금리부담을 이기지 못해 곧 도산에 이를 수 있습니다.

둘째, 기업의 차입자본, 즉 부채비율이 높으면 그 기업은 위험부담이 큰 투자 프로젝트를 선호할 가능성이 높습니다. 왜냐하면 전체 자산과 비교해서 자기자본의 비율이 상대적으로 적고 대신 부채비율이 높으면, 사업의 성패에 따른 기업이나 기업주의 이해득실이 비대칭적으로 변하기 때문입니다. 예컨대, 자본비율이 낮은 반면에 부채비율이 높은 기업이 사업에 실패하면 자본주인 사장이 부담해야 할 손실은 상대적으로 적고, 채권자가 대부분의 손실을 부담합니다. 반대로 만약 기업이 성공하게 되면 자기자본이 적기 때문에 사장을 비롯한 소수의 대주주가 이익의 대부분을 차지합니다. 그러므로 잘못되면 채권자 손해이고 잘 되면 자본가인 사장의 이득이 클 상황이 되기 때문에, 사장은 잘만 되면 커다란 이익을 기대할 수 있는 위험한 투자를 선호할 가능성이 높은 것입니다. 이러한 경우 채무자인 기업이 정도 이상의 위험을 선택하는 행위를 「도의적 해이(moral hazard)」 또는 「도의적 파탄」 행위라고 합니다.

더구나 위험한 사업에 과잉투자한 기업이 일시에 대거 도산에 직면할 때 정부는 구제금융을 지원해야 하는 정치적 결단을 강요받을 수도 있습니다. 그렇지만 구제금융 자금은 좀더 생산적으로 사용될 자금이 비효율적인 부실기업의 구제에 쓰이는 것이므로 분명 낭비입니다. 그러므로 기업의 차입자본 의존이 지나치게 높은 것은 국민경제 면에서도 바람직하지 않다 하겠습니다.

이제 세상이 달라지고 있으므로 사장은 금융시장에도 무서운 시장경쟁의 원리가 적용된다는 것을 인식해야 하겠습니다. 과거에는 빚, 특히 은행 빚을 얻어 사업하면 상대적으로 쉽게 수지를 맞출 수 있었지만, 이제 지나친 빚을 얻어 사업하는 것은 무모한 일입니다. 공금융기관의 금리도 자유화되어 시장 실세금리를 반영하기 때문에, 더 이상 공금융기관의 차입금 이자부담이 항상 낮으리라고 기대할 수도 없게 됐습니다. 더욱이 정부도 금융기관의 자율성을 보장하는 추세에 있으므로 비록 기업이 도산하여 많은 종업원들이 일터를 잃을 위기에 봉착하더라도, 그것은 민간부문에서 자율적으로 해결하도록 방치할 뿐 정부가 나서서 구제금융을 주선하지는 않습니다. 그러므로 이제는 중소기업도 신규 투자사업을 벌일 때 자기자본금을 확충하고 외부차입 의존도를 낮추어 금융비용을 감당할 수 있는 범위 내에서 시작해야 합니다.

아울러 신용이 상대적으로 약한 중소기업 사장은 금리도 낮으면서 동시에 대출자금도 많이 공여받을 수 없다는 시장경제원리를 수용해야 합니다. 그러므로 은행과 신용을 쌓기 위해 노력해야 합니다. 은행이 신뢰할 만한 회계처리를 하는 것도 한 가지 방법일 것입니다.

중소기업 신용대출

『중소기업 신용대출을 꺼리는 은행은 잘못하는 것 아닌가?』

최근 중소기업의 금융지원 방침이 또 발표되었습니다. 그 동안 중소기업 금융지원 방침이 여러 차례 나왔다는 사실 자체가, 과거 발표된 금융지원 방침이 실효가 없었다는 것을 웅변적으로 증명합니다.

금융은 값이 있는 상품입니다. 비록 정치논리에 따라 일시적으로 정부 또는 다른 기관이 제값을 치러줌으로써 몇몇 중소기업에 대해서는 값싸게 자금공급을 할 수 있겠지만, 모든 중소기업이 제값을 주지 않고 금융상품을 장기간 향유하게 할 수는 없습니다. 이는 『세상에 공짜는 없다』라는 경제원리에 역행하는 것이기 때문입니다. 이제 정부나 국민 모두가 정치적 인기나 감정적 대응책의 일환으로 중소기업 금융지원 방침을 마련하거나 요구하지 말아야 하겠습니다.

정부나 중소기업단체는 중소기업 금융지원책의 일환으로 신용대출을 확대하도록 금융기관에 요구하는 사례도 있습니다. 그런데 신용기반이 없는 중소기업에게는 그러한 주장이나 요구가 공염불에 불과할 수밖에 없습니다. 금융기관 쪽에서 보면 자기 돈이 나가므로 정부가 압력을 가한다고 해서 또는 중소기업단체가 요구한다고 해서 쉽게 응하지 않을 것이기 때문입니다.

이제 중소기업「금융지원」이란 말은 사라졌으면 좋겠습니다. 왜냐하면「지원」이란 무엇인가 공짜로 혜택을 주는 것 같기 때문입니다. 오히려 금융기관이 중소기업에게 신용으로 돈을 빌려주고 싶도록 여건을 조성하는 데 정부나 금융기관, 그리고 중소기업이 함께 지혜를 모아야 하겠습니다.

이를 위해서는 중소기업이 거래금융기관에 신용을 축적해야 합니다. 기업 스스로 자사의 재무제표를 부실하게 작성하고 종업원에게까지 경영정보를 공개하지 않으면서 외부의 금융기관에게 신용대출을 확대해달라는 것은 설득력이 없습니다. 또한 자사를 잘 이해하고 도와주려는 금융기관을 단골금융기관으로 정해놓고 평소에 예금도 하고, 기업정보를 있는 그대로 제공하여 기업경영에 금융기관의 감시를 허용함으로써 도산위기에 몰릴 때 도움을 받을 수 있는 돈독한 협력관계를 구축하도록 해야 합니다.

중소기업전용 주식시장

『주식시장에는 우량기업의 주식만 상장해야 하는 것 아닌가?』

영국의 런던 증권거래소는 성장잠재력을 가진 중소기업에게 주식시장을 통한 자본조달 기회를 확대하고, 중소기업이 발행한 주식을 더욱 원활하게 거래할 수 있도록 지난 1995년 6월 19일 새로이 중소기업전용 주식시장을 설립했습니다. 이른바 제3부시장을 출현시킨 것입니다.

사실 영국에는 1987년에도 3부시장을 개설한 바 있었지만 3부시장

상장기업 가운데 우량기업이 거의 없다는 이유로 투자가들에게 외면당해 유명무실한 시장이 되었습니다. 그런데 1993년 4월 런던 증권거래소는 유럽연합 내 모든 1부 증권시장의 공동상장조건이 영국의 2부시장 상장조건과 별 차이가 없어 런던의 2부시장을 폐쇄하고, 지난 6월 중소기업전용 주식시장을 발족시킨 것입니다.

중소기업전용 주식시장을 도입하는 목적은 정규시장보다 상장요건을 대폭 완화함으로써 중소기업, 신흥기업, 성장기업 등으로 하여금 직접금융조달 기회를 확대하고, 성장잠재력이 있는 기업에 대한 투자가들의 투자기회를 확대시켜 주식시장 전체의 활성화를 도모하자는 것입니다. 그리고 시장의 관리와 감독을 런던 증권거래소가 직접 담당하여 시장의 공신력과 상장기업의 지명도를 제고시킴으로써 중소기업의 재무활동을 간접적으로 지원하고, 나아가 영국의 산업경쟁력을 제고시키자는 것입니다.

중소기업전용 주식시장은 상장하는 데 드는 관련 부대비용이 정규시장에 비해 상대적으로 저렴하여 유망 중소기업의 주식시장을 통한 자금조달 원활화에 기여할 수 있는데다, 상장을 통한 신용도의 제고로 은행대출이나 위험자본(venture capital) 등 여타 금융자금을 더욱 쉽게 이용할 수 있다는 점에서 중소기업전용 주식시장제도의 운용은 매우 긴요합니다. 영국 재무부에서는 중소기업전용 주식시장에 상장되는 주식을 조세감면이 가능한 특별유가증권으로 인정하여 투자가들에게 보유주식에 따르는 상속세 면제, 투자손실로 인한 소득공제, 투자수익에 대한 자본이득세 감면 등의 혜택을 부여하고 있습니다.

현재 중소기업 육성을 대통령이 직접 챙기고 있는 우리나라도 중소기업전용 주식시장제도는 고려해볼 만한 제도라 하겠습니다.

여관업과 유흥업소의 금융규제 완화

『여관과 유흥업소에 대한 은행대출은 퇴폐를 조장하는 것 아닌가?』

최근 정부는 중소기업 금융지원 강화대책의 일환으로 자영업자 금융규제를 완화했습니다. 그런데 자영업에 여관업이나 유흥업소도 포함시키다 보니, 결국 이들 업체에게도 금융자금의 공급이 가능해졌습니다.

지금까지는 여관업이나 유흥업소를 금융기관이 지원·육성할 필요가 없다고 판단하여 이들 업소에 금융기관의 대출을 아예 금지시켜 왔습니다. 이러한 조치는 정부가 금리를 규제할 때는 일리가 있었습니다. 왜냐하면 금융기관의 명목금리는 시장의 실세금리보다 항상 낮았고 때로는 실질금리가 마이너스를 기록하기도 했으므로, 금융기관 대출은 보조금처럼 대출 그 자체가 특혜 지원적 성격을 띠었기 때문입니다.

그런데 이제 금융기관의 금리가 대부분 자유화되었습니다. 따라서 누구든 금융기관의 대출자금을 이용하려면 제값을 치러야만 하므로 더 이상 혜택이 아닙니다. 따라서 여관업이든 유흥업소든 간에, 제값을 주고 대출자금을 사용하는 데 대해 문제삼는 것은 옳지 않습니다. 만약 그것을 특혜로 인식한다면 고객이 여관에 제값을 주고 잠을 자거나 유흥업소에서 제값을 주고 술 마시는 행위도 여관이나 유흥업소에 특혜를 주는 것으로 보아야 한다는 논리가 됩니다.

물론 일부 여관이나 유흥업소가 퇴폐행위를 하기 때문에 사회적으로 질타를 받고 있는 것은 사실입니다. 그렇지만 퇴폐행위 자체를 문제삼아야지, 여관업 또는 유흥업 자체를 터부시해서는 안 될 것입니다. 만약 우리가 계속 여관업이나 유흥업소가 제값을 내고 대출자금

을 쓰겠다는 것을 막는다면, 우리나라 여관업이 제대로 발전할 수 없습니다. 그렇게 되면 외국관광객을 숙박시킬 수준에 미치지 못함으로써 우리나라 여관은 결국 퇴폐 영업에 더욱 매달릴 것입니다.

일본은 1964년 올림픽을 개최할 때 수출금융과 같은 조건으로 여관업에 대출지원을 강화했습니다. 그 결과 일본 유명 관광지의 여관이 국제수준급 숙박시설로 변모했습니다. 이제는 외국관광객에게 전통적 일본 숙식관습의 즐거움을 제공하는 인기 관광상품으로 등장했다는 점에도 관심을 기울여야 할 것입니다. 금리자유화 시대에 접어든 지금, 금융기관의 대출자금을 특혜로 인식하던 과거의 사고방식에서 벗어나야 하겠습니다.

4

금 리

『통화량이 증가하면 금리는 항상 하락하는 것 아닌가?』

최근 금리가 11%대로 하락했는데, 각 기관에서 그 원인에 대한 여러 가지 분석결과를 제시하고 있습니다. 금리를 결정하는 가장 중요한 요인 가운데 하나가 통화량이므로 현재의 금리하락이 통화량 변동 때문인지 살펴보고자 합니다.

경제이론에서는 통화량과 이자율의 관계를 매우 밀접한 것으로 보고 있습니다.* 왜냐하면 통화당국은 통화량을 조절하여 이자율에 영

---

* 이자율과 금리라는 말이 자주 혼용되고 있다. 이자율은 차입에 대한 대가를 말하는데, 이 때 차입은 현물차입까지 포함하는 넓은 개념이다. 금리는 일반적으로 금융기관에서 빌린 돈, 즉 금융자금을 차입한 대가를 의미한다. 그러므로 금리는 이

향을 미치고자 하는데, 이 때 두 변수 사이의 관계가 안정적인지 여부는 통화정책을 시행하는 정책당국에게 매우 중요한 과제이기 때문입니다. 통화당국이 이자율에 영향을 미치고자 하는 이유는, 이자율이 투자를 결정짓는 중요한 변수이고 투자는 경제성장을 결정짓는 중요한 변수이므로, 결국 이자율이 경제성장을 결정하는 중요한 변수이기 때문입니다. 통화량과 이자율 사이의 관계는 사장에게도 관심사가 아닐 수 없습니다. 왜냐하면 투자를 담당하는 사장에게는 이자율이 금융비용을 결정짓는 중요한 변수이므로 그 움직임을 사전에 파악하는 것이 기업경영의 성패를 결정짓는 매우 중요한 요소이기 때문입니다.

이론적으로 케인스는 이자율 결정이론으로 유동성 선호설을 주장했습니다. 그는 만약 여타 조건이 일정하고 통화당국이 통화의 공급량을 증가시키면, 이자율은 하락할 것이라고 보았습니다. 왜냐하면 이자율 수준은 통화의 수요와 공급에 의해 결정되는데, ** 통화수요

자 속에 포함된 개념이라고 볼 수 있다.

** 유동성 선호설은 상품가격이 상품의 수요와 공급에 의해 결정되듯, 이자율 수준도 통화수요와 공급에 의해 결정된다는 이론이다. 여타 조건이 일정한 가운데 통화공급량을 중앙은행이 증가시키면 이자율이 하락하고, 통화수요가 많아지면 이자율이 상승한다는 이론이다.

일반인들은 통화이론에서 나오는 통화수요를 자금수요와 혼동하기 쉽다. 통화수요란 일정기간 동안 보유하고 있는 현금잔고를 말한다. 예컨대, 월요일 아침에 부인으로부터 1주일 용돈을 10만 원 받은 어느 기업체 사장이 1주일 동안 한푼도 지출하지 않고 고스란히 지갑에 넣어두었다면, 1주일 동안 사장의 통화수요량은 10만 원이다. 만약 월요일 아침 회사에 나오자마자 다 써버렸다면 1주일 동안 사장의 통화수요량은 제로가 된다.

부동산 붐이 일 때 복부인의 통화수요량은 제로에 가까울 것이다. 왜냐하면 통화수요량은 지출하지 않고 고스란히 지갑에 넣어둔 돈을 말하기 때문이다. 데이트를 열심히 하는 자녀는 데이트 자금수요가 많아 아마도 통화수요량은 거의 바닥 상태라는 점을 이해할 수 있으면 통화수요 개념을 제대로 파악한 것이다.

가 변함이 없을 때 통화당국이 통화의 공급량을 늘리면 사람들은 통화수요량을 초과하는 여분의 돈으로 예금을 하거나 채권을 구입할 것이라고 생각했기 때문입니다. 그 결과 채권 가격이 상승하고 이자율이 하락할 것으로 보았습니다.

이러한 이론적 주장에 대해 프리드먼(Milton Friedman) 교수를 중심으로 「통화론자」라고 불리는 학자들은 통화량과 이자율의 관계가 그렇게 간단하지 않다고 주장합니다. 그들의 이론에 의하면 통화량 증가는 일시적으로 이자율을 하락시키리라는 점을 인정합니다. 이를 유동성 효과라고 합니다. 그렇지만 이자율의 하락은 투자와 그로 인한 국민소득을 증대시켜 거래적 통화수요를 증가시킬 것이라고 보았습니다. 그에 따라 이자율은 다시 반등할 것이며, 아마도 하락하기 이전의 상태로 복귀하리라고 보았습니다. 이를 소득효과라고 합니다. 그런데 통화량이 증가하면 장기적으로는 물가를 상승시키므로 그 사실을 알고 있는 사람들은 통화량 증가로 인해 앞으로 인플레이션이 초래될 것이라는 예상을 하게 합니다. 그렇게 되면 자금을 공여하는 사람들이 예상인플레이션율만큼 높은 이자율을 요구할 것이므로 장기적으로 이자율은 정책시행 때보다 오히려 상승할 것이라고 보았습니다. 이를 물가예상효과라고 합니다. 결론적으로 통화량과 이자율 사이의 관계는 불확실하다는 애기입니다.

1990년대 이후 우리나라의 총통화 증가율과 금리 변동추이를 살펴보면, 1990년대 초반에는 역관계였고, 1993년 하반기 이후에는 같은 방향으로 움직이는 것을 알 수 있습니다. 1995년 10월 들어 정부가 통화증가율을 13%대로 낮게 유지하고 있음에도 불구하고, 금리는 매우 안정적 추세를 지속하고 있습니다. 이러한 금리안정세의 가장 중요한 원인은 물가안정에서 찾을 수 있습니다. 10월 중 소비자물가 상승률은 전월에 비해 0.5% 하락하여 전년 말 대비 4.2% 상승했는데, 이는 1986년 이후 가장 낮은 수준입니다. 그러므로 최근의 물가안정은 인플레이션 기대심리를 불식시켜 금리안정에 크게 기여한 것으로 분석할 수 있습니다. 그리고 경기침체 국면에 접어든 조짐으로 볼 수도 있습니다. 경기침체로 기업에서 대출자금 수요가 그만큼 줄었기 때문일 수도 있습니다.

어쨌든 금리 수준을 낮춰야겠다고 생각한다면, 사장은 중앙은행에게 돈을 풀라고 주장하기보다는 물가안정책을 강구하도록 독려하는 것이 바람직할 것입니다.

통화량과 금리목표

『정책당국은 통화량의 증기를 억제하고 금리를 하락시켜야 하지 않을까?』

언론매체에는 가끔 금리의 급등을 비판하는 논조가 나타나는가 하면, 때로는 통화량의 급증을 비판하는 논조가 나타나기도 합니다. 물론 가장 바람직한 것은 금리와 통화량이 모두 안정되는 것입니다. 그런데 과연 그것이 가능한 것인가에 대해서 살펴보겠습니다.

경제에는 「뽕도 따고 임도 보는」 것처럼 두 마리의 토끼를 잡기란 쉬운 일이 아닙니다. 뽕을 따려다 보면 임은 제대로 볼 수가 없고, 임을 제대로 보다 보면 뽕잎은 제대로 딸 수가 없는 것입니다. 그런 좋은 예가 바로 통화량과 금리입니다. 정책당국이나 국민들 처지에서 보면 인플레이션을 억제하기 위해서는 통화량이 급격히 증가하지 않아야 되겠고, 또 기업의 실물투자를 생각하면 금리도 급격히 상승하지 않는 것이 좋습니다. 그래서 통화증가율과 금리를 안정시키기 위해서 정책당국은 항상 고심합니다.

이론적으로 볼 때 통화량과 금리는 역관계로 연결돼 있습니다. 금리는 통화수요와 공급으로 결정됩니다. 예컨대, 여타 조건이 일정한 가운데 통화 공급량이 증가하면 금리가 하락합니다. 반면에 통화수요가 증가하면 금리는 상승합니다. 왜냐하면 통화수요의 증가란 채권 등 다른 금융상품보다는 현금과 같은 금융자산을 사람들이 선호한다는 의미인데, 그러할 경우 사람들은 채권을 매각하여 현금으로 보유하려 하기 때문에 채권의 공급이 증가하여 채권가격이 하락하고 금리가 상승합니다.

문제는 통화량 증가를 억제하고자 한다면 금리상승을 방치할 수밖에 없고, 또 금리상승을 억제하고자 한다면 통화량 긴축을 받아들일 수밖에 없다는 것이 경제의 기본원리입니다. 통화량도 긴축하면서 금리의 상승도 억제하기란 어렵습니다. 즉 통화량과 금리가 이렇게 역관계로 연결되어 있기 때문에, 정책당국은 두 가지 변수 가운데 한 가지만을 정책적으로 통제할 수 있습니다. 예컨대, 정책당국이 통화량을 감축하고자 한다면 금리상승을 감수해야만 합니다. 반면에 정책당국이 금리상승을 억제하고자 한다면 통화량의 증가를 허용해야 합니다. 통화량의 증가를 허용하지 않으면서 금리상승을 억제할 수는 없기 때문입니다.

물론 경제여건의 변화, 예를 들면 통화수요의 감소로 금리가 낮아지는 경우에는 통화량의 증가 없이도 금리는 하락할 수 있습니다. 그런데 정책당국이 통화의 수요에 영향을 미치기는 매우 어렵습니다. 그러므로 일반 국민들은 정책당국이 통화량과 금리를 별개로 통제할 수 있는 것으로 생각하는 잘못을 범하지 말아야 하겠습니다. 정책당국이 통화량을 목표 수준에 적중시키지 못하는 실정을 비판할 때, 금리는 좀 상승해도 좋으니 통화량은 목표수준에 맞추라는 애기는 옳은 견해입니다. 그렇지만 통화량도 억제 목표에 맞추면서 동시에 금리도 상승하지 않도록 주문한다면 거의 불가능한 것을 요구하는 셈입니다.

정책당국은 두 가지 가운데 어느 한 가지를 선택해야 하는 딜레마에 빠집니다. 1995년 한국통신 입찰과정에 많은 사람들이 응찰한 것을 보면, 우리 경제에는 현금성 자금이 과잉공급된 상태임을 알 수 있습니다. 즉 통화공급량이 충분하다는 얘기입니다. 그런데도 실물경제에서 중소기업의 도산이 줄지 않고 지속되는 현상을 보면 산업자금의 공급이 원활하게 운용되지 않고 있다는 것도 알 수 있습니다. 따라서 통화의 고삐를 죄면 중소기업의 부도는 더욱더 확대될 것이고, 그렇다고 통화의 고삐를 느슨하게 하면 인플레이션이라는 과제가 다가올 것으로 보입니다.

더구나 1995년 12월부터는 외국인 주식투자한도를 더욱 확대했기 때문에 해외자본 유입으로 인한 통화증발은 문제를 더욱 복잡하게 할 것입니다. 왜냐하면 이 때 통화 고삐를 죄면 외국인 주식투자를 확대해주기 위해 국내 실물경제를 희생양으로 바치는 셈이 되기 때문입니다.

이제 정책당국은 통화량과 금리라는 두 마리 토끼를 모두 잡으려 하기보다는, 통화량과 금리를 대체로 어느 한도 안에서 관리하겠다는 정책선택을 해야 합니다. 단기적으로는 통제가 용이한 금리를 안정시키는 데 정책의 우선순위를 두어 한 마리 토끼를 확실히 잡고, 나머지 토끼(즉 통화량)는 시간을 가지고 잡도록 해야 할 것으로 보입니다.

금리인하의 허실

『이자율의 하락은 항상 희소식 아닌가?』

금리인상을 초래하는 정부의 통화정책 시도는 항상 나쁜 뉴스로 보도하는 반면, 금리인하를 유발하는 정책은 언제나 좋은 뉴스로 전하고 있습니다. 상식적으로 생각하면 금리인하는 항상 고용증대와 경제성장, 그리고 물가안정에 기여하는 것처럼 보이기 때문입니다.

특히 미국 같은 나라에서는 정부의 재정적자로 금리가 상승하기 때문에, 균형예산을 달성하면 금리가 낮아져 국민 모두가 저금리 혜택을 볼 수 있을 것으로 생각하기가 쉽습니다. 또한 빈부에 관계 없이 각국 정부는 기업의 자본조달 비용이 낮아지면 투자가 증대될 것이므로 이를 좋은 것으로만 생각한 나머지 금리를 인하하기 위해 정책적으로 통화공급을 늘리기도 합니다.

이자율이 낮아지면 차입자에게 득이 되는 것은 사실입니다. 금리가 낮으면 가계의 주택이나 자동차 할부구입자금의 금리부담을 경감시켜 주고, 기업의 신규사업 착수와 기존사업의 확장을 한층 더 용이하게 해주기 때문입니다. 그러나 차입자가 돈을 빌리려면 돈을 빌려주는 대여자가 있어야 합니다. 그러므로 금리가 낮아져서 차입자가 이득을 보는 만큼 대여자는 손실을 봅니다. 그런데도 일반사람들은 대여자를 모두 고리대금업자로 치부하기 때문에 그런지, 금리가 낮아져 대여자가 손해보는 것은 마땅한 일로 여기는 시각이 있습니다. 그렇지만 대여자는 투자자금의 공급원천인 저축을 한 사람이므로, 금리하락을 바람직한 것으로 평가하는 시각은 국가경제에 유용한 저축을 한 사람들의 희생을 당연하게 보는 논리입니다.

언론 보도처럼 금리인하가 경제에 미치는 영향은 좋기만 한 것인지는 단순명료하지 않습니다. 다만, 명목금리는 금융중개비용과 인플레이션 위험이나 도산위험을 보상하는 각종 위험 프리미엄을 포함하고 있으므로, 그러한 중개비용의 경감과 위험 감소로 금리가 하락하는 경우에는 확실히 국가경제에 바람직하다고 말할 수 있습니다. 그러므로 정책당국이 인위적으로 저금리정책을 시행하기보다는 자본시장의 효율성을 제고시키고, 물가불안을 해소하여 불필요한 차입비용을 제거하면 금리는 자연스럽게 하락하고 경제 전체의 후생 증대에 기여할 것입니다.

적정 통화증가율

『왜 1996년도 우리나라 적정 통화증가율은 14%인가?』

최근 경기연착륙 전망이 불투명한 가운데, 1996년도 총통화 증가율 목표설정을 놓고 재정경제원과 한국은행이 미묘한 견해차이를 보이고 있어 관심의 대상이 되고 있습니다.

한국은행은 최근 1996년도 경제전망을 발표하면서 통화증가율을 1995년보다 1% 포인트 낮춘 11~14%로 설정하는 방안을 내놓았습니다. 이러한 근거로 한국은행은 1996년도 경제성장률을 7%대로 예상하여 올해의 9.3%보다 1.5% 포인트 이상 낮아지기 때문에 물가안정을 위해서 통화증가율을 1995년의 15.7%보다 1.7% 포인트 낮춘 14%로 책정해야 한다는 것입니다.

한편 재경원은 엔저현상과 비자금 파문 등으로 경기가 급락할 가능성을 무시할 수 없을뿐더러 무리하게 통화증가율 목표를 낮췄다가 자금 가수요를 유발시킬 경우 금리만 올리는 결과를 초래할 수도 있다는 점을 지적합니다.

한 나라 경제에 돈의 양이 너무 많거나 적으면 인플레이션 또는 실업문제가 발생합니다. 그러므로 적정 통화증가율의 계산은 대단히 중요한 일입니다. 경제 이론적으로는 「피셔의 교환방정식」에 근거해서 적정 통화증가율을 계산합니다. 피셔의 교환방정식이란 통화량 증가율과 유통속도 증가율의 합은 물가상승률과 경제성장률의 합과 같다는 것입니다. 이를 통화증가율에 대해 정리하면 적정 통화증가율은 물가상승률에 경제성장률을 더하고, 여기에 유통속도 증가율을 더한 값입니다. *

이론적으로는 유통속도가 단기적으로 변동하지는 않는다고 가정하지만, 현실적으로 우리나라에서는 매년 하락하는 추세에 있습니다. 만약 예상 경제성장률은 7%, 물가안정 목표는 5%, 그리고 유통속도는 2% 하락할 것으로 예상한다면 적정 통화증가율은 14%입니다.

현재 한국은행과 재경원이 논란을 벌이는 부분은 유통속도의 변동률에 관한 예상이라 하겠습니다. 재경원은 1996년에 엔저현상과 비자금 파문으로 경기가 급랭할 가능성을 무시할 수만은 없다는 점을 내세우고 있습니다. 즉 1996년에는 경기침체 등으로 유통속도가 크게 하락할 것이므로 통화증가율을 1995년보다 크게 낮춰 책정하는 것은 바람직하지 못하다는 견해입니다.

---

* 피셔의 교환방정식은 $MV=Py$ 다(M=통화량, V=유통속도, P=물가, y=국민총생산). MV는 상품의 구입액을 의미하고, Py는 판매액을 말한다. 그런데 항상 구입액과 판매액은 일치하므로 항등식 관계가 성립한다. 이 같은 항등식 관계를 몇 가지 가정하에 이론적 등호관계로 설정한 것이 통화수량설이다.

위 식은 증가율 개념으로 $\dot{M}+\dot{V}=\dot{P}+\dot{y}$ 로 바꿀 수 있다. 여기에서 점은 해당변수의 증가율을 의미한다. 즉 $\dot{M}$은 통화량 증가율, $\dot{V}$는 유통속도 상승률, $\dot{P}$는 물가상승률, $\dot{y}$는 국민총생산 증가율인데, $\dot{y}$는 경제성장률이라고도 한다. 이 식을 통화증가율에 대해 정리하면 다음과 같다. $\dot{M}=\dot{P}+\dot{y}-\dot{V}$

금리변동 위험

『대출금을 조기 상환하는 데 벌금을 물리는 행위는 부당한 것 아닌가?』

최근 우리는 명실공히 금리자유화 시대에 살고 있습니다. 그런데 금리자유화 시대에는 과거 고정금리 시대에서는 볼 수 없었던 문제가 발생하는데, 그것은 바로 금리변동 위험입니다.

과거 정부는 은행보다 대출고객의 처지를 크게 배려해왔습니다. 따라서 대출고객이 원하면 언제나 대출금을 조기에 변제할 수 있도록 아무런 제약 없이 허용했습니다. 물론 과거에는 그렇게 해도 은행은 아무런 문제가 없었습니다. 왜냐하면 금리도 변동하지 않고 또 충분한 담보를 제공하며 대출해가겠다는 고객들이 항상 많았기 때문입니다.

이제 금리자유화 시대를 맞아, 특히 금리가 최근 하강국면을 맞게 되자 은행들이 새로운 문제에 직면하게 됐습니다. 은행은 신탁예금의 경우 신규약정 때의 금리를 신탁기간 전체인 1년 6개월에서 최장 5년까지 적용합니다. 즉 이 기간 동안에는 시중 실세금리가 하락해도 신탁예금 금리를 인하시킬 수 없습니다. 그런데 최근 시중금리가 하락하자 과거 고금리로 신탁대출을 받아간 고객들이 만기가 도래하기 전에, 즉 조기에 대출금을 상환하려 합니다. 은행은 예기치 못한 신탁대출 조기상환금을 다시 신탁대출하려다 보니 시중의 금리가 낮아져 과거 자금을 조달할 때의 신탁예금 금리보다 훨씬 낮은 금리로 대출해 줄 수밖에 없어, 금리변동 위험을 부담하게 되었습니다. 따라서 은행과 고객 사이에 금리변동 위험을 누가 얼마만큼 부담할 것인가 하는 문제가 대두됩니다.

만약 신탁대출금을 아무런 제약 없이 조기상환하게 하면 은행이 금리변동 위험을 고스란히 부담하게 마련입니다. 금리상승 국면에서는 만기 이전에 신탁예금을 해약하는 경우에도 금리변동 위험이 발생하는데, 이 때 예금주에게 해약에 따른 벌과금을 물게 한다면 금리변동 위험을 예금주가 부담하는 셈입니다.

일본이나 서양에서는 대출금의 조기상환에 대해서도 일정 수수료를 징수하고 있는데, 이는 금리변동 위험을 은행과 고객이 함께 부담한다는 것을 의미합니다. 얼마 전 공정거래위원회는 3년짜리 대출을 받은 고객이 1년도 되기 전에 돈을 상환하려 하자 상환액의 1%를 수수료로 부과한 씨티은행의 조치를 「합법적」이라고 결정했습니다. 이는 이제 대출고객도 금리변동위험을 부담하게 되었다는 것을 의미합니다. 그러므로 사장도 장기대출을 받을 때는 장기금리변동 추이를 전문가나 전문기관에 자문하는 것이 좋겠습니다.

제 6 장

정·부·와 기·업·의 관·계

1

대기업 정책

『재벌그룹의 소유집중을 완화하려는 정부의 정책은 당연한 것 아닌가?』

선 진국의 대기업들을 보면 기업을 공개하여 대다수 국민들이 주식을 보유하기 때문에 기업의 주인이 누구인지 불분명한 경우가 많습니다. 물론 일부 그룹이 어떤 기업의 주식을 상대적으로 많이 보유하고 있어서 대주주로서 주인행세를 하고는 있지만, 창업주가 대주주로서 힘을 행사하는 우리나라의 경우와는 크게 다릅니다.

우리나라 재벌그룹 중에는 기업공개가 이루어지지 않은 일부 계열회사들도 있고, 또 공개되었다고 해도 결국 가족이 상대적으로 많은 주식을 보유하고 있어 가족소유체제가 되어 있습니다. 그러다 보니 정부는 소유가 분산되어 있지 않고 집중되어 있는 것은 바람직하지 않다며, 재벌그룹의 소유분산을 정책목표로 설정했습니다. 정부가 그렇게 보는 이유는 재벌그룹은 규모가 국가기관에 버금가는데, 그러한 거대기관이 개인 또는 소수의 가족집단에 의해 좌지우지될 때 발생할 위험을 우려하기 때문입니다.

그런데 소유집중 문제는 정부가 분산을 강제로 시도하기보다는 재벌그룹이 소유를 분산하도록 여건을 조성해주는 것이 바람직하다고 봅니다. 기업의 소유분산은 결국 경영을 위한 자금마련 과정에서 차입금과 자본금 비중의 상대적 크기로 볼 수 있습니다. 차입금 의존도가 크면 클수록 소유분산은 이루어지지 않고, 증자에 의한 자금조달이 크면 클수록 소유는 분산되게 마련입니다.

지금까지 재벌그룹이 소유분산을 적극적으로 시도하지 않았던 것은 경영권, 즉 기업통제력 상실에 대한 우려도 있겠지만, 사실은 차입경영방식이 증자방식보다 상대적으로 유리했기 때문입니다. 정부는 기업부문의 투자를 자극하고 생산성 향상을 지원하기 위해 금융기관의 명목금리를 통제해왔습니다. 때로는 실질금리가 인플레이션율보다도 낮기 때문에 금융기관에서 돈을 빌리면 실질이자부담은 없고, 오히려 보조금을 받은 것과 같았던 때도 있었습니다. 따라서 재벌그룹은 차입금에 더욱더 의존했으며, 상대적으로 증자에 대한 유인이 적었던 것입니다.

따라서 재벌그룹에게 소유분산을 강제하기보다는 인센티브 구조를 개선해서 소유분산이 재벌그룹에게 유리하도록 해주어야 하겠습니다. 즉 차입경영보다는 자본시장의 발전을 도모하여 증자를 통한 자금조달이 훨씬 안정적이고 저렴한 비용의 자금원이 되는 금융구조를 만들어야 하겠습니다.

재벌그룹의 전문화정책

『정부는 재벌그룹의 전문화를 강력하게 추진해야 하는 것 아닌가?』

얼마 전 모 재벌그룹이 강남에 병원을 개업했습니다. 그 병원의 서비스는 지금까지 기존 병원에서 우리가 접했던 서비스와는 차원이 다른 것을 볼 수 있습니다. 그 병원에서는 정말 소비자는 왕이며, 진짜 왕 대접을 받고 있다는 인식을 갖게 해주고 있습니다. 재벌그룹이 이러한 환자 중심의 훌륭한 의료서비스를 제공함에 따라 기존 병원에게도 커다란 자극이 되었을 것으로 생각합니다. 그런데 이 병원의 좋은 서비스를 향유하는 우리를 곤혹스럽게 만드는 것은, 그 동안 우리는 재벌그룹으로 하여금 「문어발 경영」을 하지 말고, 전자면 전자, 반도체면 반도체 등 몇몇 부문에만 전문화를 꾀하라고 주장해왔다는 사실입니다.

재벌그룹이 문어발 경영의 하나로 병원을 경영함으로써 훌륭한 의료서비스의 혜택을 받는 것은 바로 우리 소비자라는 사실이 전문화를 외친 우리를 곤혹스럽게 만들고 있습니다. 재벌그룹이 전자 부문에만 전문화하지 않고, 훌륭한 병원을 경영하여 손해를 본 사람이 누구란 말입니까. 서비스가 부실했던 기존의 병원은 경쟁을 위해 혁신을 해야 하므로 과거보다 더 경영이 힘들어질는지도 모르겠습니다. 어쨌든 재벌그룹이 병원경영을 통해서 소비자에게 좋은 의료서비스를 제공하겠다는 것을 구태여 반대할 필요가 있겠는가 하는 의문이 듭니다.

이제 재벌그룹 전문화 정책에 관한 국민들의 시각도 바뀌어져야 하겠습니다. 재벌그룹에게 무조건 전문화를 강제하기보다는 왜 재벌그룹이 전문화하지 않고 다변화하려 하는지 그 이유나 원인을 밝혀

대책을 마련해야 하겠습니다. 재벌그룹이 다변화 전략을 추진하는 근본 이유는 상품이나 서비스시장에서 경쟁체제가 미약하여 여러 시장에서 이윤을 얻을 기회가 많다고 판단하기 때문입니다. 재벌그룹이 병원산업에 진입하는 까닭은 정부가 국내산업을 보호하거나 과잉투자를 방지한다는 명분하에 병원시장의 신규 진입규제, 즉 경쟁을 제한하고 있어서 재벌그룹 처지에서 판단할 때 주특기였던 전자·반도체뿐만 아니라 새로 시작하는 병원경영에서도 이익을 낼 기회가 눈에 보이고, 또 이익을 낼 수 있다는 자신이 있기 때문에 참여하는 것입니다.

따라서 우리 경제 각 부문에 시장개방과 경쟁체제를 도입하면 재벌그룹도 한눈 팔 사이가 없어, 핵심능력을 배양하며 주특기 분야에서만 정면 승부할 수밖에 없을 것입니다.

민간개발 사회간접자본 확충

> 『재벌기업에게 유인책을 제공하며 사회간접자본을 개발하는 것은 불합리한 일 아닌가?』

경제적 의사결정은 항상 선택의 과정이라고 할 수 있습니다. 같은 효용이면 비용이 낮은 것을 선택하고, 같은 값이면 효용이 큰 것을 선택하는 것입니다. 그런데 우리는 흑백논리에 가끔 빠지는 경우가 많습니다. 예컨대, 항구에서 부두 접안시설 등 사회간접자본 시설의 확충은 우리 경제가 직면한 초미의 과제입니다. 그래서 고육지책이기는 하지만, 정부가 민간자본에 대해서 일부 토지이용과 시설 사용권을 허용하고 개발부담금을 면제해주며, 세제·금융상의 지원방안을 마련하는 등 민간개발자에게 어느 정도의 수익성을 보장하여 사회간접자본시설을 확충하자는 제안이 있었는데, 그것이 바로 「사회간접자본시설 확충을 위한 민간자본유치 촉진법안」이었습니다.

경제적 유인을 주어서라도 대규모 사회간접자본 투자를 맡게 할 만한 기업들은 현실적으로 재벌기업밖에 없습니다. 그런데 재벌기업에 의한 민간개발투자 방식의 사회간접자본 확충에 대한 정치권이나 국민의 여론이 좋지 않습니다. 물론 이러한 여론이 과거 재벌기업 위주의 경제정책을 경계하는 우려의 목소리임을 모르는 바 아니고, 또 어느 정도는 재벌그룹이 자초한 면이 없는 것도 아니지만, 그렇다고 해서 재벌기업에 유인책을 제공하는 행위는 무조건 곤란하다는 흑백논리가 항상 바람직한 것은 아닙니다.

사회간접자본시설을 확충하는 데에는 비용이 따르는데, 과연 이를 세금을 거두어서 정부가 담당하도록 할 것인가, 아니면 유인책을 써서라도 민간기업, 특히 재벌기업에게라도 맡길 것인가라는 선택을 해야 합니다. 재벌그룹의 경제력집중 완화조치는 계속해서 추진해야 하겠지만, 이 때문에 국가경쟁력을 제고하기 위한 사회간접자본시설 확충을 늦추는 것이 항상 최선의 선택은 아닙니다. 이제 우리 국민들은 재벌기업에 의한 사회간접자본 확충으로 인한 이득과 경제력 집중으로 인한 손실을 함께 가늠해보아야 합니다. 그 가운데에는 경제력 집중문제가 사회간접자본 확충으로 인한 이득보다 큰 것도 있을 수 있고, 그 반대의 것도 있을 것입니다. 그러므로 재벌기업에게 경제적 유인을 부여하는 사업은 모두 곤란하다는 논리는 바람직하지 않다고 하겠습니다.

정부와 민간부문의 협력

『정부와 민간부문은 경쟁관계에 있는가?』

정부와 민간부문은 경제를 이끄는 쌍두마차에 비유할 수 있습니다. 이 두 부문의 호흡이 잘 맞아야 마차는 앞으로 잘 굴러갑니다. 특히 일본은 세계 어느 나라보다도 정부와 민간부문의 호흡이 잘 맞는 것처럼 보이고 있습니다.

최근 일본 정부는 국제무역에서 수출보조금이나 수입할당 등 정부의 공적(公的) 무역장벽을 상당히 제거했습니다. 이렇게 일본 정부는 공식적인 무역장벽을 제거함으로써 자유무역을 위해서 할 일을 다하고 있는 것처럼 전세계에 내세울 수 있게 되었고, 이를 바탕으로 다른 나라 정부로 하여금 공적 무역장벽을 제거하도록 요구할 수 있게 되었습니다.

그런데 일본에서 민간부문이 쌓고 있는 비공식적 무역장벽은 아직도 계속 남아 있어서, 정부가 무역장벽을 세운 것과 결국 동일한 효과를 얻고 있습니다. 다만, 이 같은 민간부문의 무역장벽은 외국정부가 일본 정부에 대해 낮추도록 압력을 가하기가 어렵다는 점에서 차이가 있습니다. 왜냐하면 자유시장경제 체제하에서는 민간부문의 의사결정을 정부가 간섭하는 것은 금기이기 때문입니다. 예컨대, 일본의 판유리산업은 미국 다음으로 큰 연간 40억 달러의 시장입니다. 현재 아사히유리(旭硝子 : AGC) 등 동일계열 기업군에 속해 있는 3개 회사가 전체 일본 시장을 5 : 3 : 2로 분할해 생산과 전국유통망을 100% 점유하고 있으며, 판유리 가격을 국제시장 가격보다 30~400% 정도 높게 책정하고 있다고 합니다.

만약 일본 고객이 수입 판유리를 일부 구입하면 3개 일본 과점공급업체의 보복으로 인해, 더 이상의 일본제 판유리를 구입할 수 없게 되다고 합니다. 따라서 해외 판유리 생산업자가 일본에 수출하고자 한다면 일본 전 지역을 장악하는 유통망을 자력으로 확보해야 하는데, 그것은 거의 불가능하다고 합니다. *

외국정부가 할 수 있는 것은 일본 정부에 대해 독과점규제를 좀더 강화해달라는 것밖에 없는데, 일본 정부는 예산과 인력의 한계 때문에 늦어지고 있다는 대답을 매년 되풀이한다고 합니다. 그것이 전세계적 관점에서는 잘 하는 것으로 보이지는 않지만, 적어도 일본은 국익을 위해서 정부와 민간부문의 호흡이 참으로 잘 맞는 나라라는 생각이 들고, 그 점만은 우리 기업들도 배울 바가 아닌가 싶습니다.

물론 여기에서는 정부와 기업 사이의 협력관계를 강조하려는 의도일 뿐, 기업의 담합행위를 바람직한 사례로 보는 것은 아닙니다. 일본 판유리업계의 담합으로 일본 소비자들은 외국보다 30~400% 높은 비용을 치르고 있기 때문입니다.

---

* 〈월스트리트 저널(*Wall Street Journal*)〉, 1993. 3. 15.

2

산업정책

산업구조 조정

> 『외국의 저임금 때문에 국내공장을 폐쇄해야 하는 사태는 무역장벽으로 막아야 하지 않을까?』

얼마 전 한때 신발업체의 대명사로 불렸던 부산 태광고무가 공장 문을 닫자 3,500여 종업원들이 일터를 잃어버렸습니다. 또한 한때 세계에서 가장 많은 수량의 신발을 제조했던 국제그룹 공장부지에는 아파트가 신축되었습니다. 이들 신발공장을 폐쇄한 까닭은 우리나라 신발이 외국의 저임금으로 인해 국제경쟁력을 상실했기 때문입니다.

이러한 현상만 보면 국제무역 장벽을 세워서 외국의 저임금으로 만든 신발수입을 억제함으로써 우리나라 기업들의 일자리를 보호하는 정책이 바람직할 것으로도 보입니다. 그러나 사실은 그렇지 않습니다. 왜냐하면 우리나라 노동자들은 더 이상「더럽고(dirty) 힘들고(difficult) 위험한(dangerous)」이른바 3D업종에 종사하려 하지 않기 때문입니다. 이들은 더 높은 임금을 지급하거나 쾌적한 근무여건을 제공하는 중화학공장 및 첨단기술 산업에 종사하고자 합니다. 대신 3D업종은 현재 저임금 국가인 중국에서 번창하고 있습니다. 그 결과 중국은 우리의 3대 무역국가로 부상했으며 급격한 경제성장으로 우리나라 중화학제품 수입수요도 급격하게 증가하고 있습니다. 예컨대, 최근 중국 시장은 우리나라 자동차 수출의 20%를 차지하고 있습니다.

또 다른 좋은 예는 선스타 재봉기 제조회사를 들 수 있습니다. 국내 고임금으로 우리나라 의류제조 기업체들이 중국이나 동남아로 생산기지를 이전했기 때문에, 비록 이 회사의 국내판매는 축소되었지만 재봉기 수출이 몇 년 동안 크게 확대되어 지난 2년 간 고용인원이 두 배 증가하여 600명이나 되었고, 그 가운데는 35명이 연구개발부서에서 일합니다.

이는 저임금, 저생산성 산업에서 고임금, 고부가가치 산업과 서비스산업으로 우리나라 산업의 구조조정이 이루어지고 있음을 의미합니다. 물론 이러한 구조조정에는 고통이 따릅니다. 태광이 문을 닫았을 때 노동자들은 생존권 보장을 요구하는 한편, 지난 반 세기 동안 열심히 일한 데 대한 보상을 요구하며 시위를 했습니다.

우리 경제는 여건과 환경의 변화에 따라 끊임없는 조정과정을 거쳐야 할 것입니다. 정치적 힘을 동원하여 노동자나 기업이 이 과정을 인위적으로 억제하려 한다 해도, 비록 그 구조조정의 진행을 잠시 지체시킬 수는 있어도 결코 중단시킬 수는 없을 것이기 때문입니다.

산업재조정

『석탄산업이 사양화되면 광원의 해고는 불가피한 일 아닌가?』

얼마 전「사북사태」를 계기로 탄광촌 사람들이 정부의 일방적 석탄합리화 계획추진에 따른 감산정책 —— 대체산업을 통한 고용재창출이라는 대안도 없이 —— 으로 노동현장에서 해고되어 또 다른 삶의 터전을 찾아야 하는 위기에 직면하게 되었음이 언론매체를 통해서 잘 알려졌습니다.

경제의 발달과 소득수준의 증가에 따라 특정 상품수요가 증감하는 것은 경제의 일반적 현상입니다. 예컨대, 1960년대와 1970년대까지도 난방과 취사용으로 함께 쓰였던 연탄 수요는 많았습니다. 그래서 탄광 성수기에는 고한·사북지역에만도 4만여 명의 인구가 살았었는데, 감산정책으로 지금은 1만 명 정도의 인구만 남아 있다고 합니다.

소득수준의 증가에 따라 소비자들의 주거형태도 변했습니다. 아울러 기름으로 난방하고 가스로 취사하는 가구가 늘어감에 따라 연탄의 수요는 급격하게 감소했습니다. 이에 따라서 석탄산업이 사양길을 걸으면서 산업조정이 불가피해진 것입니다. 탄광의 광원들은 일생 동안 배웠던 기술이 더 이상 쓸모 없게 되었고, 생업의 터전을 떠나야 하는 어려움에 봉착했습니다. 더욱이 석탄산업의 사양화는 광부와 그 가족뿐만 아니라, 광부의 소득과 소비에 의존했던 지역경제의 붕괴문제를 야기합니다.

문제는 석탄산업의 사양화가 산업조정의 마지막 부문이 아니라는 점입니다. 앞으로도 계속해서 사양산업은 발생하고 그에 따라 산업조정도 불가피해질 것입니다. 그런 의미에서 독일 석탄산업의 산업조정 방식은 우리에게 좋은 귀감이 될 것 같습니다. 독일에서는 석탄산업의 구조조정이 불가피해지자 우리나라를 비롯한 외국인 광부들을 모집해서 채탄을 계속하면서 독일 광부들에게 기술 재교육을 시켜 다른 직종과 지역으로 이주시켰습니다. 물론 그 사이에 감산정책을 지속적으로 실시했습니다. 그래서 채탄을 중지해야 할 단계에 이르렀을 때는 대부분의 독일 광부들은 이미 새로운 일자리를 찾아나서게 되었고, 외국인 광부들은 계약기간 만료와 함께 고향으로 되돌아가고 동시에 정부는 탄광을 쉽게 폐쇄할 수 있었습니다.

　이제 우리나라에서도 앞으로 계속 발생할 사양산업에 관한 산업조정 대처방식을 좀더 세련되게 발전시켜야 하겠습니다.

국내산업의 공동화

『임금이 급격하게 상승할 땐 해외로 생산거점을 이동하는 것이 최선의 방책 아닌가?』

지난 몇 년 동안 우리나라의 산업환경은 급격하게 변했습니다. 특히 1980년대 후반 명목임금이 생산성 증가에 비해 단기적으로 급격하게 상승함으로써 과거 노동집약 생산방식에 의존했던 업종은 국제경쟁력을 유지할 수 없게 되었습니다. 임금이 생산성 증가 이상으로 급격하게 상승할 때 기업이 시도할 수 있는 조정방식에는 몇 가지가 있습니다. 우선 명목임금이 상대적으로 낮은 해외로 생산거점을 이동해서 계속 노동집약 상품을 생산하는 것입니다. 또 한 가지 방향은 노동집약 상품의 생산을 탈피하고, 좀더 자본집약적이고 기술집약적인 제품생산 방식을 채택하거나 생산품목을 바꾸는 것입니다. 물론 해외로 생산거점을 이동하지도 못하고, 국내에서 생산품목이나 생산방법의 전환도 잘못할 때는 결국 도산할 수도 있습니다.

　명목임금 비용이 급격하게 상승할 때 우리나라 기업들이 대처하는 방향은 개별 기업의 처지나 여건에 따라 다르게 나타났습니다. 지금까지 우리나라 기업들 가운데는 대체로 생산거점을 해외로 이동하는 방법을 선호하고 있습니다. 그 이유는 지금까지 생산해왔던 생산방식을 변화시키지 않고 동일한 상품을 다른 지역에서 생산하는 것이므로 상대적으로 조정이 용이했기 때문입니다.

　국내기업이 이러한 방식으로 국내 임금비용의 급등에 대비하게 되면, 국내산업기반이 허약해지는 이른바「산업 공동화」현상이 발생합니다. 예컨대, 임금의 급등으로 국내 섬유산업이 말레이시아나 중국 또는 베트남으로 공장을 이전한다면 국내 섬유산업에 공동화 현상이 발생합니다. 그렇게 되면 국내기업들이 보유하고 있는 생산요소 가운데 자본에 대해서는 높은 수익성을 계속 유지할 수 있지만, 국내기업에 몸담고 있던 노동자들은 일자리를 잃어 실업문제를 야기합니다.

　그러므로 국내임금이 상승할 때 국내기업들이 해외로 생산거점을 이동하는 방식의 산업조정보다는, 기업체 사장이 국내에서 생산방식이나 생산품목을 전환하는 방식으로 대응하는 것이 국내 노동자들에게는 좀더 바람직한 산업조정 방향이라 하겠습니다.

신산업정책

> 『산업정책은 개별산업에 일괄적인 조세감면이나 보조금을 지급하는 것 아닌가?』

우리나라는 오랫동안 산업정책을 시행해왔습니다. 그런데 최근에는 후진국뿐만 아니라 선진국에서도 생산성을 증대시키기 위한 방안 가운데 하나로 산업정책을 시행해야 한다는 견해가 대두하고 있습니다. 산업정책이란 우리나라나 일본 정부가 시도한 바와 같이 정부가 유망산업을 선정해서 정책적으로 지원하는 것을 말합니다. 예컨대, 섬유산업보다는 자동차산업의 육성이 국가경제 발전에 더 기여할 것으로 보인다면, 정부는 조세나 금융 면에서 산업별 지원을 차별화함으로써 자금이 섬유산업에서 자동차산업으로 흐르도록 유도하는 것입니다.

　문제는 산업정책이 좋은 결과를 얻기 위해서는 그 정책을 입안하는 공무원들이, 정부가 지원하는 장래 유망산업을 선별해내는 탁월한 안목을 가져야 한다는 것입니다. 불행히도 정부 공무원들이 장래 유망산업분야를 선정하는 데는 공무원들이 아무리 최선을 다한다고 해도 시장경쟁을 통해 선정하는 것보다 더 잘 할 수는 없으리라는 점입니다. 왜냐하면 이윤을 추구하는 사장이 공무원보다 더 정확히 장래 유망산업을 파악하여 투자할 것이기 때문입니다. 물론 민간 기업체 사장이 실수할 가능성이 없는 것은 아니지만, 정부 공무원이 실수할 가능성에 비해서는 위험이 상대적으로 적을 것입니다.

　사실 정부의 유망산업 육성정책은 자칫 잘못하면 사양산업을 지원하게 될 가능성이 높습니다. 특히 최근에는 외국과의 경쟁에서 도태되는 국내기업들을 보호하기 위한 목적으로 산업정책을 활용해야 한다는 주장도 있는데, 그것은 잘못하면 산업정책이 가장 희망 없는 기업들을 우선적으로 지원해줘야 한다는 엉뚱한 논리로 비약할 수도 있습니다.

　최근에는 시장원리에 입각한 신산업정책이 더 호응을 받고 있습니다. 이는 기업에게 세금을 인하해주는 산업지원정책을 시행하되, 다른 조건이 동일하다면 생산성 증가를 기준으로 생산성이 더 크게 증가하는 기업의 세금을 더 많이 깎아주자는 것입니다. 이는 생산성이 손쉽게 증가할 수 있는 분야의 투자수익률을 크게 향상시킬 것이고, 생산성 증대가 어려운 부문의 투자수익률을 하락시켜 정부가 산업정책을 통해 시도하려 했던 목적——즉 생산성이 높은 산업을 지원한다는 목표——을 달성할 수 있게 합니다.

이러한 시장원리에 입각한 산업정책은 개별산업에 대한 일괄적인 조세감면이나 보조금 등을 배제함으로써, 지원대상 산업이나 기업의 선정 등 개별 산업에 정부의 개입을 회피하면서도 더 낮은 비용으로 산업정책의 목표를 달성하게 한다는 점에서 효율적인 접근방법으로 평가됩니다.

이제 경영자도 협회 등을 통해 자기가 속한 산업에 대해 정부가 무차별적으로 지원해주기를 요구하기보다는 시장원리에 입각한 산업정책, 즉 신산업정책을 요구하는 것이 정책당국이나 국민을 설득하는 데 유리하리라는 점에 착안해야 합니다.

지방자치단체 사이의 「경제전쟁」*

> 『각 지방자치단체들이 기업을 유치하기 위해 경쟁하는 것은 바람직하지 않은가?』

19 95년 6월 27일 지방자치단체장 선거를 통해 우리나라도 명실공히 지방자치시대를 맞았습니다. 그 후 민선 지방자치단체장들은 이구동성으로 지역발전, 특히 지역경제의 활성화를 위해 외부 기업을 자기 고장에 유치하기 위한 야심찬 계획을 밝히고 있습니다. 얼핏 들으면 이러한 계획은 대단히 바람직한 것으로 보이며, 과거 임명

---

* FRB of Minneapolis, *Quarterly Review*, Summer 1995.

직 자치단체장들과는 확연하게 다른 모습이어서 선거구민들은 큰 기대감을 보이고 있습니다.

그런데 각 지방자체단체가 새로운 기업을 유치하거나 다른 지역에 있는 기업을 자기 고장으로 유치하기 위해서는 경제적 유인을 제공해야 합니다. 이처럼 기업을 유치하기 위해 각 지방자치단체가 경쟁적으로 보조금이나 세금우대조치를 공여하는 것을 지방자치단체 사이의 「경제전쟁」이라 합니다.

지방자치단체 사이의 경제전쟁이 문제가 되는 사례는 우리보다 앞서 지방자치시대를 시작했던 미국에서 찾아볼 수 있습니다. 얼마 전 미국의 세인트루이스 지방정부는 공격적 지역경제 발전전략의 하나로 프로 축구팀의 지역유치를 시도했습니다. 이를 위해 지방 납세자들이 부담하게 될 유치비용은 72억 달러나 되었습니다. 그런가 하면 1995년 텍사스 주의 아마릴로 지방정부는 전국에 있는 1,300개 기업체에게 각각 800만 달러짜리 지방정부 수표를 보냈습니다. 이 수표를 현금으로 바꿔 사용하려면 아마릴로 지역에 700개의 신규 일자리를 창출해야 하는 것이었습니다.

그런데 각 지방자치단체가 다른 지역에서 가동 중에 있는 기업을 유치하고 자기 지역에서 가동 중인 기존 기업을 다른 지역으로 나가지 않도록 묶어두기 위해 경쟁적으로 수천만 달러 또는 수억 달러의 공금을 투입하게 되면, 지역발전을 위해 꼭 필요한 학교, 도서관, 경찰서, 소방서나 도로, 교량, 공원과 같은 공공재 사업에 대한 정부예산배정이 그만큼 줄어들 수밖에 없습니다. 따라서 주민들의 생활의 질이 열악해질 가능성이 큽니다. 그러므로 기업을 유치하기 위한 방안으로 지방자치단체장이 거액의 공공예산을 투입하는 정책은 매우 신중히 해야 할 일이라 하겠습니다.

개별 지방자치단체의 처지에서 보면 다른 지방자치단체와의 경제전쟁이 자기 지방에 일자리를 창출하고 지역경제를 활성화할 것이기 때문에 공공의 이익에도 부합하는 것처럼 보입니다. 그런데 지방자치단체들이 서로 특정 기업을 유치하기 위해 경쟁하면 국가경제 전체적으로는 손실이 발생합니다. 즉 국가경제 전체적으로는 경쟁하지 않았을 때와 비교할 때, 상대적으로 공공재의 생산이 감소할 수 있습니다. *

예를 들어, 만약 충청도에 있는 한 기업이 강원도로 이주하려 하고, 또 강원도에 있는 한 기업은 충청도로 이주하려 한다고 합시다. 외지로부터 기업을 유치하려는 판국에 기존 기업을 외지에 빼앗긴다는 것은 큰 문제이기 때문에, 해당 지방자치단체에서는 자기 지역에 해당기업을 계속 묶어두기 위해 보조금이나 세금우대조치를 각각 공여하기로 했다고 가정 합시다. 그 결과 두 기업이 이주하지 않기로 했다면, 각 지방자치단체는 지역경제를 위해 시도한 기업유치, 아니 기업잔존 전략이 성공했음을 자랑하게 될 것입니다. 그렇지만 이 경우 두 지방자치단체의 경쟁으로 각 지방은 지급하지 않아도 될 공공자금을 개별기업에게 제공한 셈입니다. 그 결과 두 지역에서는 그만큼 학교, 교량, 도로 등 공공재의 생산이 줄어들 수밖에 없게 됩니다.

결론적으로 각 지방자치단체가 일반 세금이나 지출정책을 통해서 서로 경쟁하는 것은 바람직합니다. 왜냐하면 그러한 정책은 각 지방의 공공재와 민간상품의 생산을 위해 지역의 자원을 더 효율적으로

---

* 공공재(public goods)란 교육, 치안, 보건, 국방 서비스와 같이 개인이 자기를 위해 생산하여 공급하면 다른 사람들도 거의 같은 혜택을 볼 수 있는 재화다. 그런데 이러한 서비스는 혜택을 본 사람들에게 비용을 부담시키기 어려운 재화다. 그러므로 공공재는 누군가 자기 자신을 위해 그러한 서비스를 생산하면 다른 사람들은 공짜로 향유할 수 있기 때문에, 모두들 「공짜손님」이 되고자 한다. 그렇기 때문에 시장경제에 맡겨놓으면 생산이 되지 않아, 정부가 세금을 통해 예산을 확보하여 공공재를 생산해서 공급하는 것이다.

배분하도록 할 것이기 때문입니다. 그러나 각 지방자치단체가 특정 기업에 대한 우대조치로 경제전쟁을 시도하면, 국가 전체적으로는 자원을 잘못 배분하고 각 지방자치단체로 하여금 상대적으로 적은 공공재를 생산하게 할 우려가 있습니다. 따라서 지방자치단체 사이의 경제전쟁은 매우 신중을 기해야 합니다.

『한 지역의 세금우대정책에 따라 한 기업이 다른 지역으로 이주해도 국가 전체로는 달라진 것이 없지 않은가?』

한 지방자치단체가 매우 좋은 조건을 제공하여 어느 기업이 현재 있던 지방에서 다른 지방으로 이동했다고 가정해봅시다. 얼핏 보면 국가 전체적으로 순손실은 없는 제로섬 게임(zero sum game)처럼 보입니다. 왜냐하면 한 지방에서는 기업 하나가 없어졌지만 다른 지방에서는 새로운 기업 하나가 증가했기 때문입니다. 또한 어느 기업이 다른 지방으로 이탈해 나가면 해당지방의 세금수입은 감소하지만, 그 기업이 이주해 들어간 지방의 세금수입은 증가할 것이기 때문입니다. 그렇지만 자세히 살펴보면 국가 전체적으로는 제로섬 게임이 아닌 것을 곧 알 수 있습니다. 그 이유는 세금상의 우대조치로 기업이 이주해 들어간 지방의 세수증가는 기업이 이탈해 나간 지방의 세수감소보다 적을 것입니다. 그렇지 않고서 해당기업으로 하여금 두 지역에서 동일한 세금을 납부하게 한다면 해당기업이 다른 지방으로 이전해갈 이유가 없기 때문입니다. 그 결과 국가경제 전체적으로 세금수입은 줄어들고 공공재가 덜 생산될 것입니다.

이에 더해서 국가 전체 경제의 효율성도 하락합니다. 기업이 정부의 우대조치가 없었어도 어느 지역에 자리잡았다면, 그 지역이 상대적으로 최적 생산기지라는 것을 의미합니다. 그런데 그 기업이 세금우대를 받고 나서야 어느 지역으로 이동해갔다면 이동해 들어간 지역은 상대적으로 최적 생산기지가 아님을 의미합니다. 그러므로 어느 지방자치단체의 우대조치를 받고 다른 지방으로 이전해가는 기업들은 최적지로부터 비최적지로 이전해가는 것이고, 그 결과 국가경제 전체의 잠재 생산량은 감소합니다.

극단적인 예로 서울시가 파격적인 세금우대조치나 보조금을 주어 귤 농장을 제주도로부터 서울시로 유치한다면, 이 농장에서는 더 많은 자원을 투입해야만 제주도에서와 동일한 생산량의 귤을 생산할 수 있게 될 것입니다. 따라서 그만큼 국가경제는 비효율적인 상태가 되는 것입니다.

아울러 지방자치단체 사이의 경제전쟁은 민간기업의 생산성을 저하시키는 문제를 야기할 수 있습니다. 각 지방자치단체가 기업을 유치하기 위한 경제전쟁을 시도하면 다른 지역으로 이주해나가려는 기업이나 또는 이주해나가겠다고 위협하는 기업들을 다독거리기 위해 세금을 깎아주어야만 합니다. 그렇지만 지방자치단체는 해당지역 주민들에게 최소한의 공공서비스를 제공하기 위해 어느 정도의 세금수입을 확보해야만 합니다. 따라서 타지역으로 이탈을 방지하기 위한 조치로 감소한 세금 수입을 만회하기 위해서 지방자치단체는 다른 지역으로 이주해나갈 가능성이 상대적으로 적은 기업들에게 더 많은 세금을 부과하게 될 것입니다.

세금은 자원배분을 더 비효율적으로 만든다는 것이 경제이론의 일반적 시각입니다. 특히 기업에 가하는 세금이 증가할수록 기업은 상대적으로 비효율적으로 생산합니다. 예컨대, 은행객장에서 사용하는 자동입출금기(ATM)에 부과하는 세금을 생각해봅시다. 이 기계에 대한 세금이 전혀 없거나 매우 낮다면, 은행의 바람직한 생산방법은 고성능 자동화 기계를 구입해서 가장 효율적으로 고객을 서비스하는 것입니다. 만약 자동화 기계에 부과하는 세금이 높다면 보다 효율적인 생산방법은 저급품의 기계를 구입하고 대신 더 많은 노동력을 고용해서 고객을 서비스하는 것입니다. 이 경우 비록 은행원이 하루 동안 서비스하는 고객의 수가 적어져 생산성이 감소해도 저급품의 기계를 운용하는 데 따른 세금부담의 감소로 생산성 감소를 만회할 수 있습니다. 그렇지만 이러한 경영전략은 은행 전체의 생산성을 하락시킬 것입니다.

　결론적으로 생산왜곡이 가장 적은 세금은 모든 기업에 대해 동일하게 부과하는 세금입니다. 만약 공장의 소재지나 기업의 종류, 타지역으로의 이동가능성 등에 따라 세금을 차등화한다면 그만큼 세금으로 인한 민간기업의 생산성 저하는 커질 것입니다.

『경제전쟁에서 승리하는 지방자치단체는 영광스러운 것 아닌가?』

　비록 어느 지방자치단체가 경제전쟁에서 이긴다 하더라도 잘못하면 상처뿐인 영광일 수도 있습니다. 지방자치단체가 특정 기업을 유치하려면, 대상기업에 대해 잘 알아야 합니다. 이주해오는 기업이 얼마 동안 해당지역에 머무를 것이며, 고용규모는 어느 정도 될 것이고, 기업유치로 인해 추가적으로 기대하는 세금증가는 얼마나 될 것인가를 잘 알아야 합니다. 그런데 현실적으로 지방자치단체 공무원들이 유치대상 기업의 상황을 정확하게 알기는 어렵습니다.

　미국의 사례를 보면 1978년 펜실베이니아 주 정부는 폴크스바겐(Volkswagen) 자동차공장을 유치하기 위해 7,100만 달러의 지원책을 제공했습니다. 이 때 주 정부는 자동차공장의 유치로 약 2만 개의 일자리가 생길 것으로 기대했습니다. 그런데 실제로 그 공장은 6,000명 이상을 고용한 적이 없었고, 10년도 안 되어 폐쇄되었습니다.

미네소타 주 정부도 1991년 노스웨스트(Northwest) 항공사를 유치하기 위해 다른 주정부와 경쟁을 벌였는데, 역시 상처뿐인 승리로 끝났습니다. 주 정부는 항공사에게 2억 7,000만 달러의 운전자금을 우대금리로 대출해주었습니다. 그 반대급부로 노스웨스트 항공사는 주 정부로부터 4억 달러의 추가지원을 받아 경제적으로 침체한 지역에 최대 2,000명의 숙련공을 고용하는 두 곳의 항공기 정비공장을 건설하기로 약속했습니다. 1992년 봄 운전자금 대출이 이루어졌지만, 회사는 4년이 지난 지금도 당시에 약속했던 사항을 이행하지 않고 있습니다. 더욱이 2,000명을 고용하겠다던 약속은 100명을 고용하는 조건으로 바뀌었고, 정비공장 두 곳을 짓는 대신에 규모를 대폭 축소하여 한 곳의 정비공장을 짓고 대신에 비행기 예약센터를 건설하는 것으로 조정되었습니다.

물론 어떤 기업의 유치가 기대만큼 좋은 결과를 초래하지 못할 수도 있지만, 지방자치단체는 경제전쟁이 국가 전체적으로는 좋은 결과를 초래할 수 있지 않느냐고 주장할 수 있습니다. 왜냐하면 유권자들은 유치결정을 잘못 내린 단체장을 선거를 통해 축출할 것이기 때문입니다. 문제는 지방자치단체가 경제전쟁을 치르는 지역의 유권자를 불만스럽게 만들지 않는다는 데 있습니다. 왜냐하면 비록 경제경쟁이 국가경제 전체적으로는 좋은 결과를 초래할 것으로 기대하기는 어렵다 하더라도, 자치단체장이 기업을 유치하는 활동은 지역 유권자들에게는 인기 있는 정책이기 때문입니다.

지방자치단체 사이의 경제전쟁을 막는 방법은 국회에서 특정 기업을 유치하거나 타지역으로의 이주를 방지하기 위해서 지방자치단체가 보조금을 지급하거나 세금우대조치를 제공하지 못하도록 법으로 정해놓는 것입니다.

「전국적 기업」의 과세징수권

『세금은 이익이 발생하는 지역의 지방정부에 납부하는 것이 당연하지 않은가?』

다국적 기업의 이윤에 대한 세금부과는, 이윤이 발생하는 나라의 정부가 과세징수권 또는 과세권을 행사합니다. 그러다 보니 여러 나라에서 영업하고 있는 다국적 기업들은 세율이 가장 낮은 나라에서 이윤이 발생하도록 회계적으로 조정하기도 합니다.

지방화시대가 자리를 잡아가면서 국내에서도 다국적 기업에 대한 과세징수권과 유사한 문제가 발생하고 있습니다. 왜냐하면 국내 여러 지역에서 영업하고 있는 이른바 「전국적 기업」들이 있고, 전국의 지방자치단체에서 각기 과세징수권을 갖고자 하기 때문입니다.

현행 지방세법은 기업이윤이 발생하는 지역의 지방자치단체가 과세징수권을 행사하도록 되어 있습니다. 비록 여러 지방에서 영업활동을 하는 전국적 기업일지라도 세무회계상 기업의 이윤은 본점에서 일괄발생하는 것으로 회계처리하고 있다 보니 자연히 본점 소재지역의 지방자치단체가 회사이윤 전체에 과세징수권을 행사함으로써, 세금수입이 본점 소재지역의 지방자치단체에서 집중적으로 발생합니다.

실례로 얼마 전 부산시는 현재 대형공사나 아파트 분양 등 실제 영업행위, 즉 소득의 발생은 부산지방에서 이루어지고 있으나, 본사가 서울에 있는 경우 모든 지방세 과세권을 서울시가 행사함으로써 각종 세수입이 서울로 집중되고, 부산시의 세입에는 전혀 도움이 안된다는 것을 지적한 바 있습니다. *

---

* 〈매일경제신문〉, 1993. 4. 5.

우리나라와 같이 기업의 본점이 서울에 집중해 있는 경우에는 전국적 기업처럼 영업활동이 전국적으로 이루어지고 있음에도 불구하고, 기업이윤이 본점에서 일괄발생하는 것으로 처리하도록 하는 현행 세무회계처리법은 개정의 여지가 있는 것으로 보입니다. 물론 각 지역의 지방자치단체는 타지역 기업의 본사를 자기 지역에 유치하기 위해 조세감면 등 경제적 유인을 제공하는 노력도 아울러 경주해야 합니다. 기업체 사장들도 이제 자신이 납부하는 세금이 어느 지역에 쓰이는가를 감안해서 각자 자기 지역발전에 기여하는 방법, 즉 세금을 납부할 지역을 선택해야 할 것입니다.

3

정부의 규제

『표준화는 항상 바람직한 것 아닌가?』

어느 분이 전주에 가서 전주비빔밥을 맛본 후에 쓴 글을 읽은 적이 있습니다. 비빔밥의 고향인 전주에 가서 옛 기억을 더듬어 지난 날 가장 비빔밥이 맛있었던 음식점을 찾아 한번 먹어보니 전혀 옛 맛이 아니었다고 합니다. 식사 후 주인과 차를 마시며 왜 맛이 달라졌는지 물어보았다고 합니다. 주인은 『요즈음 음식 맛은 싱싱하고 다양한 재료와 요리사의 멋진 솜씨에 달려 있는 것이 아니다』라는 뜻밖의 대답을 하더라는 것이었습니다. 그러면 무엇이 맛을 결정하는가 물어보았더니, 비빔밥 값을 묶어놓고 위생검사와 정량검사에 표준식단까지 짜주는 주방 밖 관청의 높은분들의 「지도말씀」에 달려 있다는 것이었고, 그 지도말씀을 충실하게 따르다 보니 전주비빔밥의 고유한 자연 맛도 변했다는 것입니다.

얼마 전 정부에서는 표준식단제를 시행한다고 발표했습니다. 사실 음식점에서 상 가득히 내어놓은 반찬그릇과 절반도 넘게 남긴 반찬을 볼 때 표준식단제는 음식점에서 낭비를 줄이는 데 크게 기여하는 측면이 있다고 생각합니다. 그렇지만 표준식단제와 같은 상품 표준화의 가장 큰 단점은 다양성과 창의성을 제한한다는 점입니다. 표준화는 규격화와 획일화를 의미하기 때문에, 그 이상의 다른 것을 시도하기가 어렵습니다.

우리는 절대빈곤시대를 살았습니다. 그 때는 멋과 풍류를 위한 소비를 죄악시했던 오직 양 중심의 시대였습니다. 그러나 지금은 질을 중시하는 상대빈곤의 시대입니다. 점심시간에 음식 맛을 찾아 구불구불한 골목길을 마다 않는 것이 요즈음의 세태입니다.

이제 전주를 여행하거나 관광하는 사람들은 대한민국 어디에 가도 맛볼 수 없는, 오직 전주에서만 먹어볼 수 있는 「전주비빔밥」을 좀 비싼 값을 치르더라도 맛보고 싶어하는 것입니다. 전주 고유의 비빔밥은 고슬고슬한 돌솥밥에다 독특한 비법으로 기른 콩나물을 비롯해서 청포묵·쑥갓·죽순·오이채·도라지·박 등 열다섯 가지의 나물, 그리고 여기에 육수·육회를 얹고 깨·참기름을 넣어 만든다고 합니다. 따라서 지방특산물과 특산품에 대해 전국적 규격이나 표준기준을 적용하는 것은 재고해야 하겠습니다.

정부규제와 부패

『부패는 공직자로서의 사명감이 적은 일부 공무원들의 작태 아닌가?』

세금횡령 등 공무원의 부패가 여론의 도마 위에서 벗어나지 못하고 있습니다. 그런데 부패는 전세계적 현상인 것 같습니다. 북경에서 전화수리 서비스를 받으려면 관할 전신전화국 직원의 낚시여행경비를 별도로 부담해야 하는 것이 관례화되었다고 합니다. 베네수엘라에서는 「망고」라는 과일 수출을 위해 산더미 같은 수출서류를 준비하여 세관에 제출하면 세관직원이 어김없이 트집을 잡는데, 이 때 망고가 썩어가는 것을 보면서 관련서류를 재작성하든지 세관직원에게 급행료를 지급하든지 양자택일해야 한다는 것입니다.

부패는 그 동안 양심이 결여되었거나 공직자로서의 사명감이 적은 일부 공무원들의 작태로 인식해왔습니다. 그런데 최근 부패를 경제이론적으로 이해하려는 다양한 노력이 시도되고 있습니다. 예컨대, 1992년 노벨 경제학상을 받은 미국 시카고 대학의 베커(Garry Becker) 교수는 부패를 「경제활동에 관한 정부의 과도한 간섭의 산물」로 보아 정부규제가 심할수록 부패는 더욱 만연한다는 가설을 제시합니다. 그는 부패를 『불필요한 정부규제로 인해 하락한 경제의 효율성을 높일 수 있는 적절한 우회수단』이라고 평가합니다. 예를 들면 아프리카 대다수 국가에서 정식절차를 거쳐 운전면허를 받으려면 2년이 걸리고 농산물 판매를 위한 정부인가를 받기 위해서는 몇 개월 이상이 소요되지만, 약간의 뇌물은 이 모든 일을 2주 이내에 처리해줌으로써 경제의 효율성을 제고시킨다고 설명합니다.

이는 부패가 정부규제의 산물이라는 것인데, 만약 그 가설이 맞다면 부패근절을 위해서는 정부규제를 철폐해야 한다는 논리입니다.

그런데 남미제국과 동유럽 국가 등에서 경제개혁을 통해 정부규제를 대폭 완화했음에도 불구하고, 부패문제는 해결은커녕 정정불안을 초래하거나 경제개혁을 후퇴시킬 정도로 오히려 악화되고 있는 실정입니다.

이는 규제완화만으로 부패를 완전히 해소할 수 없다는 것을 의미합니다. 따라서 규제완화뿐만 아니라 공무원에게 적정임금을 보장하고, 부패척결에 앞장설 수 있도록 사법부를 독립시키고, 부패한 공직자를 제거할 수 있는 공명정대한 선거제도를 도입하며, 자유언론의 보장 등과 같은 민주질서의 기반조성이 절실하다고 봅니다.

기업체 사장은 공무원의 부패를 공직자로서의 사명감이 적은 일부 공무원들의 작태로 보는 시각에서 탈피해야 하겠습니다. 따라서 「경제정의실천시민연합」 등 정부를 감시하는 민간단체들을 적극 지원해야 할 것입니다.

정부규제의 정치경제학

『정부의 민간경제 규제는 공익을 증진시키기 위한 것 아닌가?』

늘날 대부분의 국가에서 정부는 여러 가지 형태로 경제, 특히 민간경제운용에 개입하고 있는데, 이를 정부규제라고 합니다. 과거 정부가 민간경제를 규제하는 동기는 공익을 위한 것이라고 믿었는데, 이를 공공의 이익이라는 뜻으로 「공익설(公益說)」이라고 합니다. 이 주장은 정부가, 무엇이 공익을 위한 것인가를 잘 알아야 한다는 전제 조건이 필요합니다. 그런데 민간경제부문이 다기화하고 다원화함에 따라 정부관리들이 공익을 정확하게 잘 알고 있다는 전제가 점차 불투명해지고 있습니다.

현실적으로 정부규제 내용을 자세히 살펴보면 공익, 즉 국민전체의 이득을 위한 규제가 아닌 경우도 점차 많이 볼 수 있습니다. 예컨대, 정부가 특정상품의 수입규제를 하는 경우에도 그 결정이 일부 국내 생산업자의 이득을 우선적으로 고려한 것일 뿐, 대다수 소비자들의 이득을 고려하지 않고 내리는 경우가 많기 때문입니다.

얼마 전 의약분업에 대한 정부규제도 정부가 어떤 형태로 규정을 개정하든 간에, 약사와 한의사라는 두 이익집단의 이해득실 문제를 먼저 고려한 것일 뿐, 전 국민의 이득을 먼저 고려한 것으로 보이지는 않습니다. 즉 한약학과를 약학대학에 설치하는 것이 한의과대학에 설치하는 것보다 국민건강 증진에 더 기여하는지 여부가 의약분업 문제의 초점은 아닌 듯싶습니다.

그래서 1970년대 이후 경제학계에서는 정부규제가 민간 이익집단 간의 이해관계를 조정하기 위해 또는 그 결과로서 발생하는 것이라는 이른바 「사익설(私益說)」이 대두했습니다. 정부규제는 민간부문의 각계 각층에서 발생하는 이득에 커다란 차이를 가져올 수 있습니다. 쉬운 예로 정부가 그린벨트 지역으로 묶어두었던 특정 지역을 그린벨트에서 해제하면 그 지역에 땅을 갖고 있던 지주들은 하루 아침에 벼락부자가 될 수 있습니다. 그러므로 사익설에 의하면 법적인 강제 구속력을 갖는 정부의 힘을 이용해 개별 이익집단들이 자기 집단 내부의 이득을 꾀하기 위한 결과가 정부규제라는 것입니다.

특정 이익집단을 위한 정부규제를 배제하기 위해서는 공익을 대변할 시민단체들이 정치적 압력단체로 작동하여 정부규제를 감시해야 할 것입니다.

정부의 사후규제

『부실공사를 방지하기 위해서는 감독인원을 대폭 보강해야 하는 것 아닌가?』

부실공사로 인한 대형사고가 터질 때마다 정부는 『앞으로는 법이 허용하는 한 또는 법을 개정해서라도, 그리고 감독인원도 대폭 보강해서 부실공사를 철저히 방지하겠다』라고 다짐합니다. 물론 이러한 정부의 강력한 의지표명은 사고를 당한 국민들의 마음을 달래는 데 어느 정도 효과는 있을 것입니다. 그럼에도 불구하고 사고가 계속 발생하는 것을 보면, 그러한 다짐이 장기적으로는 별 효험이 없다는 것을 시사합니다.

부실공사를 방지하기 위한 정부규제의 강화는 두 가지 상충하는 경제효과를 초래합니다. 하나는 부실을 발생시키는 기업을 강력하게 징계함으로써 부실공사에 따른 기업의 비용을 높여, 더 이상 부실공사를 하지 않도록 촉구하는 효과입니다. 다른 하나는 정부규제를 강화하면 합법적인 정부규제를 따르는 데 필요한 비용을 높이고, 동시에 공사감독자에게 뇌물을 주어 해결하는 규제회피 비용을 상대적으로 낮추어, 결국 불법적 해결책을 모색할 경제적 유인을 제공합니다. 부실공사를 일삼는 기업들은 정부규제에 합법적으로 따를 때와 불법적으로 회피할 때의 비용을 감안해서 부실공사 여부를 결정합니다. 이 때 계산 속에는 부실공사에 따른 절대비용 규모뿐만 아니라 사후에 부실공사로 밝혀질, 즉 적발될 확률을 함께 고려합니다. 그래서 비록 부실공사로 밝혀지면 회사가 쓰러질 정도로 높은 비용을 부담하게 된다 하더라도 부실공사로 적발될 가능성, 더구나 재판을 통해서 부실공사에 대한 책임을 지고 손해를 변상할 가능성이 매우 희박하다면, 부실공사에 따른 예상비용은 미미하므로 부실공사를 감행할 것입니다.

그러므로 정부는 부실공사 감독을 강화하는 사전규제에만 역점을 둘 것이 아니라, 부실공사 적발 확률을 높이는 사후규제 시스템을 만들어야 합니다. 사전규제 조치의 강화는 감독자의 재량권만 키워주고 부실규제 회피비용만 높이게 마련입니다. 그러므로 소수정예의 감독인원을 효율적으로 배치하여 적발건수를 높여서 기업이 자율규제하도록 해야 합니다. 예컨대, 상주 감독인원의 보강보다는 소수의 인원으로 암행감사나 감독을 통해 부실공사 적발률을 높이는 것이 더 효과적일 수 있습니다.

정부규제 완화

『정부규제를 완화하기 어려운 것은 정부공무원들의 집단이기주의 때문 아닌가?』

지난번 경제부총리가 취임한 후 경제운영에 관한 자신의 소신을 밝힌 제일성 가운데 하나는 『정부규제는 완화대상이 아니라 철폐대상이다』라는 매우 의미심장한 말이었습니다. 그런데 부실공사로 인해 무슨 사고가 나면 국민 모두는 이구동성으로 규제를 강화해야 한다고 목청을 돋우고, 정부당국자도 법을 개정해서라도 철저하게 규제하겠다고 화답합니다.

모두 한목소리로 규제완화를 주장하지만 현실적으로 그것이 어려운 까닭은, 정부규제가 담당공무원들의 권한을 강화시켜주고 영역을 넓혀주는 것이기 때문에 규제완화는 공무원의 처지에서 보면 한번 차지한 영역이나 권한을 포기하는 것이 어려운 일이기 때문입니다.

또한 정부규제로 인해 민간부문에도 이해상충집단이 발생하기 때문입니다. 예컨대, 상수원 보호를 위한 정부규제는 상수원 보호지역에 살고 있는 주민들에게 재산상의 손실을 입히는 반면, 하류지역에 사는 주민들은 깨끗한 물을 마시는 혜택을 입습니다. 결국 상수원 보호지역에 사는 사람들은 정부규제를 완화 또는 철폐해달라고 요구할 것이고, 하류지역에 살고 있는 사람들은 상수원 보호규제를 더욱더 강화해야 한다고 주장하는 것입니다.

정부규제는 크게 경제적 규제와 사회적 규제로 구분할 수 있습니다. 경제적 규제는 아파트 분양가 규제나 주유소 허가제 등 시장원리에 의한 경제운용 메커니즘에 정부가 개입하여 민간경제부문이 공정경쟁을 통해 자율적으로 수행하는 기능을 제한하는 것입니다. 사회적 규제는 환경, 보건, 산재예방, 시설물 안전관리 등을 말합니다. 세계는 지금 무한경쟁시대에 접어들고 있어 우리 기업의 경쟁력을 강화하기 위해서는 경제적 규제를 과감하게 완화 또는 철폐해야 하겠습니다. 그러나 환경 등 대부분의 안전과 공익에 관련된 사회적 규제나 시장기능에만 맡길 수 없는 분야에 관한 규제는 오히려 강화하는 것이 바람직합니다.

사회적 규제라 하더라도 이를 강화해야 한다는 주장은 신중히 해야 합니다. 예를 들어, 노래방이나 비디오방에 화재가 자주 발생하여 내화벽 설치를 의무화하라는 규제강화를 주장하기 전에, 그로 인한 사회적 비용과 화재예방 혜택을 비교해보고, 내화벽 대신 소화기 설치 등의 대안은 없는지 먼저 고려해야 합니다.

4

시장개입

『출퇴근 시간의 도로 혼잡을 줄이기 위해서는 도심 빌딩들의 교통유발금을 대폭 인상해야 하지 않을까?』

상품이나 서비스를 소비하는 데는 비용이 발생합니다. 그 비용은 개별 소비자에게 발생하는 개인비용과 이웃에게 발생하는 외부비용으로 구성되어 있습니다. 상품을 추가적으로 한 단위 더 소비할 때 발생하는 한계비용이 그 한 단위를 더 소비함에 따라 기대하는 한계이득보다 클 때는 추가적인 단위는 소비하지 않습니다. 이는 비효율적인 자원 이용을 방지하는 바람직한 결과를 초래합니다.

　상품을 한 단위 더 소비할 때 개인은 자기에게 발생하는 한계비용은 부담하지만, 그에 따라 증가하는 외부비용은 부담하지 않는 경우가 있습니다. 외부불경제는 바로 자기 이득을 위해서 제3자에게 외부비용을 발생시키는 행위를 말합니다. 예컨대, 어느 마을에 공장이 들어선 이래 공장에서 배출하는 매연 때문에 인근주민이 세탁을 이전보다 두 배나 더 자주해야 한다면, 이 때 인근주민이 부담하는 추가 세탁비용을 외부불경제라고 말합니다.

만약 공장이 인근주민에게 발생시킨 세탁비용을 전혀 부담하지 않아도 된다면, 그 공장은 인근주민에게 부담시킨 비용은 염두에 두지 않고 공장을 가동하는 데 필요한 비용만을 감안해서 생산량을 결정할 것입니다. 그러면 공장 가동에 소요된 외부불경제 비용까지도 감안해서 생산량을 결정할 때보다 더 많이 생산할 가능성이 높습니다. 따라서 외부불경제도 더 많이 발생합니다.

좀더 바람직한 것은 인근주민에게 발생시킨 외부불경제 비용을 공장이 부담토록 하는 것입니다. 그러면 공장은 외부불경제 비용을 포함해서 의사결정을 할 것이기 때문에 생산량을 줄이고, 그 결과 외부불경제도 덜 발생하게 될 것입니다. 물론 그렇다고 해서 외부불경제가 완전히 제거되는 것은 아니지만, 이 때 발생하는 외부불경제는 우리 사회가 그 공장에서 만들어지는 상품을 소비하는 대가로 치르는 불가피한 비용입니다. 만약 우리가 외부불경제 비용을 전혀 치르지 않겠다는 결정을 내린다면, 이는 공장가동을 중단시키는 것과 같습니다. 따라서 외부불경제를 완전히 제거하는 것은 비경제적이므로 적정한 정도의 외부불경제 비용은 불가피한 비용으로 받아들여야 할 것입니다.

외부불경제의 원리는 자동차 운행과 도로 혼잡문제에도 적용할 수 있습니다. 자가용 운전자가 도로를 운행하게 되면 직장출근 등 자기 자신은 혜택을 얻습니다. 그러나 도로를 혼잡하게 하여 다른 자동차 운전자에게 외부비용, 즉 외부불경제를 유발합니다. 지금까지 우리나라에서는 교통혼잡세금을 거두지 않았는데, 이는 남에게 발생시킨 교통혼잡이라는 외부불경제에 대한 대가를 치르지 않게 했다는 것을 의미합니다. 즉 운전자는 도로 운행에 따른 개인효용과 개인비용만을 고려할 뿐 이웃에게 발생시키는 혼잡비용은 고려하지 않아도 되었던 것입니다. 따라서 운전자는 자동차 운행에 따른 개인효용이 개인비용만 초과하면 비록 외부비용을 감안한 총비용이 개인효용을 초과하더라도 자동차를 운행해왔습니다. 그 결과 자동차 운행에 따른 총비용을 고려했을 때보다 더 많이 자동차를 운행하게 되었고, 결국 사회적으로 바람직한 수준보다 더 많은 교통혼잡을 초래한 것입니다.

교통혼잡을 해결하는 바람직한 경제적 방안은 외부불경제가 발생할 때 외부비용을 해당 자동차 운전자에게 부과시키는 것입니다. 최근 교통혼잡세를 부과하자는 방안도 자동차 운행에 따라 이웃에게 발생시키는 혼잡비용을 운전자에게 직접 부담시켜, 자동차 운행에 따른 총비용이 개인효용을 초과하지 않도록 함으로써, 한정된 도로가 제공하는 교통서비스의 낭비를 막자는 것입니다.

물론 현재도 시내의 백화점이나 건물에 교통유발금을 부과하고 있습니다만, 일시적인 고정비 성격의 비용부담보다는 자동차를 운전하는 사람들에게 교통혼잡 유발금을 직접 부과시키는 것이 더욱 효과적입니다. 왜냐하면 이러한 정책을 시행하면 자동차 운행에 따른 자기 자신의 비용뿐만 아니라 남에게 발생시키는 외부불경제까지도 함께 감안해서 자동차 운행을 결정하게 될 것이고, 그 결과 도로 혼잡도 역시 줄어들 것이기 때문입니다.

정부의 한계기업 조정

『한계기업을 위해 정부가 해줄 수 있는 일은 외국노동자의 수입을 확대하는 것밖에 더 있는가 ? 』

1995년 우리나라 경제는 과거와 같이 평균 9% 성장률을 유지했고, 물가도 6% 이내로 안정되었습니다. 그러므로 이러한 수치만 놓고 보자면 우리 경제가 매우 견실하게 운용되고 있는 것으로 보입니다.

거시경제지표만 보면 현 정부의 경제운용 실적은 국제적으로 어디에 내놓아도 자랑할 만한 정도입니다. 그렇지만 현재 우리가 눈여겨보아야 할 것은 경기의 양극화 현상입니다. 철강, 자동차, 조선, 반도체 등 대기업이 주종세력인 중화학공업 부문은 호황을 구가하고 있습니다. 반면에 섬유, 신발, 완구류 등 중소 영세 한계기업(도산 위기에 서 있는 기업)들이 담당하고 있는 분야는 판매부진뿐만 아니라 인력난까지 겪고 있습니다. 그런데 현재 인력난의 근본 원인은 우리 나라의 생산자원인 노동, 토지, 금융자원의 가격이 한계기업을 지탱하기에는 너무 귀하고 비싸졌기 때문입니다. 그럼에도 불구하고 생산성이 낮은 노동집약 한계기업을 계속 이 땅에 유지하려면 우리 경제는 큰 비용을 치러야 합니다. 왜냐하면 더 생산적으로 쓰여야 할 생산자원이 한계기업의 유지에 투입될 수밖에 없기 때문입니다.

현재 노동집약적인 한계기업들에 대한 대책으로서 기술혁신을 통한 생산성 향상 방안을 생각해볼 수 있지만, 자본이 부족한 한계기업에게는 기대하기 어려운 주문입니다. 좀더 현실적인 대안은 외국의 저임금 노동자들을 대량 수입하거나, 우리의 한계기업을 임금이 싼 외국으로 이전하는 것입니다. 그런데 외국 노동자들의 국내진입은

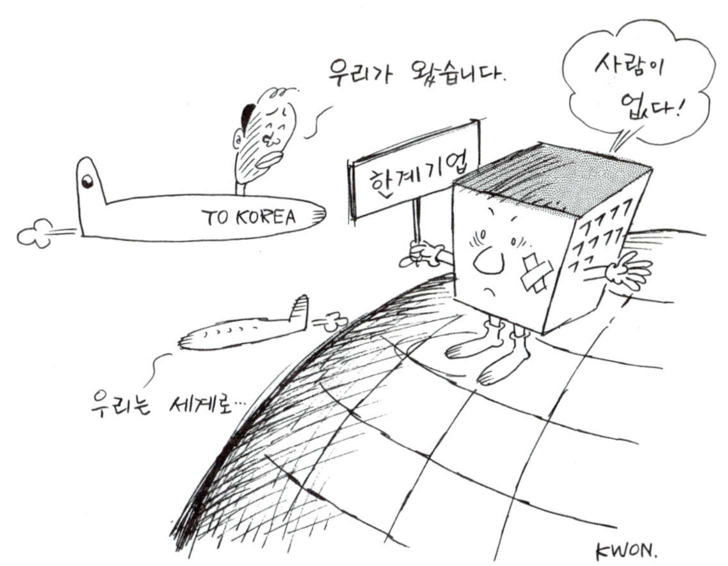

여러 가지 사회문제를 야기합니다. 오히려 한계기업을 해외로 이전하는 것도 하나의 대안이 될 수 있습니다.

그러므로 한계기업을 위해 정부가 해야 할 일은 외국노동자의 수입을 도와주는 것뿐만 아니라, 한계기업이 쉽게 해외로 이전할 수 있도록 도와주는 것입니다. 「산업구조 조정기금」 같은 것을 만들어 국내 한계기업의 해외진출을 적극적으로 도와줄 수 있을 것입니다. 한계기업이 해외로 이전되면 그 기업에 투입되었던 인력, 토지, 금융자원이 좀더 생산성이 높은 중화학공업 분야로 이동하게 될 것입니다. 물론 정부는 중화학공업 분야로 이동해야 하는 노동자들의 재훈련 등을 지원할 수 있을 것입니다.

제 7 장

국·제·금·융·과 국·제·무·역

1

엔고와 엔저시대

『엔고시대를 맞아 기업들은 환차익을 노려볼 만하지 않은가 ?』

지난 1995년도 전반기에는 1달러 가격이 100엔 이하로 하락하는 사태가 국제금융시장에서 발생했습니다. 이토록 달러가격이 하락하고 엔화가격이 상승하는 까닭은 일본의 무역수지 흑자가 1994년에도 거의 1,400억 달러에 달했었고, 그 가운데 가장 큰 부분이 대미 무역흑자였기 때문입니다. 미국의 무역적자는 국제금융시장에서 달러의 공급을 증대시켜 달러가격을 하락시킵니다.

또한 미국의 무역수지 적자규모가 가까운 시일 내에 크게 축소될 가능성도 없으므로 앞으로도 달러가격이 계속 하락하리라는 예측을 할 수 있습니다. 따라서 달러의 약세를 예상하는 금융기관이나 개별

투자가들은 당연히 보유하고 있던 미국의 달러를 일본의 엔화나 독일의 마르크화 등 강세통화로 바꿔놓으려 합니다.* 결국 국제금융시장에서 달러의 공급은 더욱 증가하여 달러가격은 계속 하락하고, 일본의 엔화는 계속 고가 상태를 유지하는 것입니다. 이렇게 일본의 엔화가격이 고평가되는 시대를 「엔고시대」라고 하는데, 우리 기업들로서는 일본에서 수입하는 일본제품의 원화가격이 높아진다는 것을 의미합니다.

앞으로 적어도 엔고시대는 당분간 지속될 것으로 보입니다. 그러므로 사장들은 장기적으로 대일 기계류나 부품의존도의 다변화를 모색해야 합니다. 물론 매일매일의 엔화환율은 그 날 그 시점의 시장 수요공급 상황에 따라 등락을 거듭합니다. 그러므로 일본의 기계류를 수입할 때 결제시점을 앞당기거나 지체시킴으로써 환차익을 보거나 환차손을 방지할 수 있으므로 결제시점을 잘 선택해야 합니다.

물론 사장은 환율 차이로 인한 이익을 추구하는 환투기자는 아니므로 아예 환율변동으로 인한 손실을 회피하는 전략을 채택하는 것이 바람직합니다. 왜냐하면 환전문가가 없는 기업, 특히 중소기업에서 환율변동에 따른 이득을 추구하려 보면 커다란 손실을 입을 수도 있기 때문입니다. 그리고 우리 기업이 일본 거래상대방에 대해 우월적 처지에 있는 경우에는 상품수출입에 따른 환차손의 분담을 일본측과 협상해볼 수도 있습니다. 아울러 선물거래(先物去來)** 등

---

* 만약 달러화의 약세를 예상한다면, 예컨대 현재 달러시세는 달러당 100엔인데 앞으로 90엔이 될 것이라고 예상한다면, 현재 1달러를 주고 100엔을 사놓는다. 얼마 후(예컨대 3개월 후)에 달러시세가 예상대로 달러당 90엔이 되면 지금 사놓았던 100엔을 다시 달러로 바꾸면 1.11달러를 받을 수 있다. 3개월 만에 11%의 수익을 기대할 수 있다. 그러므로 환투기자들은 항상 장래 약세통화가 예상되는 통화를 강세통화로 바꿔 환차익을 보려 한다.

** 선물거래(forward transaction)란 거래계약은 현재에 체결하고 현물과 대금은 사

미래의 결제환율을 사전에 확정해놓는 등 선물환 거래방식을 활용해
볼 수도 있습니다. * * *

전에 정한 미래 시점에 이루어지는 거래를 말한다. 글자 그대로 말하자면 선물거래
는 물건을 먼저 주는 거래다. 그런데 진짜 의미는 물건을 나중에 주는 거래다. 그
럼에도 불구하고 이를 선물거래라고 부르는 까닭은 영어의 forward를 우리말로 번
역할 때 동서양 사이에「앞뒤」개념이 정반대임을 무시하고 직역했기 때문이다. 동
양에서는 선후를 말할 때 과거를 중시해서인지 선배, 선생, 선영 등「과거」를
「앞」으로 보아 선(先)은 과거를, 후(後)는 미래를 가리킨다. 반면에 서양에서는
미래를 중시해서인지「미래」를「앞」으로 보아 forward는 미래를, backward는 과거
를 가리킨다. 그러므로 국제금융이론에서「forward transaction」의 진짜 의미는「미
래, 즉 후」에 물건을 수수하는 거래를 의미하는데, 이를「선물거래」라고 직역해놓
았으므로 물건을「먼저」주는 거래가 되어 진짜 의미와는 정반대가 된다. 언제까지
물건을「먼저주는 거래」, 즉「선물거래」라고 써놓고 의미는 물건을「나중에 주는
거래(forward transaction)」라고 이해해야 할 것인지 걱정이 된다. 이를「후물거래
(後物去來)」로 바꾸면 현재 거꾸로 알고 있는 기성세대는 좀 혼란이 오겠지만, 미
래세대는 혼란을 겪지 않을 것이다. 그것을 기성세대가 반대하고 있으니 세대이기
주의 아닐까?
* * * 외환시장은 현물과 선물시장이 있다. 오늘 은행에 가서 외환을 매입하는 것은
현물시장에서 매입하는 것이다. 신문에 고시되는 환율도 현물시장에서의 환율, 즉
현물시세다.
　일본으로부터 10만 엔짜리 기계를 수입하는 중소기업체 사장은 3개월 후 기계가
도착할 때 10만 엔을 지급해야 한다. 현재 환율은 1엔당 800원이라고 가정해보자.
그러면 예상수입대금은 8,000만 원이 된다. 그런데 3개월 후 현물환시세가 810원
이 되면 실제 수입대금은 8,100만 원이 되고 850원이 되면 8,500만 원이 된다. 이
를 환율변동에 따른 위험, 즉 환위험이라고 한다.
　만약 현재 3개월 엔선물환율(3개월 후에 외환을 인수인계하는 조건)이 810원이라
고 가정해보자. 만약 사장이 10만 엔어치 3개월분 선물환을 매입 계약해놓으면, 3
개월 후 현물시장에서 엔화환율이 어떻게 되든 엔당 810원에 10만 엔을 매입할 수
있다. 만약 3개월 후 현물환시세가 엔당 850원이 되었다면 수입대금은 8,500만 원
이 될 뻔 했는데, 선물계약 덕분에 8,100만 원으로 수입대금을 치를 수 있게 된
다. 물론 3개월 후 현물환율이 800원 그대로라면 선물계약을 했으므로 100만 원을
더 지급하게 된다. 대신 100만 원을 들여서 사장은 500만 원 손실을 볼지도 모르는
환위험으로부터 해방되어 마음의 평안을 얻은 것이다.

엔 베이스 거래

제2차 세계대전 이후 국제금융질서를 규정한 IMF 체제는 달러를 기축통화로 삼는 체제였습니다. 이 때는 모든 거래를 달러로 표시하고 달러로 결제했기에 「달러 베이스(base)」거래였습니다.

1970년대 초 미국이 달러의 금태환을 중지함에 따라 국제통화제도는 큰 변혁을 가져왔고, 그 가운데 하나가 일본의 엔화나 독일의 마르크화 등이 기축통화로 부상하기 시작한 것입니다. 그 후 금융거래나 무역거래를 점차 엔화나 마르크화로 표시하는 사례가 늘어나기 시작했습니다.

최근 일본의 엔화가 급격하게 평가절상됨으로써 일본의 수출업체들이 커다란 환위험에 봉착하게 되었습니다. 왜냐하면 달러의 엔화환율이 10%만 하락해도 달러 기준으로 받는 수출대금의 엔화가치가 10% 하락하기 때문입니다. 이러한 경우 일본 기업들은 수출계약을 할 때 외국의 거래선에 대해 거래금액과 결제를 엔화, 즉 「엔 베이스」로 하자고 제안할 것입니다. 왜냐하면 엔 베이스로 거래하면 일본 수출업자는 엔화의 달러환율 변동에 관계 없이 엔화로 표시한 수출금액을 확보할 수 있기 때문에, 환율변동에 따른 환위험을 효과적으로 회피할 수 있는 것입니다.

그런데 한국수입업체 사장님들이 엔 베이스로 일본과 거래하면 엔화의 환율이 하락함으로써 동일한 엔화 수입금액을 지급하기 위해 더 많은 달러나 원화를 조달해야 하므로 그만큼 수입비용이 높아집니다. 따라서 엔 베이스 거래는 일본의 수출업자가 외국의 수입업자에게 환위험을 전가하는 것입니다. 그러므로 엔 베이스 거래요구는 일본 수출기업이 외국의 수입기업에 비해 경쟁에서 우위를 점하고 있을 경우에만 가능합니다.

엔 베이스 거래이론을 역으로 해석하여 엔화가 평가절상되는 국면에서 우리나라 수출업체 사장님들이 일본과 거래할 때는 엔 베이스로 결제할 수 있으면 환위험을 회피할 수 있음을 의미합니다. 그러므로 우리 수출기업이 일본의 수입기업에 비해 경쟁적 우위를 점한다면, 수출기업체 사장은 엔 베이스 거래를 요구하는 것이 바람직합니다. 경쟁적 우위에 있지 않는 경우에라도 수출대금 일부를 할인해주면서 엔화 결제를 협상해볼 수도 있겠습니다.

엔고와 일본의 기술이전

일본은 최근 몇 년 간 계속해서 엔화의 가치가 상승하는 이른바 엔고국면을 맞고 있습니다. 엔고현상이 지속되면 일본 기업들은 국내보다 해외에서 생산하는 것이 유리해지므로, 일본기업들은 생존을 위해서 생산거점을 해외로 이전하고 있습니다.

일본의 해외생산 비율을 보면, 제조업 전체의 해외생산비율이 1985년만 해도 3.0%였는데, 1992년에는 6.2%로 두 배나 상승했습니다. 특히 두드러진 현상은, 과거에는 해외생산 비율이 섬유 등 노동집약산업에 집중되었는데, 이제는 화학, 비철금속, 전기기계 등 이른바 중화학공업 분야의 해외생산 비율이 거의 10%에 육박하고 있다는 사실입니다. 일본 기업들의 지역별 해외직접투자를 보면 최근 들어 주로 중국과 동남아시아 국가연합(ASEAN) 등 주로 아시아 지역에 집중하고 있음을 알 수 있습니다. 특히 최근 들어 일본 기업들이 생산거점을 이동할 때는 기술이전도 함께 이루어지고 있다는 것이 특징입니다.

이는 우리나라 기업체 사장님들에게 매우 중요한 정책적 의미를 시사합니다. 첫째, 일본 기업들의 해외이전이 중국을 비롯한 아세안 국가에 집중하고 기술이전도 함께 진행된다는 사실은 머지 않아 이들 후발개도국이 우리나라에게 무시할 수 없는 경쟁국으로 부상할 것임을 의미합니다. 따라서 후발개도국이 경쟁자로 등장할 상품이나 서비스업 관련 기업체 사장은 그 대비책을 미리 강구해야 합니다.

둘째, 일본 기업이 섬유 등 우리의 비교우위 산업뿐만 아니라 화학, 기계, 자동차 부품, 정밀기계산업 등에서도 생산거점을 이동하고 있다는 것은 우리나라가 일본의 기술을 이전받을 수 있는 호기를 맞고 있음을 시사합니다. 일본 기업측에서 볼 때도 노동집약 산업이 아닌 기술집약 산업을 해외로 이전할 때, 기술인력이나 사회간접자본 면에서 우리나라만큼 매력적인 기술이전 대상국가도 많지 않기 때문입니다.

따라서 우리나라 기업체 사장님들은 이 호기를 잘 활용하도록 해야 합니다. 어떤 이는 일본에 대한 기술종속을 염려하기도 합니다. 물론 그러한 문제가 전혀 없는 것은 아니지만, 그것은 기술을 이전받고 난 다음 우리 기업들의 자세에 달린 문제라고 생각합니다. 또한 우리 기업들이 일본의 기술을 이전받지 않고 독자기술을 개발할 때 부담해야 하는 비용도 감안할 때 꼭 손해라고 볼 수는 없습니다.

달러 투매의 근본 원인

『달러 투매현상은 미국의 무역적자 때문이 아닌가?』

환율은 한 나라의 화폐와 다른 나라 화폐 사이의 교환비율입니다. 단기적으로는 외환시장의 수요와 공급으로 환율이 결정되지만, 장기적으로는 각국의 실물경제 상황, 즉 인플레이션율의 차이, 생산성의 차이, 재정적자정책, 중앙은행의 환율정책 향방 등에 따라 영향을 받습니다.

최근 엔화의 가치가 계속 상승하고 달러화의 가치가 계속 하락하고 있습니다. 이는 우발적 원인에 의해 일시적으로 발생하는 현상이 아니라, 어떤 추세적 현상이라는 데 큰 의미가 있습니다. 달러화의 가치가 폭락하고 엔화의 가치가 계속 급등하는 추세를 촉진하는 근본 원인을 파악해보기 위해서는 미국과 일본의 실물경제 여건을 살펴볼 필요가 있습니다.

엔화의 평가절상과 달러의 평가절하를 뒷받침하고 있는 근본적 실물경제 요인은, 무엇보다도 미국의 무역적자가 연간 1,400억 달러를 상회하고 있다는 점입니다. 이는 국제금융시장에 미국의 무역적자 금액만큼의 달러 초과공급을 의미하므로 달러가치가 폭락하는 것입니다.

미국의 무역적자는 오래 전부터 이루어진 것인데, 최근 갑자기 달러화의 가치가 계속해서 폭락하는 이유는 무엇보다도 미국이 달러화의 가치를 유지하려는 정책을 실시하지 않기 때문입니다. 미국이 달러화의 가치를 유지하기 위해서는 우선 미국 국내금리를 인상해서 미국의 금융증권을 더 매력적으로 만들어야 합니다. 그래야만 외국의 자본이 미국으로 유입해 달러 수요가 증가하게 됩니다. 그런데 금리상승은 미국 경제를 침체시킬 우려가 있기 때문에, 미국 정책당국은 금리를 인상시켜 달러를 강세로 반전시키고 싶어하지 않습니다.

미국이 달러화의 가치를 유지하기 위한 또 다른 방법은 재정적자 규모를 감축하는 것입니다. 왜냐하면 재정적자는 인플레이션을 발생시키는 원인이기 때문입니다. 물론 미국의 인플레이션은 수출감소와 수입증대를 초래할 것이기 때문에, 그만큼 달러의 공급증대를 의미하여 달러화의 가치를 하락시킵니다. 그런데 최근 공화당에서 제시한 균형예산 헌법 수정안이 미국 의회에서 부결되었습니다. 결국 이와 같은 미국의 움직임이 외국의 투자가들에게는 재정적자를 줄이려는 미국 정부의 의지가 희박한 것으로 비쳐지고 있어 달러의 투매현상이 일고 있는 것입니다.

사장님들이 국제금융 전문가는 아니므로 환율의 변동을 단기적으로 예측하기는 쉽지 않을 것입니다. 그렇지만 환율이 장기적으로 오를 것인지 또는 내릴 것인지 예상할 때는 각국의 실물경제 상황, 즉 인플레이션율, 생산성, 재정적자, 그리고 중앙은행의 정책방향 등 기본상황과 그 변화의 방향을 파악해보는 것이 도움이 될 때가 많습니다.

원고시대

『원고현상은 기분 나쁜 일인가?』

한국개발연구원, 산업연구원, 금융연구원과 주요 민간연구기관들은 1995년 말까지 달러의 원화환율이 크게 하락할 것으로 전망하고 있으며, 앞으로도 이런 원화절상 추세가 더욱 심화될 것으로 보고 있습니다. 이는 우리나라 원화가격이 올라가는 것을 의미합니다. * 이렇게 원화의 가치가 고평가되는 국면에 접어드는 시기를 「원

---

* 환율의 변동을 나타내는 말에는 여러 가지가 있으므로 혼돈하기가 쉽다. 달러에 대한 원화환율이 달러당 800원에서 700원으로 변하는 것을 달러환율이 하락한다고 말하며, 달러화는 평가절하하고 원화는 평가절상한다고 말하기도 한다. 달러절하, 원화절상이라고도 말한다.

달러에 대한 원화환율을 「달러환율」이라고 부르기도 한다. 그러므로 「원화환율」이란 말은 매우 조심해서 사용해야 한다. 이는 원화 1원당 달러로 표시한 환율이기 때문이다. 그러므로 달러환율이 800원일 경우 원화환율은 1/800달러가 된다. 그럼에도 불구하고 매스컴에서 환율변동을 얘기할 때 「달러환율」과 「원화환율」을 동일한 개념으로 사용하기도 하는데 조심해야 할 것이다. 왜냐하면 달러환율의 상승은 원화환율의 하락과 같은 것이기 때문이다.

고시대」라고 합니다. 원고시대는 우리 경제에 여러 가지 의미를 시사해주며, 또 경제에 여러 가지 영향을 미칩니다.

원화 가치의 상승이 항상 기분 나쁜 일만은 아닙니다. 왜냐하면 어떤 의미에서 그것은 우리나라 경제력의 향상을 반영하는 척도로 볼 수도 있기 때문입니다. 러시아의 루블화가 계속 평가절하되고 있는 것은 러시아 경제의 취약성을 반영하는 것이고, 일본 엔화의 가치가 계속 상승하고 있는 것은 일본의 경제력 향상을 반영하는 것으로 볼 수 있다는 데 이의를 제기하기는 어렵습니다.

달러에 대한 원화환율이 하락하면, 즉 원화가 절상되면 달러화로 표시한 우리나라 상품의 수출가격은 상승하기 때문에 상대적으로 가격경쟁력이 약해져서 수출이 그만큼 어려워집니다. 수출이 어려워지면 국내 수출산업의 생산과 고용에 지장을 초래합니다. 반면에 원화 절상은 원화로 표시한 외국의 수입가격이 낮아짐에 따라 외국으로부터의 수입을 확대시키며, 국내시장에는 물량의 공급이 늘고 가격하락으로 소비자들은 이득을 얻고 동시에 국내 물가안정에도 기여합니다. 그러나 무역수지는 악화될 소지가 큽니다. 다른 한편으로는 외국 원자재의 수입가격이 낮아짐으로써 수입원자재를 많이 사용하여 내수용 제품을 생산하는 기업이나 수출용 상품을 제조하는 기업의 생산원가를 하락시키는 데 도움이 되는 측면도 있습니다.

같은 나라 안에서도 원화의 절상으로 이득을 얻는 경제주체가 있는가 하면, 그로 인해서 어려움을 겪는 경제주체도 있습니다. 따라서 정부가 환율정책을 어떤 방향으로 시행해도 모든 국민들의 지지를 받지는 못하는 것입니다.

원고시대와 수출기업

환율이 하루 아침에 큰 폭으로 움직이는 일은 없지만, 논리를 간단하고 분명하게 하기 위해 환율이 800원에서 700원으로 하락할 때 수출기업에 미치는 영향을 살펴보기로 하겠습니다. 그렇게 되면 먼저 수출업체의 처지에서 볼 때 동일한 10만 달러어치 상품을 수출했다고 해도, 이를 환전하여 받는 원화금액이 8,000만 원에서 7,000만 원으로 감소합니다. 따라서 원화절상은 수출로 인한 원화 가득률을 하락시킵니다.

아울러 과거에는 개당 원가가 800원이었던 상품을 외국에 수출할 때 1달러를 받으면 어느 정도 수지를 맞출 수 있었다면, 환율이 700원이 되면 적어도 1달러 15센트는 받아야만 환율변동이 있기 전의 800원을 받는 것과 같아집니다. 따라서 수출기업의 수출가격이 상승합니다. 물론 그렇게 되면 외국에서 수입수요량이 감소하여 우리나라 수출기업의 수출물량이 감소될 것입니다.

수출업에 종사하는 사장님들은 오늘 수출계약을 해도 실제로 수출대금을 받는 것은 대체로 수출상품을 선적한 이후 3개월 정도 지나야 하므로, 환율이 하락하는 국면에서는 3개월 후에 외화로 받은 수출대금을 원화로 환전한 수출금액이 감소합니다. 그러므로 원고시대에 수출업체 사장님들은 가급적이면 수출금액을 빨리 회수하는 것이 환율변동으로 인한 손실을 최소화할 수 있는 방안이 됩니다. 따라서 가급적 수출선수금을 받도록 상대방 수입업자와 타협해볼 수 있습니다. 가격을 조금 할인해주면서 수출선수금을 법이 허락하는 범위 내에서 최대한 받아내는 것이 좋습니다.

아울러 달러환율의 하락은 해외원자재와 부품가격의 하락을 의미하므로, 해외원자재와 부품수입을 증대시켜 수출상품의 원가절감을 시도할 수 있습니다. 물론 수출상품을 아예 해외 현지에서 생산해서 판매하는 것도 하나의 대안일 수 있습니다.

수출업체 사장님들이 3개월 후에 들어올 달러를 현재 시점에서 미리 매각할 수도 있는데, 이를 선물환 거래라고 합니다. 그러면 3개월 후 환율이 하락해도 원화 수출금액은 변동이 없으므로 수출업자는 환율변동 위험을 회피할 수 있습니다.

원고시대와 수입기업

환율이 달러당 800원에서 700원으로 하락(원화의 평가절상)하는 원고시대가 되면, 먼저 수입업체의 처지에서 볼 때 동일한 10만 달러어치 상품을 수입했다고 해도 이를 환전하여 지급하는 원화금액이 8,000만 원에서 7,000만 원으로 하락합니다. 따라서 원화절상은 수입에 필요한 원화 부담을 낮추는 역할을 합니다.

아울러 과거 환율이 800원이었을 때 개당 수입원가가 1달러였던 상품은 외국에서 수입해서 800원을 받고 팔았을 것인데, 환율이 700원으로 하락하면 700원만 받아도 되므로 원화로 표시한 수입가격이 하락합니다. 물론 이는 수입물량을 증가시킬 것이며, 수입금액은 수입상품의 탄력성에 따라 달라질 것입니다. 수입상품의 가격탄력성이 큰 상품인 경우에는 수입물량이 급증하여 수입금액이 증가할 것이고, 만약 가격탄력성이 적은 경우에는 수입금액은 하락할 수도 있습니다.

수입업에 종사하는 사장님들은 수입계약을 오늘 해도 수입물품이 도착하는 것은 대체로 3개월 후이므로, 환율이 하락하는 국면에서는 외화로 계약한 수입대금을 원화로 준비할 때 필요한 수입금액이 감소합니다. 그러므로 원고시대에는 가급적이면 수입금액을 늦게 지급함으로써 환율변동으로 인한 이득을 최대화할 수 있습니다. 따라서 가능하면 수입대금의 지급을 늦출 수 있도록 상대방 수출업자와 흥정하는 것이 좋습니다. 가격을 조금 올려주면서 수입대금의 지급연기를 협상해보는 것도 바람직할 것입니다. 물론 이러한 원고시대에는 장기간이 지난 후 수입대금을 지급하는 연불수입도 바람직한 경영전략의 하나입니다. 왜냐하면 그 기간 동안 환율이 하락함으로써 원화 수입대금의 부담이 그만큼 감소하기 때문입니다.

원고시대의 자본이동

자본이동이 자유화되면 외국인, 예컨대 미국인들도 달러자금을 우리나라로 반입한 후 원화로 환전하여 우리 국내기업이 발행한 주식이나 채권을 매입(즉 투자)할 수 있으며, 우리나라 사람들도 원화자금을 달러화로 환전한 후 외국으로 반출하여 외국기업이 발행한 주식이나 채권에 투자할 수 있습니다.

외국의 금융투자가는 우리나라 채권의 금리가 외국에 비해 상대적으로 높기 때문에 금리차이에 따른 이득을 목적으로 우리나라 채권을 매입하는 것입니다. 그런데 외국 금융투자가는 우리나라 채권을 매입하여 비록 원화로는 높은 수익을 얻었다고 해도 이를 달러화로 바꿀 시점에서 환율의 수준에 따라 달러화로 바꾼 금액이 커질 수도 있고 작아질 수도 있는, 환율변동 위험에 노출되어 있습니다.

우리나라 금융시장에 투자한 미국의 금융투자가 처지에서 보면, 달러환율(달러화에 대한 원화환율)이 하락할수록 원화로 받은 채권의 원리금을 달러로 바꿀 때보다 많은 달러를 받습니다. 물론 그 결과 투자한 달러자금에 대한 수익률도 높이 상승합니다. 따라서 원고시대에 접어들면 외국의 금융투자가들이 우리나라 금융시장에서 주식이나 채권을 매입하고자 하는(즉 투자하려는) 유인이 발생하여 외화자금의 국내유입이 증가합니다.

해외에 투자하려는 우리나라 투자가의 처지에서 보면 달러환율이 하락하면(즉 원화가 평가절상하면) 해외투자로 얻은 달러를 원화로 바꾼 금액이 감소합니다. 따라서 해외에 투자한 원화자금의 수익률이 하락합니다. 그러므로 원고시대에는 우리나라 사람들의 해외투자 유인이 약해지고, 외화자본의 흐름은 주로 외국에서 우리나라로 이동합니다.

이는 우리나라의 자본수지를 흑자로 만드는 데 기여합니다. 왜냐하면 외국에서 우리나라로 자본이동이 발생한다는 것은, 외국인들이 우리나라 금융자산의 매입을 의미하는데, 이는 마치 우리나라 금융자산을 외국으로 수출한 것과 같기 때문입니다.

엔저와 한국경제

『엔저와 엔고는 모두 우리 경제에 나쁜 것 아닌가?』

1995년 4월만 해도 달러에 대한 엔화환율은 달러 당 79엔으로 하락하여 엔화의 가치가 최고조에 달했었습니다. 그 시기를 「엔고시대」라 하는데, 당시에는 엔고가 우리 경제에 미치는 경제적 효과에 대해 관심이 많았습니다. 그런데 1995년도 연말에는 달러의 엔화환율이 다시 100엔대로 상승하는 등 불과 반 년 사이에 엔화의 가치가 다시 하락했습니다. 그래서 이제 「엔저시대」에 접어드는 것이 아닌가 하는 성급한 우려도 나오고 있습니다.

엔저현상은 여러 가지 경로를 통해서 우리 경제에 영향을 미칠 수 있지만 가장 큰 경로는 두 가지로 요약할 수 있습니다. 첫째는 미국

이나 유럽 등 선진국 시장에서 일본 상품과의 가격경쟁력을 상대적
으로 하락시킵니다. 왜냐하면 엔저는 일본 수출품의 달러가격을 하
락시키기 때문입니다. 그 결과 구미 선진국시장에서 우리 상품의 수
출량을 감소시켜 수출금액이 감소할 수 있습니다. 물론 그 감소 정도
는 가격탄력성에 따라 다를 것입니다.

둘째, 국제시장에서 엔화의 가치가 하락하면 우리나라에서도 엔화
의 가치가 하락합니다. 즉 엔화의 원화환율이 하락하는데, 이는 원
화의 평가절상을 의미합니다. 그렇게 되면 우리 기업의 대일 수출품
엔화가격을 상승시켜 일본 시장에서 우리나라 수출상품의 가격경쟁
력을 약화시킵니다. 아울러 우리나라 수입품시장에서 일본 제품의
원화가격을 상대적으로 하락시켜 일본의 수입을 증가시킵니다. 그
결과 우리나라의 대일 경제의존도를 더욱 심화시킬 것이며, 대일 무
역수지 적자구조를 더욱 악화시킬 것입니다. *

---

* 달러에 대한 엔화환율이 80엔에서 100엔으로 상승함으로써, 엔화가치가 하락하여
  국내에서 엔화에 대한 원화환율도 700원에서 600원으로 변동했다고 가정해보자.

우리나라 경기는 수출에 크게 좌우되기 때문에, 엔저시대는 우리 경제에 적어도 단기적으로 악영향을 미칠 수 있습니다. 그러므로 엔고로 뒷받침되던 우리나라 수출품의 국제경쟁력 하락은 국내 경기침체를 야기할 수 있습니다. 더욱이 우리나라의 경기가 점차 호황국면의 정점을 지나지 않았느냐 하는 걱정이 나오고 있는 시점에서 엔저시대는 우리나라의 수출둔화에 따른 국내투자 위축을 초래하여 경기변동에서 호황국면의 정점을 앞당길 가능성이 있습니다.

엔고로 호황을 구가하던 것을 생각해보면, 우리나라 기업들의 국제경쟁력이 환율변동에 크게 의존하는 것은 바람직하지 않습니다. 그러므로 사장님들은 수시로 변하는 환율에 따라 일희일비하는 것보다는 기업의 본질(fundamentals)을 튼튼히 하는 데 더욱 진력해야 할 때입니다.

국내에서 7,000원짜리 대일 수출품은 환율변동 이전에는 일본에서 10엔에 판매할 수 있었는데, 환율변동 이후에는 적어도 11.6엔으로 판매해야 할 것이다. 즉 우리 수출품의 엔화가격이 상승하게 된다. 그 결과 대일 수출이 어려워지는 것이다.

환율변동 전에 10엔 하던 일본 상품은 우리나라에서 7,000원에 팔렸을 터인데 환율변동 이후에는 6,000원에 팔 수 있으므로 수입품의 원화가격이 하락한다. 그 결과 대일 수입이 증가하게 될 것이다.

2

환율이론

『자본자유화가 완전히 실현되면. 국내외 금리는 일치할 것인가?』

국제금융시장에서 명목금리는 국내 금리수준에 비해 절반에도 미치지 못하고 때로는 3분의 1 수준인 경우도 있습니다. 그렇다면 만약 우리 정부가 자본자유화 정책을 채택하여, 해외자본의 국내 유출입을 완전히 자유화하면 해외금리와 국내금리가 일치하고, 그렇게 되면 국내기업들이 그만큼 금융비용 감축을 통한 원가절감을 할 수 있으므로 바람직하지 않을까 하는 생각을 해볼 수 있습니다.

얼마 전 영국의 경제전문지인 〈파이낸셜 타임스(Financial Times)〉는 한국이 아시아에서 가장 민족주의적인 성향이 강한 나라이며, 관료주의가 심하기 때문에 외국 투자가들에게는 「매우 가파른 전투지역」이라고 보도했습니다. 특히 한국은 외국인 투자에 대해 어느 나라보다도 강한 거부감을 가지고 있으며, 잠재적인 노동분쟁이 가장 심한 국가이고 중국보다도 더욱 심각한 사회불안요소를 지닌 국가로 평가했습니다. 이는 우리나라에 대한 외국인의 투자행위가 그만큼 위험한 것으로 평가하고 있다는 의미입니다. 그것은 곧 우리나라가 외국에서 차입할 때 지급해야 하는 명목금리 수준에 영향을 미칩니다. 왜냐하면 명목금리는 자금의 생산성을 반영하는 순수금리에 컨트리 리스크(country risk), 즉 차입국의 위험도를 반영하는 위험 프리미엄이 더해지기 때문입니다.

자본이동이 자유화될 때 국제금리와 국내금리의 차이가 얼마나 발생할 것인가를 보여주는 이론이 「국제금리평가(international interest rate parity)」이론입니다. 좀 복잡한 이론이기는 하지만, 간단히 말하자면 국제금리와 국내금리는 항상 환율변동 위험 프리미엄만큼 차이가 발생한다는 것입니다. * 이 때 환율변동 위험 프리미엄은 국가별

＊ 현재 환율이 달러당 1,000원이라고 가정하자. 국내은행 예금이자율은 연율 10%이고 미국 은행 예금이자율은 연율 5%라고 가정하자. 현재 1,000만 원을 해외에 투자하고 싶은 사람은 이 돈을 국내은행 또는 미국은행 중 어느 한 곳에 예치할 것을 고려한다고 가정하자.

그 사람의 결정은 국내와 해외 투자수익률에 따라 결정될 것이다. 국내에 투자하면 10%의 수익률을 기대할 수 있다. 미국 은행에 예치할 때 수익률을 계산해보자. 1,000만 원을 우선 달러로 바꾸면 1만 달러가 될 것이다. 이를 미국 은행에 예치하면 1년 후에 1만 500달러의 원리금 수익을 얻는다. 이를 원화로 바꿔보면 1년 후 환율이 변동하지 않았다면 1,050만 원이 되어 투자수익률은 5%가 된다. 만약 1년 후 환율이 1,100원이 되었다면, 1,155만 원이 되어 투자수익률은 15.5%가 될 것이다. 만약 1년 후 환율이 900원이 되었다면 945만 원이 되어 큰 손실을 입게 될 것이다. 그러므로 다른 조건이 일정한 가운데 환율이 상승하면 외국에서 국내로 자본유입이 증가할 것이다.

만약 투자할 금액을 K원이라 하고 현물환율을 r_s, 1년 후 환율을 r_f, 국내이자율을 i_d, 해외이자율을 i_f라고 하면 국내투자수익은 $K(1+i_d)$이고 해외수익률은 $(K/r_s)(1+i_f)\, r_f$가 된다. 국내투자와 해외투자의 균형은 국내 투자수익률과 해외 투자수익

위험도 포함한다고 볼 수 있습니다. 그러므로 비록 국가 간 자본이동이 완전히 자유로워져도 국내금리와 국제금리 수준이 완전히 일치되는 것은 아닙니다.

물론 완전 자본자유화가 실현되면 현재 국내금리가 국제수준에 접근하기는 하겠지만, 국가별 위험 프리미엄 때문에 일치하지는 않을 것입니다. 그러므로 이 격차를 줄이기 위해서는 우리나라의 위험 프리미엄을 줄여야 하고, 그것은 우선 북한 핵위기와 노사불안, 그리고 사회불안 요소를 감축하는 것부터 시작해야 하겠습니다.

이자율과 환율

『이자율은 내리고 환율은 올릴 수 없는가?』

과거에는 정부가 이자율뿐만 아니라 환율도 정책적으로 통제했습니다. 정부의 고시로 환율이 오랫동안, 때로는 몇 년 간 전혀 변동하지 않았던 적도 있었습니다. 그런데 이제 시장평균환율제도라는 준 자유변동환율제도를 채택함으로써 비록 하루 변동 폭은 1.5% 이내로 제한되어 있지만, 환율도 시장 실세에 따라 변동하는 체제에

익률이 일치할 때일 것이다. 그러므로 그 조건은

$$K(1+i_d) = (K/r_s)(1+i_f)\, r_f$$

양변을 K로 나눠주면,

$$(1+i_d) = (1/r_s)(1+i_f)\, r_f$$

이를 다시 정리하면,

$$(r_f - r_s) = \{(i_d - i_f)/(1+i_f)\}\, r_s$$

또는

$$i_d - i_f = \{(r_f - r_s)(1+r_f)\}\, /r_s$$

여기에서 $r_f - r_s$가 환율변동위험을 나타내므로 국내외 이자율 차이$(i_d - i_f)$는 환율변동위험을 반영한다고 한다.

돌입했습니다. 아울러 과거에는 정부가 산업정책 목적을 위해서 공금융기관의 이자율도 철저하게 통제했었습니다. 그런데 이제는 비록 일부 제한이 있기는 하지만, 원칙적으로 공금융기관의 이자율도 자유화됐습니다.

물론 그렇다고 해서 정책당국이 환율과 이자율에 아무런 영향을 미칠 수 없다는 뜻은 아닙니다. 지금도 정책적으로 시장의 수요나 공급에 개입해서 영향을 미칠 수는 있습니다. 다만, 직접적인 규제가 없어졌거나 적어졌다는 애기입니다. 그런데 환율과 이자율은 서로 연계되어 있기 때문에 두 변수 모두를 정책당국이 의도하는 방향으로 조절하기는 어렵습니다. 예컨대, 경기과열을 진정시키기 위해서 정부가 정책적으로 긴축정책을 시행하면 고금리가 유지됩니다. 그러면 금리 면에서의 이득 때문에 해외자본이 국내로 유입되어 국내 환율을 하락(즉 원화의 평가절상)시킵니다. 그런데 원화의 평가절상은 국내수출을 어렵게 하고 수입을 확대하게 하는 요인으로 작용하여 경상수지에 어려움을 초래할 가능성을 높입니다.

그렇다고 무역수지 개선을 위해 이 때 환율을 인상시키는 평가절하(환율인상)정책을 시행한다면, 환율의 상승은 외국의 금융투자가들에게 한국으로 자본을 이동하게 하는 유인으로 작용합니다. 해외로부터 유입된 외환은 한국에서 국내통화와 교환되기 때문에 국내통화량을 증가시켜 이자율을 하락시킵니다. 그런데 경기가 과열된 국면에는 국내통화량 증대와 이자율 하락은 경기과열을 더욱 자극하기 때문에 바람직한 것이 아닙니다.

결론적으로 비록 현재 우리나라에는 이자율과 환율이 시장실세에 따라 자율적으로 결정되는 체제하에 있지만, 정부가 정책을 통해 두 가지 경제변수 모두를 정부 의도대로 통제하기는 어렵습니다. 사장들도 정책당국이 경제상황에 따라 적당한 수준의 이자율과 환율 수준을 선택할 수밖에 없는 점을 인정하고, 두 가지를 모두 바람직한 방향으로 동시에 통제할 것을 정책당국에게 기대해서는 안 되겠습니다.

무역수지와 환율

『무역수지 적자가 100억 달러가 넘는데도 불구하고, 환율이 계속 하락하는 것을 보면 경제이론이 잘못된 것 아닌가?』

무역수지는 수출과 수입의 차이를 말합니다. 수출이 증가하면 국내 외환시장에 외환의 공급이 증가하고, 수입이 증가하면 외환의 수요가 증가합니다. 그런데 환율은 외환시장에서 수요와 공급의 상대적 크기에 의해 결정되므로, 환율결정이론에 의하면 무역수지가 적자이면(즉 수입이 수출보다 많으면) 외환인 달러화의 수요가 공급보다 많아 달러화의 가치가 증가할 것이므로, 환율은 상승할 것으로 생각할 수 있습니다. 즉 원화가 평가절하할 것으로 예상할 수 있습니다. 그런데 최근 우리나라는 무역수지 적자가 1995년도만 해도 100억 달러가 넘었는데도 불구하고, 환율은 계속 하락(즉 원화의 평가절상)하고 있습니다. 달러환율이 1995년 연초에는 790원이었는데 최근에는 770원대에 이르렀습니다. 이를 보고 일반사람들은 경제이론이 맞지 않는다고 생각하기 쉽습니다.

이토록 무역수지가 적자인데도 불구하고 환율이 평가절상하는 것은 경제이론이 틀려서가 아닙니다. 환율은 외환시장의 수요와 공급에 의해 결정되는데, 과거에는 외환시장의 수요와 공급에 영향을 미치는 것이 대부분 수출과 수입뿐이었습니다. 그래서 과거에 무역수지와 환율은 경제이론이 시사하는 대로 움직여왔습니다.

그런데 요즘에는 외환자유화와 함께 주식투자를 목적으로 외화가

유입되면서 외환의 수요공급에 영향을 미치는 새로운 변수들이 등장
했습니다. 해외자본이 유입되면 우리나라 외환시장에서 외환의 공급
이 증대하고, 국내자본이 해외로 유출되면 외환시장에서 외환의 수
요가 증가합니다. 그런데 현재 우리나라의 자본수지는 1994년도에는
매월 10억 달러 정도의 흑자를 기록하여 국내시장에서 외환의 공급
량이 수요량을 초과한 상태에 있습니다. 그래서 무역수지와 자본수
지를 합한 종합수지는 흑자상태입니다. 이로 인해서 달러화의 평가
절하를 초래하고 원화의 평가절상을 야기하는 것입니다. 그러므로
앞으로 환율변동을 예상할 때는 과거와 같이 무역수지만 주목하기보
다는 자본수지의 움직임을 아울러 파악해야 하겠습니다.

환율과 인플레이션

『국내 인플레이션이 환율을 인상시키는 이유는 무엇일까?』

인플레이션은 많은 상품들의 가격 수준이 전반적으로 상승하는
현상을 의미합니다. 이러한 인플레이션이 환율에는 어떤 영향
을 미치는지 살펴보도록 하겠습니다.

국내경제에 인플레이션이 발생하면, 즉 국내물가가 지속적으로 급
등하게 되면, 국내가격이 국제가격에 비해 상대적으로 높아집니다.
그렇게 되면 국내상품의 국제경쟁력이 하락해서 수출을 어렵게 합니
다. 반면에 국내 인플레이션은 국내가격을 국제가격보다 상대적으로
높여주므로 외국 상품을 수입해서 돈 벌 기회가 생깁니다. 그래서 국
내 인플레이션은 수입을 확대시킵니다. 물론 수출감소는 외환의 공
급을 감소시키고 수입증대는 외환의 수요를 증대시켜, 결국 외환시
장에서 외환에 대한 초과수요를 발생시켜 환율을 상승시킵니다. 따

라서 일반적으로 국내경제에 인플레이션이 발생하면 환율이 상승합니다.

현재 인플레이션은 장래 인플레이션 예상에 영향을 주어 다시 현재 환율에 영향을 미칩니다. 현재 인플레이션이 발생하면 장래에도 인플레이션이 지속될 것이라고 예상하게 되어, 장래에 환율이 상승할 것이라는 예상을 낳습니다. 이 때 외국인이 한국에 금융투자해서 벌어들인 원화를 외화로 바꾸면 보잘것 없어지므로, 한국에 금융투자할 매력이 그만큼 감소합니다. 이는 현재 우리나라 금융자산에 대한 외국인의 수요를 감소시킬 것이고, 그 결과 외환의 공급을 감소시켜 현재 환율은 상승합니다.

이는 인플레이션이 두 가지 경로를 통해 현재 환율을 상승시킨다는 것을 의미합니다. 하나는 국제적으로 우리나라 상품의 매력을 감소시킴으로써, 즉 수출을 감소시키고 수입을 증대시켜 무역수지 적자를 초래함으로써 환율을 상승시키는 것입니다. 다른 하나는 국제적으로 우리나라 금융자산에 대한 매력을 하락시켜 해외로부터의 자금유입을 감소시킴으로써 환율을 상승시키는 것입니다. 그러므로 환율을 안정시키기 위해서는 무엇보다도 국내 인플레이션을 진정시켜야 하겠습니다.

국제무역을 하는 사장님들은 환율의 변동에 매우 민감할 수밖에 없습니다. 왜냐하면 환율의 10% 상승은 수출대금이나 수입대금이 10%만큼 증가한다는 것을 의미하기 때문입니다. 따라서 장래 환율의 변동 추이에 관심을 갖지 않을 수 없습니다. 이 때 인플레이션과 환율 간의 이론적 관계를 기초로 장래의 환율 예측에 참고할 수 있을 것입니다.

환위험과 주거래은행

『지방자치단체들이 막대한 엔화차관을 쓰고 있으면서도 환율변동 위험을 아직도 크게 인식하지 못하는 것은 비난받아 마땅한 일 아닌가?』

국제금융시장에서 환율이 급변하고 있는데, 이것을 아직도 「남의 일」인 줄로만 알고 있는 국제금융의 사각지대가 있다는 신문보도가 있었습니다. 서울·부산·대구시 등을 비롯한 지방자치단체들이 막대한 엔화차관을 쓰고 있으면서도 엔고 등 환율변동에 따른 위험을 아직도 크게 인식하지 못한 채 환차손에 무방비 상태로 노출되어 있다는 지적입니다.

이토록 지방자치단체들의 엔화차관이 많은 까닭은 1980년대 후반 일본의 대외경제협력기금(OECF)에서 제공하는 차관조건이 당시만 하더라도 파격적으로 좋은 조건이었기 때문에, 민간부문에 앞서 지방자치단체가 선점했기 때문입니다. 예컨대, 의료장비 현대화 사업을 위해 국립과 지방도립병원에서 받아들인 일본의 대외경제협력기금 차관의 조건은 7년 거치 18년 상환에 연 4~5%의 금리조건이었으니, 당시 우리나라 대출금리에 비하면 거의 공짜나 다름없는 돈으로 보였던 것도 무리가 아니라 하겠습니다. 그런데 차관의 원리금을 상환할 때는 상환당시의 환율에 따라 엔화를 매입해서 갚아야 하기 때문에 엔화차관을 비롯해 해외차관 모두가 환율변동 위험에 노출됩니다. 그러므로 해외차관을 받아들이는 기업이나 지방자치단체는 항상 환위험에 대비할 생각을 해야 합니다〔일반적으로 일정 수수료를 내고서 환위험에 대비해야 하는데, 이를 헤징(hedging)이라고 합니다〕.

그럼에도 불구하고 1995년 들어서만도 지방자치단체에서 엔고로 말미암아 엔차관에 대해 추가로 부담해야 할 금액만도 636억 원에 이른다고 합니다. 한푼의 재정이라도 아끼는 것이 공무원들의 중요 과제인 점을 생각하면, 지방자치단체들이 언론의 질타를 받는 것이 마땅한 측면도 있습니다.

그렇지만 지방자치단체가 환위험에 무방비 상태로 노출되어 있다고 해도, 국제금융분야에 전문가도 아닌 지방공무원들이 헤징업무를 효율적으로 수행하기를 기대하는 것은 현실적으로 무리라고 생각합니다. 오히려 지방자치단체에서 거래하는 단골은행이 전문가로서 당연히 지방자치단체에게 먼저 환위험을 경고하고 헤징하도록 방도를 제시했어야 한다고 생각합니다. 그러므로 지방자치단체를 환위험에 무방비 상태로 노출되도록 방치한 주거래은행의 태만과 프로 정신의 결여가 더욱 비난받아야 할 일이라고 생각합니다.

이 이야기는 사장님들에게 중요한 교훈을 시사합니다. 첫째, 외국과의 거래에는 항상 환위험이 수반한다는 사실입니다. 그것은 국내에서 변동금리 조건으로 돈을 빌릴 때 금리변동 위험에 직면하는 것과 같습니다. 그러므로 사장님들은 환위험에 대처할 태세를 갖춰야 합니다. 그런데 사장님들은 국제금융 전문가는 아닙니다. 환율의 변동방향을 스스로 예측하고 대처하는 데 한계가 있습니다. 물론 직접 환위험에 대처할 수도 있겠으나, 그러면 국제금융시장에서 환투기를 하는 셈이고, 그것은 전문가도 아닌 사장님들이 지나친 위험을 부담하게 될 우려가 있습니다. 그러므로 주거래은행에게 환위험에 대비하여 헤징방법에 대해 자문을 구하는 것이 바람직합니다. 물론 주거래은행이 고객의 환위험을 미리 챙기고 조언해주는 것이 순리이기는 하지만, 그러하지 못할 경우에는 사장님들이 적극적으로 주거래은행에게 환위험에 따른 대비책을 문의해야 합니다.

3

국제화

『원화가 국제화되면 우리 경제에 짐만 되는 것 아닌가?』

외국 여행 중 사용할 수 있는 통화는 달러, 엔, 마르크, 영국의 파운드, 프랑스의 프랑 등 다양합니다. 이러한 통화를 국제통화 또는 기축통화라고도 합니다. 여기에서 국제통화는 해외시장에서 상품과 서비스와 자본거래에 사용할 수 있도록 국제적으로 공신력을 얻은 통화를 말합니다.

우리나라의 돈, 즉 원화가 국제통화가 되기 위해서는 원화를 다른 나라의 통화로 자유롭게 교환할 수 있고, 국제시장에서 상품과 서비스를 거래할 때 지급수단으로 이용하는 교환매개 기능을 수행해야 합니다. 아울러 우리나라 사람뿐만 아니라 외국인도 우리나라와 해외에서도 한 번 받은 원화를 다른 나라 사람에게 이전할 수 있는, 이른바 「이전성(transferability)」을 가져야 합니다. 이를 위해서는 원화가 국경을 넘어 해외 각국에서 화폐로서의 일반적 수용성(general acceptability)을 갖추어야 합니다.

우리 원화가 국제통화로서 공신력을 얻기 위해서는 원화의 대외가치, 즉 환율이 안정적이어야 합니다. 이를 위해서는 원화의 구매력이 안정적이어야 하고, 이 안정성은 우리나라 물가가 안정돼야 가능한 것입니다. 그렇지 않으면 원화를 보유하고 있는 외국인은 원화의 가치하락으로 손실을 입게 되고, 결국 원화는 해외에서 국제통화로 인정받지 못할 것이기 때문입니다.

아울러 우리의 외환시장이나 금융시장이 잘 발달해 있어서 시장의 수요와 공급, 그리고 내외 금리차이를 환율에 즉시 반영할 수 있어야 합니다. 왜냐하면 환율은 국내 금융자산의 달러가치나 해외 금융자산의 원화가치를 평가하는 척도이므로, 환율이 정확한 잣대 역할을 수행할 수 있어야 하기 때문입니다.

우리나라가 무역 3,000억 달러 규모로서 세계 12위 무역대국으로 발돋움하고 있는 지금 원화결제 수요가 점차 증가하고 있습니다. 만약 원화의 국제화가 이루어지면 대외거래의 결제를 원화로 할 수 있으며, 그렇게 되면 환율변동에 따른 위험을 거래 상대방에게 전가시킬 수도 있습니다. 즉 수출업체가 상대국 수입업자로부터 원화로 결제받게 되면 외환결제를 할 때 부담해야 하는 환율하락의 위험을 회피할 수 있습니다.

국제화와 세계화

『국제화와 세계화는 같은 것을 뜻하는 용어 아닌가?』

최근 「국제화」와 「세계화」라는 말이 매스컴에 집중적으로 등장하고 있습니다. 통상적으로 이 둘은 비슷한 어휘로서 서로 바꿔 사용하기도 하지만, 엄밀히 말하자면 두 가지는 좀 다른 것입니다. 국제화(internationalization)는 세계에 많은 개별 국가가 존재한다는 것을 전제로 하고, 개별 국가의 규범이나 제도를 국제적으로 인정하고 수용할 수 있게 하는 것을 의미합니다. 세계화(globalization)는 우리가 살아가는 기본단위를 「국가」가 아니라 「지구촌」으로 보아 세계를 기본단위로 전제하고 생산자원과 생산물, 그리고 정보가 세계 방방곡곡에 자유로이 이동하는 것을 말합니다.

경제이론에서는 이 둘을 주로 생산방식을 기준으로 구별합니다. 생산거점을 국내에 국한했던 관행을 탈피하고 필요하다면 해외로 이전하는 것을 국제화라고 합니다. 우리나라 기업이 다국적 기업화하는 것을 기업의 국제화라 말할 수 있습니다.

생산거점뿐만 아니라 생산요소마저도 국경을 너머 자유롭게 움직이는 것을 세계화라고 합니다. 세계화는 전세계를 하나의 지구촌으로 인식하여 국경에 관계 없이 생산거점, 생산요소를 선택하고 이동하는 것을 의미합니다. 국내 프로축구 팀이 외국에서 선수를 「수입」하고 있는데, 이것도 우리 프로축구계가 세계화하고 있는 것으로 평가할 수 있습니다. 앞으로 우리나라 프로축구 팀이 국적에 관계 없이 최고의 선수를 초빙하여 팀을 구성하고, 우리 국민도 선수들의 국적에 관계 없이 축구경기를 즐길 수 있게 된다면 우리나라가 세계화하고 있는 징표로 볼 수 있습니다.

전세계적으로 나타나는 세계화 추세로 전세계 시장이 단일시장으로 통합하고 있습니다. 그렇게 되면 생산요소시장과 생산물 판매시장이 단일화하여 함께 경쟁해야 합니다. 이는 「우리 기업」에 관한 인식이 달라진다는 것을 의미합니다. 지금까지는 자본주(資本主)의 「국적」을 기준으로 「우리 기업」 여부를 판단했지만, 이제는 기업의 「소재지」를 기준으로 「우리 기업」 여부가 판단될 것입니다.

지금까지는 기업체 사장의 국적이 한국이라면, 그 기업은 「우리 기업」 또는 「우리나라 기업」으로 우대받았습니다. 그러나 앞으로는 우리나라 영토에 있으면 비록 그 자본주가 외국인이더라도 「우리 기업」이고, 비록 사장의 국적이 「한국」이라고 해도 기업이 외국에 소재하고 있으면 「외국 기업」인 것입니다. 따라서 지금까지는 「Korea-owned」 여부가 중요했지만, 이제는 「Korea-based」 여부가 중요해지고 있습니다.

이는 우리 기업체 사장님들에게 대단한 위기를 초래할 수도 있고, 또 엄청난 기회를 열어줄 수도 있습니다. 기업이 국내에 있건 외국에 진출해 있건 간에, 무조건 「우리 기업」으로 우대받을 수는 없는 위기에 직면하게 되었습니다. 그렇지만 반대로 외국으로 진출하면 그 나라에서 역시 「우리 기업」으로 대접받을 수 있어, 과거에 「외국 기업」으로 받던 설움을 이제 더 이상 받지 않을 것입니다. 사장님들도 세계화 조류를 거스르려 하기보다는, 그 조류를 타고서 성공과 번영을 이룩할 「경영의 세계화」와 「의식의 세계화」를 추구해야 하겠습니다.

국경 없는 사회와 경제

『국가경계는 주권의 상징이므로 외국인이 우리나라를 제집처럼 드나들게 할 수는 없지 않은가?』

정보사회의 특징 가운데 하나는 「국경 없는 사회」가 된다는 것입니다. 국경의 의미는 마을과 마을의 경계를 생각해볼 때 분명해집니다. 예를 들어, 두 마을이 동일한 행정구역에 속해 있다 하더라도 두 마을 사이에 커다란 시내가 있어 아무도 왕래할 수 없다면, 높은 장벽으로 막힌 것같이 아무런 관계가 없습니다.

만약 두 마을 사이를 흐르는 시내에 다리가 놓여지면 두 마을 사람들이 쉽게 왕래하게 될 것입니다. 더욱이 두 마을을 연결하는 버스가 생기고, 전화가 가설되면 두 마을 사이의 간격은 더욱더 좁아질 것입니다. 이 때 두 마을 사이의 간격이 좁아진다는 것은(즉 한마을이 된다는 것은) 두 마을 사람들이 어떻게 살고 지내는가를 서로 잘 알게 된다는 것을 의미하고, 정보가 원활하게 소통되는 상황을 의미합니다.

그러므로 정보의 소통이 원활해지면 마을이나 국가를 가로막았던 경계는 점차 낮아집니다. 그래서 21세기 정보사회에서는 모든 나라들이 디지털 네트워크로 연결되어 정보가 국경을 넘어 자유롭게 소통됨으로써 국경이 갖는 의미가 그만큼 약해지며, 결국 국경이 없는 듯한 사회로 전환되리라는 것입니다. 그러면 정보뿐만 아니라 자금, 노동, 기업이 국경을 넘어 자유롭게 이동할 수 있게 됩니다.

국경 없는 사회 또는 적어도 국가경계의 수위를 낮추려는 시도가 세계 곳곳에서 일어나고 있습니다. 유럽에서는 10여 개 나라들이 「유럽연합(European Union : EU)」을 결성해서 국경을 열고 자유무역지대 공동체를 형성하여 상품, 자본, 인력까지 자유롭게 이동하고 있습니다. EU 사람들은 나라 사이를 서울에서 제주도 가는 것보다 쉽게 이동합니다. 북미에서는 미국, 캐나다, 멕시코가 국경을 열고 상품과 자본의 자유로운 이동을 허용했습니다. 그만큼 국경의 높이가 낮아졌다 하겠습니다. 물론 국경 없는 사회를 만드는 명분은 모두 함께 잘 사는 지역을 만들자는 것이지만, 이러한 변신을 통해 선진국들은 강력한 국가경쟁력을 키우고 있습니다.

이제 우리나라도 이러한 세계의 변화에 제대로 대응함으로써 우리의 국가경쟁력을 유지할 수 있게 될 것입니다. 우리가 협력해서 국가경쟁력을 키울 수 있는 협력대상 국가는 어느 나라일 것인가를 생각해보아야 하겠습니다. 이 때 제일 먼저 생각할 수 있는 것이 일본일 것입니다. 그런데 일본은 우리나라를 36년 간 식민지로 지배한 악연이 있습니다. 이를 잊고 협력할 것인지, 아니면 그러한 악연을 가진 나라와는 협력하지 말아야 할 것인지 생각해보아야 하겠습니다. 선택은 우리에게 달려 있고, 그 선택에 따라 21세기 우리나라의 위상도 달라질 것입니다.

우리 기업과 외국 기업

『우리 기업은 우대해야 하고 외국기업은 차별해야 하는가?』

정부가 경제발전 정책을 전면에서 주도했던 1960년대에는 대기업을 육성하면 연관효과를 통해 중소기업들도 자동적으로 발전할 수 있으리라고 생각했었습니다. 그 결과 우리나라에도 세계적으로 유수한 대기업들이 생성되기는 했지만, 국내 중소기업들은 아직도 보잘것 없는 것이 현실입니다. 그래서 정부는 1990년대의 가장 시급한 정책과제로 중소기업의 육성을 꼽고 있습니다.

중소기업의 육성을 위해 가장 시급한 과제는 자본과 기술입니다. 그런데 중소기업에게 충분한 자본과 기술을 공급하는 일은 우리 힘만으로는 어려운 것이 사실입니다. 그러므로 풍부한 자본과 우수한 기술을 가진 외국기업을 우리나라에 많이 유치해야 할 과제에 직면해 있습니다.

외국기업을 유치하는 데 가장 큰 장애 가운데 하나는 우리 국민들의 반외세적·국수주의적 정서라고 생각합니다. 우리 민족은 지난 반만 년 역사를 거치는 과정에서 외세에 참혹하게 시달려왔습니다. 우리 선조들은 슬기롭게 그 어려운 수난기를 극복하며 민족의 명맥을 이어왔습니다. 그러다 보니 부지불식간에 외세에 관한 우리의 태도는 항상 방어적이고 부정적일 수밖에 없게 되었습니다.

21세기를 앞두고 거의 모든 나라들은 국경 없는 경제시대를 맞고 있습니다. 일부러 국경을 허물어 외국의 자본과 기술, 그리고 기술인력을 유치하여 자국의 경제를 발전시키려고 혈안이 되어 있습니다. 이는 자본과 기술의 이전을 위해 국경이나 국적이 장애가 되지 않는다는 의미입니다. 이러한 관점에서 볼 때 국내 기업체와 소비자들이 국산품이라면 무조건 애용해야 하고(외국상품은 차별하고) 우리 기업은 우대해야(외국기업은 차별해야) 한다는 인식을 갖는 한, 외국의 자본과 기술의 국내유치는 그만큼 어려울 것입니다.

이제 통신과 수송기술의 발전으로 자본, 기술, 노동인력의 국적이 점점 무의미해지는 국경 없는 경제시대를 맞아 외국의 자본, 기술, 그리고 인력에 대한 국수주의적 시각과 정서는 우리의 21세기 선진국 진입에 장애가 될 것임을 이해해야 하겠습니다. 따라서 사장님들을 포함한 우리 국민 모두는 외국기업에 대한 부정적 시각을 시정해야 할 것입니다.

세계화시대의 비용

『세계화는 대기업 사장이나 관심을 가질 일이지, 중소기업 사장과는 관계 없는 일인가?』

대통령에서 기업가에 이르기까지 「세계화」는 우리 모두가 추구하고 지향해야 할 방향으로 애기합니다. 여기에서 말하는 세계화는 지구촌화입니다. 즉 지구상에 사는 모든 사람들이 한마을 사람들처럼 생각하고 행동하는 것을 말합니다. 그런데 우리는 세계화를 국내에 있는 사람들과는 관련이 없는 것으로 생각하기 쉽습니다.

1960년대와 1970년대 우리나라는 노동인력을 수출하는 나라였습니다. 1977년 마지막 광부가 서독으로 떠났다는 것을 기억하는 사람이 많지 않을지 모릅니다. 그런데 우리나라도 그 동안 경제발전에 성공해서 이제는 동남아를 비롯해서 후진국에서 인력을 수입하는 처지가 되었습니다. 사실 우리가 중동의 열사에서, 그리고 서독의 탄광에서 열심히 일한 것도 「우리도 한번 잘 살아보자」라는 의욕에서 나온 것이었습니다.

이제 우리나라에는 1960~70년대 해외에서 3D업종을 마다하지 않고 열심히 일한 한국 근로자들처럼, 열심히 일해서 한번 잘 살아보자고 다짐한 외국 근로자들이 들어와 있습니다. 그들도 옛날 우리의 해외근로자들처럼 고국에 처자식이나 부모형제를 두고 온, 꿈을 가진 용감한 젊은이들입니다. 중동에서 귀국한 근로자들이 국내산업 현장에서 역군이 되었듯, 이들도 돌아가면 자기네 나라에서 산업의 역군으로 우뚝 설 사람들입니다.

우리에게는 사양화됐거나 사양화해가고 있는 생산기술을 이들에게 전수시켜주고 그들을 따뜻이 대해주어 이들의 꿈을 실현할 수 있도록 가르쳐주고 도와주는 것이 세계화입니다. 지난 해 네팔 근로자들이 명동성당에서 농성하며, 『우리는 인간이다. 우리는 동물이 아니다』라고 절규했던 것을 상기해볼 때, 우리 주위에는 아직도 부끄러운 구석이 있는 것 같습니다. 물론 외국 근로자들 가운데는 몹쓸 사람들도 끼여 있을 것입니다. 그렇지만 외국 근로자 모두를 그렇게 매도할 수는 없을 것입니다.

사장님들이나 우리 국민 모두는, 외국인 근로자가 고국에 돌아가 한국에서 배운 기술을 이용해 잘 살게 해줌으로써 평생을 두고 한국 사람들의 도움을 고마워하며 친한파가 되도록 하는 것이 세계화라고 생각합니다.

> 『외국인 근로자의 불법 취업행위는 강력하게 단속하는 것이 최선의 방책인가?』

1993년 말 우루과이라운드(Uruguay Round : UR) 협상을 타결지어 1994년 4월 공식적으로 협상내용을 조인했고, 1995년 1월부터 세계무역기구(World Trade Organization : WTO)가 출범했습니다. 이로써 세계 모든 나라의 경제는 세계화를 지향하게 되었으며, 상품이나 서비스뿐만 아니라 노동을 포함한 생산요소의 국경 간 이동이 더욱 자유로워졌습니다.

이러한 변화가 우리에게 의미하는 것 가운데 하나는, 이제 어느 한 나라만 장기간 부유하게 잘 살고 많은 나라들을 빈곤한 처지에 머물게 할 수는 없다는 것입니다. 왜냐하면 어느 나라 사람들이 잘 산다는 것은 그 나라 사람들의 노동수익률, 즉 임금이 상대적으로 높다는 것을 의미합니다. 그런데 임금이 높아지면 한계기업들은 생산기반을 빈곤한 저임금 국가로 옮기거나, 생산기반을 옮기지 않으려면 빈곤한 국가로부터 생산요소인 노동자들을 유치하여 생산하는 두 가지 선택밖에 없습니다. 그렇게 되면 한 나라의 노동임금이 다른 나라에 비해서 장기간 높은 상태로 계속 유지되기는 어렵습니다.

최근 우리나라에 온 외국인 근로자들 가운데 일부는 고용주의 폭행과 인권유린 행위에 대해서 절규하고 있습니다. 우리 스스로 불과 몇십 년 전에 그와 비슷한 대접을 현재의 선진국에게서 받은 데 대해 억울해 했었는데, 우리가 바로 그 가해자의 자리에 서 있다는 것은 여간 부끄러운 일이 아닙니다. 그렇지만 이를 감정적으로 해결할 수는 없습니다.

외국 근로자들이 국내에 진입하는 이유는 우리 한계기업들이 이른바 3D에 속하는 업종을 계속 유지하려 하고, 해외로 생산기반을 옮기지 않으려 하기 때문에 발생하는 것입니다. 즉 산업조정을 미루기 때문인데, 그럴수록 외국과 우리나라와의 임금격차 때문에 더 많은 외국인 근로자들이 우리나라 노동시장에 진입하려 할 것입니다. 이는 단속만으로 억제할 수는 없습니다. 그러므로 한계기업들이 산업조정을 통해 더 생산성이 높은 업종으로 전환을 모색하거나, 3D업종을 계속 유지하고자 한다면 생산기반의 해외이전 및 기술혁신을 통해서 노동집약 생산방법을 탈피하도록 해야 합니다. 물론 문제는 현재 3D업종을 담당하고 있는 기업들이 영세하므로 기술혁신을 위한 투자도 어렵고 해외이전도 어렵다는 사실입니다.

공존공영의 원리

『후진국에 진출한 우리 기업들의 근로조건이 열악한 것은 당연한 일인가?』

우리는 오랫동안 절대빈곤 시대를 살아왔습니다. 특히 6·25 전쟁 이후 우리는 상당기간 해외원조로 연명하기도 했습니다. 이 때에는 생존 자체가 힘겨운 과제였고, 이웃을 생각하는 것은 일종의 사치였습니다. 그러다 보니 우리 자신도 모르게 이웃을 생각해주는 아량이 부족하고, 오직 나만 생각하는 천민자본주의에 익숙해진 측면이 있는 것 같습니다.

이제 우리는 해외원조로 끼니를 잇는 나라도 아니고, 1인당 국민소득도 1만 달러를 넘어선 선발개도국의 자리에 서게 되었고, 세계 12위 무역대국으로 자리매김할 정도의 국제적 위상을 차지하고 있습니다. 그럼에도 불구하고 우리 사고방식은 아직도 나만 생각하고 이웃에 대한 배려나 고려가 부족한 절대빈곤 시대의 사고와 행동방식을 벗어나지 못한 측면이 있습니다.

김영삼 대통령의 중국방문을 앞두고 북경에서 열린 한·중 세미나에서 중국 관리들이 한국기업의 대 중국 투자에 문제가 있다는 것을 지적한 바 있습니다. 이들은 한국의 중국 투자와 관련해서 규모가 너무 영세하고, 지역적으로 편중되었으며, 근로조건이 전근대적이라는 문제점들을 지적했습니다. 또한 중국에 진출한 한국기업이 조선족 동포에게 지나치게 의존하고 노조의 결성을 허용하지 않는 등 근로조건 면에서 낙후성을 드러내고 있다고 주장했습니다.

비록 이 같은 주장이 얼마나 많은 실례를 근거로 하고 있는지는 모르지만, 그러한 지적은 이제 우리 사장님들도 절대빈곤시대의 사고방식에서 벗어나야 한다는 것을 상기시켜주고 있습니다. 즉 우리 기업체 사장님들도 외국에 진출해서 최대한 낮은 임금을 지급하고 가혹한 근로조건하에서 강도 높은 노동을 이용해 가장 저렴한 비용을 들여 생산하려는 사고방식에서 벗어나야 한다는 것입니다. 자국에 진출해 있는 한국기업에서 일하는 것이 자랑이고, 개인적으로 큰 혜택을 받고 있을 뿐만 아니라 한국기업이 자국 경제발전에 큰 몫을 담당해주고 있다는 생각을 갖도록 해야 하겠습니다. 이제 우리만 잘 사는 나라를 만드려 하기보다는 이웃나라 국민들과도 함께 잘 사는, 이른바 공존공영의 지혜를 터득해야 할 때입니다.

세계의 선물관습

『아랍 국가에서 가정을 방문할 때 부인에게 꽃을 선사하는 것은 어떨까?』

세계화시대를 맞아 이제 우리 기업도 전세계 방방곡곡으로 진출하게 되었으며, 우리들도 여러 나라 사람들과 자연스럽게 만나는 시대가 되었습니다. 이 때 작으나마 정성이 담긴 선물을 통해 서로의 정을 표하는 것은 어느 민족에게나 있는 자연스러운 관행처럼 보입니다. 그래서 외국을 여행할 때 조그마한 선물을 준비하는 사람도 많아지고 있습니다.

해외여행 중에 증정할 선물을 고를 때는 여러 가지 유의해야 할 점이 많습니다. 왜냐하면 선물받을 때 물건이 갖는 의미가 나라, 인종, 문화에 따라 다를 수 있기 때문입니다.

우리와는 매우 다른 문화를 가진 중동 아랍 국가들의 선물관습을 살펴보고자 합니다. 아랍 세계에서는 처음 만나는 사람에게 선물을 주는 것은 결례 내지는 뇌물로 취급합니다. 특히 우리나라 사람들은 선물할 때 말도 없이 현관 입구에 조용히 물건을 놓고 나오는 경우가 있는데, 중동에서 그런 모습을 보이면 비밀스러운 꿍꿍이 수작을 하려는 것으로 수상하게 여겨 역효과가 나기 쉽습니다.

또한 아랍 세계에서는 대개 동물이 나쁜 뜻을 갖기 때문에 동물 모양을 본뜬 선물은 피하는 것이 좋습니다. 우리는 곧잘 비행기에서 전세계적으로 유명한 비싼 브랜드의 술을 사서 방문국의 상대방에게 선물하는 경우가 있는데, 아랍에서는 술은 금기이므로 삼가해야 할 일입니다.

개인적으로 선물하는 것이 아니라 회사에서 공식적으로 증정하는 선물이라 하더라도 무미건조한 선물보다는 받는 이의 취향을 고려했다는 것을 말할 수 있어야 더 좋은 인상을 줄 수 있습니다. 또는 그 물건이 만들어진 사연, 예컨대 역사적 배경과 같은 특별한 의미를 알려줄 때 호의적 반응을 기대할 수 있습니다. 아랍 가정을 방문할 때 어린이에게 선물하는 것은 대단히 환영받지만, 부인에게 선물하는 것은 금해야 할 사항입니다.

아랍인은 지적인 가치가 있는 선물을 높이 평가합니다. 예컨대, 책이나 예술품, 레코드나 테이프 등이 좋다고 합니다. 물론 계산기를 비롯한 사무실 용품도 환영합니다.

『서양인에게 두 송이 꽃을 선물하는 것은 어떨까?』

서양인은 비즈니스 관계로 처음 대면했을 때 간단한 기념품이라면 몰라도 값비싼 선물을 주는 것은 별로 탐탁하게 생각지 않습니다. 잘못하면 무슨 저의가 있는 것으로 의심받을 수도 있습니다.

서양에서 꽃을 선물할 때는 짝수 숫자의 꽃송이나 열세 송이의 꽃을 선물하면 나쁜 운을 불러들이는 것으로 믿고 있습니다. 프랑스어

권 사람들에게 국화는 조문을 연상시키게 합니다. 따라서 장례식에 참석하거나 조문할 때가 아니면 국화 선물은 피하는 것이 좋습니다. 프랑스와 독일에서 붉은 장미는 사랑하는 사람들 사이에만 선물한다는 점도 알아두는 것이 좋습니다. 잘못하면 사랑의 표시로 오해받을 수 있기 때문입니다.

초콜릿이나 술 등은 가정을 방문할 때 좋은 선물이고 라이터, 재떨이, 촛대 등 작은 도자기 제품은 언제든지 환영받습니다. 향수나 남자 화장품은 비즈니스 관계로 만난 사람들에게는 지나치게 개인적 선물이라 피하는 것이 좋습니다. 그것은 남자가 여자에게 하든 또는 여자가 남자에게 하든 마찬가지입니다. 그리고 자사 이름이 너무 크게 인쇄되었거나 각인된 선물을 증정하는 것은 환영받지 못합니다. 가격이 너무 저렴하거나 그렇다고 고가인 선물도 피하는 것이 좋고, 값비싼 포장지도 피하는 것이 좋습니다.

독일에서는 선물 포장이 매우 중요합니다. 그렇지만 흰색, 검은색 또는 갈색의 포장지는 사용하지 않는 것이 좋고, 리본도 사용하지 않는 것이 좋습니다. 그리고 꽃은 포장하지 않은 채 선물하는 것이 좋습니다.

프랑스에서는 레코드, 화집, 도서, 역사물이나 회고록, 대통령의 자서전 등 지적인 멋이나 수준을 나타내는 선물을 환영합니다. 영국에서는 점심이나 만찬을 대접하는 것으로 선물을 대신할 수 있습니다. 발레나 음악회나 극장에 초대하는 것도 마찬가지입니다.

서양에서 가구를 선물할 때는 매우 조심스럽게 해야 합니다. 왜냐하면 선물받는 집의 가구와 조화를 이루지 못할 경우 방구석에 오랫동안 볼썽 사나운 천덕꾸러기로 남아 있게 될 가능성이 크기 때문입니다.

> 『일본 기업가로부터 받은 선물을 그 자리에서 풀어보는 것은 어떨까?』

사실 일본은 지리적으로 우리에게는 매우 가까운 나라입니다만, 과거의 악연 때문인지 심정적으로는 그렇게 가깝지만은 않습니다. 그래서 가까이 있으면서도 그들의 문화, 특히 선물문화를 잘 이해하지 못하는 경우가 많습니다.

우선 일본 사람들에게 선물할 때 지나치다 싶을 만큼의 고가품은 피하는 것이 좋습니다. 고가선물을 받으면 부담감을 갖기 때문입니다. 그렇지만 답례 선물을 받은 것에 비해 너무 형편없이 하는 것은 결례입니다.

서양사람들은 선물을 증정했을 때 바로 앞에서 풀어보는 것을 좋아하는데, 우리와 마찬가지로 일본 사람들도 그와는 반대입니다. 일본 사람에게서 선물을 받았을 때도 상대방이 풀어보라고 하기 전에는 면전에서 개봉하는 것을 피하는 것이 좋습니다.

일본 사람으로부터 값싼 선물을 받았을지라도 무시당했다고 생각하지 말아야 합니다. 그들은 선물을 증정하는 의식을 중히 여기는 반면에 내용을 중시하지 않기 때문입니다. 일본에서는 회사명이 크게 쓰여진 선물은 환영받지 못합니다. 최신 전자게임 놀이기구와 같은 장난감 선물은 환영받습니다.

일본 사람은 선물을 조용히 혼자 열어보는 것을 좋아하기 때문에 포장하지 않은 채 선물을 증정하는 것은 피해야 합니다. 그것은 자기 회사가 만든 볼펜이나 책상 캘린더와 같은 제품이라 해도 마찬가지입니다. 특히 성의가 깃들이지 않은 포장은 포장하지 않은 것만큼이나 결례입니다. 만약 포장재가 없다면 백화점에 가서 포장을 부탁하는 것이 좋습니다.

선물을 직접 포장할 때 리본을 부착하는 경우에는 주의해야 합니다. 왜냐하면 일본에서는 리본의 색깔과 생김새가 선물의 의미를 결정짓기 때문입니다. 즉 일본 사람들은 포장의 리본 색깔마다 각기 다른 특별한 의미가 있어서, 외국에서 구입한 리본의 색깔이 선물내용과 어울리지 않을 수도 있고, 또 리본 색깔이 적절하지 못한 의미를 가질 수도 있기 때문입니다.

검정색과 흰색의 조합으로 된 포장지는 장례 때의 선물을 제외하고는 피하는 것이 좋습니다. 아울러 너무 붉은 색조의 포장지와 원색의 포장지는 썩 권장할 만한 것은 못됩니다.

4

기업의 해외진출

『불량한 종업원들의 근무태도는 반드시 고쳐주어야 하지 않을까?』

19 80년대 말 명목임금의 급격한 상승으로 우리나라 노동집약 산업은 국제경쟁력을 크게 잃었습니다. 그 결과 「더럽고, 힘들고, 어려운」 이른바 3D업종은 더 이상 견딜 수 없게 되었습니다. 그래서 현재 우리 경제는 이들 업종의 산업구조 조정과제에 직면해 있습니다. 산업구조 조정방식 가운데 하나는 우리보다 상대적으로 명목임금이 저렴한 후진국으로 3D업종을 이전시키는 것입니다. 그런데 이 때 유의해야 할 점은 진출국을 단순히 저렴한 노동력을 이용할 수 있는 노동시장으로만 인식해서는 곤란하다는 점입니다.

얼마 전 모 외국신문에는 중국 천진에 진출해 있는, 어느 한국신

발제조 기업체에 관한 뉴스가 실려 있었습니다. 천진 외곽지역에 자리잡고 있는 이 한국기업은 점심시간 한 시간을 제외하고는 아침 8시부터 밤 9시까지 장시간 중노동을 강요하고, 1,200명의 근로자들이 10개의 화장실을 이용하기 위해 줄을 서야 하는 등 가혹한 근로조건을 강요하며, 시간당 14센트(110원)의 저임금을 지급한다는 내용이었습니다. 더구나 한국인 중간관리자들이 중국인을 마치 하급민족으로 취급하며, 일의 속도가 너무 늦은 중국 여성 세 명에게 두 손을 머리 뒤에 깍지를 끼게 하고 한 줄로 서서 무릎을 꿇도록 했다는 것입니다. 여성 근로자들이 이에 반항하자 발로 차서 결국 무릎을 꿇게 했다는 애기였습니다. 이 한국 기업체에서는 1995년 2월에 파업이 있었고 6월에도 수백 명이 파업했다고 하는데, 이는—— 지금까지 파업이란 것을 전혀 모르고 있었던—— 중국에서 일어난 최초의 대규모 파업 사례였다고 합니다. 천진에서 1995년에만도 적어도 열 번의 파업이 있었다고 하는데, 일본 기업에서 발생한 한 차례의 파업을 제외하고는 모두 한국 기업에서 발생했다고 합니다. 그곳 한국 기업에서는 중국 근로자가 지각하거나, 40명으로 구성한 근로편성조 가운데서 2명 이상이 동시에 화장실에 가거나, 너무 크게 떠들면 하루치 이상의 임금을 깎는 등 근로조건이 가혹하기 때문이란 것입니다.

중국이 개방정책을 시행하면서 외국기업을 유치하기 위해 노력한 결과 외국기업체들의 진출이 늘고 있는 가운데, 일부는 임금을 체불하거나 장시간 근로를 시키거나 근로조건이 매우 열악한 기업이 늘고 있으며 파업사례도 증가하고 있다는 것입니다. 그런데 이토록 우리 기업에서 파업사례가 집중하는 것은 우리 기업의 경영자세나 노무관리에 문제가 있다는 사실을 시사하는 것으로 보입니다. 그 주된 이유는 우리 기업이 해당 진출국의 문화, 관습, 가치관 등을 잘 이해하지 못하기 때문인 듯싶습니다. 앞에서 애기한 것처럼 우리에게는 부하직원이나 근로자가 말을 듣지 않을 때 욕하거나 구타를 하는 문화가 잔존해 있습니다. 경우에 따라서는 좀 욕하거나 구타한 후 술을 마시면서 응어리를 풀면 정이 더 돈독해진다면 이를 용인하는 문화적 풍토도 있습니다. 그런데 외국 근로자를 대상으로 그렇게 한다면 그들은 우리가 느끼는 것과는 비교도 안 될 만큼 심각한 인종적 모욕감을 느낄 수 있습니다. 특히 과거 식민지하에서 노예처럼 수탈당했던 역사를 경험한 동남아 국민들은 비인간적인 대우를 받을 때 그들에게 과거 노예시절을 상기시켜 대단히 반발합니다.

해외에 진출하는 우리 기업은 진출국의 경제적 상황뿐만 아니라 진출국 국민들의 가치관, 사고방식과 관행 등에 대한 철저한 사전연구가 있어야 하겠습니다. 무엇보다도 진출국 근로자들이 우리 기업에서 일하는 것을 큰 기쁨과 자랑으로 여기고, 다른 사람들에게 선망의 대상이 되도록 해서 우호적인 관계를 유지해야 할 것입니다.

해외진출 기업의 행동지침

『해외에 진출하는 우리 기업은 우리 방식대로 경영하는 것이 마땅하지 않은가?』

19 95년 미국 행정부는 해외에 진출하는 미국 기업이 따를 모범적인 행동지침을 발표한 바 있습니다. 이 지침은 해외에 진출하는 미국 기업으로 하여금 해외 근로자에게 안전하고 건전한 작업환경을 제공할 것을 권유하는 내용으로 이루어져 있습니다. 아울러 어린이 노동과 강제노동, 그리고 인종차별 금지를 포함해서 공정한 노무관리를 주지시키고 있습니다. 그리고 노동자에게 노동조합 결성을 허용하는 등 노동자의 단체협약권을 존중하도록 합니다. 또 해외의

미국 기업은 책임감을 가지고 진출국의 환경보호 관련정책이나 관행을 존중할 것을 권유합니다.

아울러 해외에 진출하는 미국 기업으로 하여금 미국과 해외진출국의 법률과 관습을 충실하게 따를 것도 권고합니다. 예컨대, 법에서 금지하는 뒷돈을 건네거나 뇌물을 공여하는 등 불공정한 경쟁을 자제하는 내용도 포함하고 있습니다. 그리고 언론자유를 존중하는 기업문화를 정착시키고, 노동현장에서 정치적 강압행위가 일어나지 않도록 할 것도 규정하고 있습니다.

지금까지 미국 업계에서는 행정부가 행동지침을 만드는 것에 대해 반대해왔습니다만, 이번의 경우에는 보잉(Boeing), 하니웰(Honey-well), 제너럴 일렉트릭(General Electric), 웨스팅하우스(Westing-house), 디지털(Digital), 코닥(Kodak) 등과 같은 대기업들이 행정부가 마련한 행동지침을 따르겠다며 지지를 표명했습니다.

인권그룹들도 미국 행정부가 마련한 행동지침이 너무 미약하기는 하지만, 우선 첫걸음으로서 환영한다고 평가했습니다. 업계에서는 이번에 미국 행정부가 마련한 지침이 해외에서 영업하고 있는 미국 기업이 이미 지켜온 것이라서 직접적 영향은 없을 것이라고 말합니다. 다만, 후진국에 진출하려는 미국 기업에게 인권문제나 노사관리를 어떻게 준비해야 할 것인가에 대해 좋은 준거가 되리라는 평가를 내리고 있습니다.

미국 행정부가 만든 이 행동지침은 외국 근로자에게 안전한 작업환경을 제공하고, 노동자의 단체협약권을 존중하며, 진출국의 환경보호 등을 권고하고 있는데, 해외에 진출하고 있는 우리 기업도 참고할 만한 내용인 것 같습니다. 아울러 외국인 근로자를 고용하고 있는 국내 기업에게도 좋은 참고자료가 될 것으로 보입니다.

미니 국제기업

『대기업만이 국제기업이 될 수 있는가?』

우리는 과거 200여년 간 이른바 산업사회를 살아왔습니다. 미래학자 토플러는 문명의 두번째 물결인 산업사회를 표준화와 분업화로 특징짓고 있습니다. 이러한 시대에 가장 적합한 생산양식은 조립라인에서 일정 규격에 따라 대량으로 생산하는 체제입니다. 왜냐하면 대량생산체제는 표준화와 분업화에 가장 알맞은 특징을 갖고 있기 때문입니다. 즉 대량생산을 위해서는 생산공정을 표준화해야 하고, 생산과업을 분업화하여 조립생산하는 것이 효율적이기 때문입니다.

이제 토플러는 문명의 세번째 물결인 정보화사회가 다가왔고, 이때의 기본원리 가운데 하나는 다양화와 분산화라고 특징짓고 있습니다. 정보사회인 오늘날에는 신속한 정보의 흐름 때문에 전세계에서 일어나고 있는 모든 사건, 동향, 흐름, 유행 등이 즉시 전세계로 알려지고 있습니다. 그에 따라 소비자의 기호도 급격하게 변하고 있습니다. 아울러 이제는 점차 국적을 따지지 않고 필요한 기술과 인력을 활용하고 있다는 것도 정보화시대의 특징입니다. 그리고 상품의 판매보다는 문제의 해결에 초점을 맞추고 있습니다. 그래서 고객이 원하는 것, 필요로 하는 것, 고객의 불만사항을 해결해주는 신상품을 개발하는 것이 중요한 과제입니다.

이러한 정보사회에 적응하기 위해서는 다양하고 급변하는 소비자의 욕구를 충족시켜주고 대량생산보다는 특정 부문에 소량생산으로 대처하는 것이 바람직합니다. 따라서 기업의 생산양식도 산업사회의 생산양식에서 정보시대에 걸맞게 바뀌어져야 합니다.

오늘날 비록 규모는 중소기업이지만 국제적으로 명성을 날리며 급격하게 성장하고 있는 미니 국제기업들이 점차 늘어가고 있습니다. 예컨대, 과학기자재 부문에서 연간 10억 달러의 매출액을 기록하고 있는 퍼킨-엘머사와 필터 하나로 7억 달러의 매출을 올리고 있는 펄사는 본사직원이 50명밖에 안 된다고 합니다. 또 다른 미니 국제기업인 시스코시스템은 컴퓨터 네트워크 분야에서 세계시장의 50%를 점유하고 있다 합니다.

이들 기업의 특징은 한 분야에서 세계 1, 2위를 겨냥하고 있으며, 해외시장을 겨냥한 국제화 기업이라는 점입니다. 이제 우리나라 중소기업체 사장들도 이러한 국제적 미니기업으로 발돋움할 수 있는 꿈과 태세를 갖춰야 하겠습니다. *

정부의 해외투자 규제

『국내 기업의 해외투자는 억제해야 하는가?』

경제이론에서는 정부가 시장의 자유로운 운용에 개입하는 것이 방임하는 것보다 바람직한 경우를 세 가지 들고 있습니다. 첫째는 독과점 상황이 발생할 경우입니다. 이 때는 정부가 개입해서 독점을 금지하거나 기업이 독점력을 이용해서 가격을 지나치게 높게 받아 독점이윤을 취하지 못하도록 규제하는 것이 바람직합니다. 둘째는 외부효과가 있을 경우입니다. 즉 한 기업의 생산행위로 아무런 이득도 보지 못하는 제3자에게 피해를 주는 경우에는 정부가 개입해서 선의의 피해자를 보호해주어야만 합니다. 셋째는 공공재의 공급

---

* 〈주간매경〉, 「미니 내셔널 기업」, 1993. 9. 15, pp. 102~104.

입니다. 여기에서 공공재란 방송, 국방, 치안 등 한 사람의 소비가 다른 사람의 소비를 감축시키지 않는 재화를 말하는데, 그렇기 때문에 시장원리에 의해 생산되도록 하면 아무도 생산하려 하지 않는 특성을 가진 재화입니다.

최근 기업의 해외투자에 관한 정부규제가 논란의 대상으로 부상하고 있습니다. 만약 정부의 규제가 타당하려면, 기업의 해외투자에 관한 잘잘못을 해당기업가보다는 정부관리가 더 잘 알고 있으며 더 잘 판단할 수 있다는 것을 전제로 해야 합니다.

우리나라의 수출규모가 매우 적었던 과거에는 대외관계 정보를 기업가보다는 정부관리가 더 많이, 그리고 더욱 신속하게 접했을 것입니다. 그 때에는 민간기업가가 지향해야 할 목표를 정부관리가 설정해주었을 뿐만 아니라, 민간기업이 제 갈길을 가고 있는지 정부관리가 노심초사하며 보살펴주는 것이 바람직했을 수도 있습니다. 그런데 우리나라 수출이 벌써 1,000억 달러를 넘어선 시점에서는, 정부관리가 수출이나 해외투자 여부를 판단하는 데 기업가보다 우위에서 있다고 보기는 어렵습니다. 왜냐하면 수출량이 방대할 뿐만 아니라 수출품목이나 수출시장도 다변화해서, 정부관리가 기업가보다 월등한 판단을 하기가 어렵기 때문입니다. 이제 1,000억 달러 수출시대를 맞아 정부관리는 민간기업가보다 월등히 우월한 정보를 가졌던, 그래서 민간기업을 지휘하고 규제했던 지난날의 미망에서 벗어나야 하겠습니다.

최근에는 대기업의 해외투자 규모가 과거 우리나라 1년 수출총액보다도 큰 수준에 이르렀습니다. 반도체 같은 첨단업종은 단일 해외투자 사업이 10억 달러를 넘는 경우도 있습니다. 예컨대, 현대전자와 삼성전자가 미국에 13억~15억 달러를 투자해서 반도체 공장을 건설하겠다는 계획을 세우고 있습니다. 그런데 정부는 기업의 대규모 해외투자가 국내산업의 공동화를 초래하고, 특히 해외투자 사업이 실패할 경우 해외에서 조달한 자금이 고스란히 외채로 남아 국민부담이 가중된다며 부정적인 시각을 견지하고 있습니다.

물론 국내 기업이 해외차입금을 변상하지 못하면 해당기업뿐만 아니라 한국의 국별 위험 프리미엄이 상승하는 등 문제가 전혀 없는 것은 아니지만, 지나친 기우 역시 바람직한 것은 아닙니다. 대기업이 해외차입금을 청산할 수 없는 곤경에 처할 가능성은 우리 정부보다는 해외에서 우리 기업에게 자금을 공급한 금융기관이 더 걱정해야 할 일입니다. 물론 과거에 기업이 자기신용으로 해외차입을 할 수 없었을 때는 정부나 정부기관이 지급보증을 했었기 때문에 기업이 외채를 못 갚으면 그 원리금의 지급부담이 정부와 국민에게 귀착하는 사례가 있었습니다. 그러나 이제는 정부가 지급보증하지 않는 한 그 부담이 직접적으로 우리 정부나 국민에게 전가될 이유도 없습니다. 그러므로 국민부담을 우려해서 기업의 해외차입을 규제하려는 것은, 정부가 해외차입에 지급보증을 했던 시대에나 적용할 수 있는 이야기라 하겠습니다. 정부는 지급보증을 하지 않고 개별기업이 자기신용에 따라 차입하도록 하면 될 것입니다.

아울러 국내산업의 공동화를 방어하려는 정부의 의지는 가상하지만, 해외로 진출하려는 국내 기업을 저지하기보다는 사장이 국내에서 기업경영을 하는 것이 더 바람직하도록 정부가 기업을 지원하는 것이 상책입니다.

외국 정부는 각종 규제와 지원책을 동원해서 자국 기업뿐 아니라 해외기업을 자국에 유치하기 위해 많은 노력을 경주합니다. 그러므로 우리 정부도 우리 기업체가 해외에 나가지 못하도록 억제하려 하기보다는 우리 기업뿐만 아니라 해외기업이 우리나라에 대한 투자를 유인할 수 있는 투자환경을 조성하는 데 더 많은 노력을 경주해야 합니다. 정부규제의 종류나 강도가 기업의 투자환경을 결정하는 중요한 요소임은 두말할 나위가 없습니다.

5

국제무역

『자유무역은 무역상대국 간의 상품가격을 일치시키는가?』

국제무역이론에 의하면 자유무역은 국가 사이에 비슷한 상품의 가격차이를 점차 좁혀준다고 합니다. 왜냐하면 우리나라 어느 상품의 가격이 외국에 비해 높을 때 해외로부터 수입해서 우리나라 시장에 공급하려는 사람이 많을 것이므로 우리나라에서는 공급증가로 가격이 하락하고, 반면에 수출하는 나라에서는 국내시장 공급이 감소함으로써 가격이 상승할 것이기 때문입니다. 즉 이러한 현상은 국가 사이에 재정거래(arbitrage)가 발생하기 때문에 일어나는 것입니다. 그런데 미국과 일본은 같은 선진국이며 상대적으로 자유무역을 하고 있음에도 불구하고, 두 나라 사이에는 상품가격이 크게 차이가 있고, 그것이 오랜 기간 지속된다는 특징이 있습니다. 현재 통계적으로 볼 때 일본 내의 교역상품가격이 미국보다 평균 37% 높은 것으로 나타나고 있습니다. 특히 미국 상품의 일본 내 가격은 미국 내 가격에 비해 70%가 높은 것으로 나타나고 있습니다.

최근 한 실증분석 결과에 의하면, 미국과 일본 사이의 가격차이는 대체로 세 가지 구조적 원인에 기인하는 것으로 분석합니다. 첫째는 일본의 토지가격이 미국에 비해 높고 비효율적인 유통구조 때문에 판매비용이 높기 때문입니다. 둘째는 비록 일본의 평균관세율은 4.0%로 미국의 5.5%보다 낮지만, 높은 비관세장벽이 외국상품의 일본 국내시장 진입을 어렵게 하기 때문입니다. 셋째는 일본 재벌기업이 배타적으로 유통구조를 장악하여 해외에서는 덤핑을 일삼으면서도 국내시장에서는 상대적으로 높은 가격에 판매하는 지대추구(rent-seeking) 판매전략 때문입니다.

위의 보고서에서는 일본의 무역장벽을 완전히 제거하고 재벌기업이 존재하지 않는다면, 일본 국내의 교역품 가격이 평균 41% 하락하고, 수입량은 최소한 27.5% 확대될 것이라는 분석이 제기되었습니다. 무역장벽만 제거하는 경우에도 10%의 가격하락과 최소 6.6%의 수입확대효과가 있다는 것입니다.

이러한 연구분석 결과는 우리나라 수출업자들과 정책담당자들에게 대일 수출을 증대시키기 위해서는 엔화에 대한 원화가치의 인하 등 환율 면에서의 우대정책보다는 일본의 유통구조 개선과 비관세장벽의 인하 등이 선결해야 할 과제임을 시사합니다. 그러므로 비관세장벽을 뚫고 들어갈 방안을 강구해야 하겠습니다. *

---

* Marcus Noland, 『Why are Prices in Japan so High?』 〈*Japan and the World Economy*〉, 1995 참고.

해외수입의 경제적 기여

『수출은 좋고 수입은 나쁜 것 아닌가?』

우리는 1960년대부터 「수출입국(輸出立國)」을 국정목표로 정하고 수출증진을 경제발전의 원동력으로 삼았습니다. 그 결과 1인당 소득이 불과 80달러였던 우리나라가 이제 1만 달러 소득시대를 맞았습니다. 이러한 과정에서 우리가 알게 모르게 체득한 선입견은 『수출은 좋고 수입은 나쁘다』라는 것입니다. 그런데 우리의 귀중한 골동품이나 문화유산을 함부로 수출하는 것이 국익에 반하듯, 그리고 수출이라고 모두 바람직한 것은 아닌 것처럼 수입이라고 모두 나쁜 것은 아닙니다.

수입이 경제에 미치는 긍정적 기능은 무엇보다도 국내기업에게 경쟁을 촉진시킨다는 점입니다. 높은 수입장벽 때문에 외국제품이 국내시장에 들어올 수 없게 되면, 해당상품의 국내 생산업자는 시장지배력을 행사해서 상대적으로 높은 가격이나 저질 상품을 공급할 수 있습니다. 국내소비자 취향에 맞는 신상품을 개발할 유인도 적습니다. 그런데 해당상품의 수입이 자유화되면 국내업자는 살아남기 위해 품질을 개선하고 경영효율을 증대시켜 가격을 인하하기 위한 노력을 경주할 수밖에 없습니다. 외국 세탁기의 모양조차 제대로 흉내내지 못했던 국산 세탁기가 새로운 모양과 기능을 장착하고 혁명적으로 탈바꿈한 신제품을 가지고 국내시장에 등장하게 된 것도 바로 수입자유화 이후라는 사실은 시사하는 바가 크다고 하겠습니다.

아울러 수입은 소비자 선택권을 확대시켜줍니다. 소비자는 자기가 노동을 제공해서 얻은 소득으로 자기가 원하는 상품을 자유롭게 선택하여 소비할 권리가 있습니다. 수입은 바로 이들 소비자에게 선택의 폭을 넓혀서 생활의 질을 향상시켜줍니다. 외국의 음악이나 예술품 등을 수입할 수 있기 때문에 우리는 외국의 문물을 접하면서 생활의 질을 향상시킬 수 있습니다. 만약 외국의 문화상품이나 서비스의 수입을 금지시킨다면 외국의 영화, 미술, 음악, 운동경기 등을 등지고 살아야 할 것입니다.

수입은 수출이나 국내생산에 필요한 원자재와 자본재, 그리고 기술 노하우를 공급해줍니다. 사실 원·부자재와 자본재 수입이 우리나라 수입 가운데 90% 이상을 차지하고 있음을 볼 때, 수입이 우리나라 경제에 얼마나 귀중한 것인가를 쉽게 짐작할 수 있습니다. 그러므로 이제『수출은 좋고 수입은 나쁘다』라는 편견에서 벗어나야 하겠습니다.

수입을 업으로 하는 사장들 가운데 혹시 마음 속으로는 자기 사업을 하지 말아야 할 것으로 여겨서 불편했던 분이 있다면 이제 생각을 달리해야 합니다. 다만, 수입품 가운데는 국내 미풍양속이나 청소년에게 바람직하지 않은 것도 많이 있습니다. 그러한 상품의 수입에 열을 올리는 행위는 사회의 지탄을 받게 될 것입니다. 즉 수입이 무조건 나쁜 것이 아니라고 해서 모든 수입이 다 좋다는 뜻은 아닙니다.

1960년대 외환부족으로 경제발전에 필요한 원·부자재와 자본재를 수입하기에도 어려웠던 시절에는 귀중한 외화를 절약해 쓰는 것이 미덕이었음에 틀림없습니다. 그래서 가급적이면 수입을 억제하려 했던 당시의 정책은 타당했고, 가급적이면 외제를 쓰지 말자던 당시의 국민운동도 바람직했었습니다. 그런데 이제 우리나라가 세계 12대 무역대국이 되었고, 무역규모가 연간 3,000억 달러에 접근하려는 지금은 무조건 수입을 억제하는 것이 바람직한 전략은 아닙니다. 이 때는 수출과 수입을 동시에 늘리는, 이른바 확대균형 정책을 지향하는 것이 바람직합니다. 그것이 곧 국민소득과 국민후생 수준을 증대시킬 수 있는 길이 되기도 합니다.

생산자를 위한 원·부자재의 수입은 수출을 촉진하는 데 불가결한 요인입니다. 값싼 원·부자재를 수입해서 품질 좋고 값싼 완제품을 제조해서 수출함으로써 수출경쟁력을 확충하는 것만이 부존자원이 부족한 우리나라가 추구해야 할 방향이기 때문입니다.

그럼에도 불구하고 아직까지도 수입을 억제하는 제도와 관행이 남아 있습니다. 예컨대, 수입업자가 신용장을 개설할 때 수입금액의 일정액을 정부에 납부하게 하고, 그 자금을 수출업자에게 지원하고 있습니다. 이는 원자재와 자본재를 가급적 값싸게 수입해서 수출업자에게 공급하는 것이 수출경쟁력 제고에 도움이 된다는 점을 아직도 인식하고 있지 않다는 증거입니다. 아울러 수입은 국내 물가안정에도 기여합니다. 왜냐하면 수입은 국내 물동량의 공급증대와 아울러 통화환수를 통한 총수요를 감축시키기 때문입니다.

이제 WTO 시대를 맞아 국내시장을 완전 개방하는 시점에 와 있습니다. 그러므로 수입을 더 이상 통제하기도 어렵고 그것이 바람직하지도 않습니다. 따라서 이제는 국내 물가안정, 소비자이익 증대, 경쟁촉진 등과 같은 수입의 경제적 기여를 극대화하도록 해야 합니다. 이를 위해서는 수입도 효율적으로 이루어져야 하겠고, 이를 위한 제도적 개선과 노하우의 축적도 필요합니다.

상호호혜주의 원칙의 허실

『우리 기업이 외국에 나가 돈 버는 것은 괜찮지만, 외국기업이 우리나라에 들어와 돈 버는 것은 반대해야 하지 않을까?』

우리나라의 경제규모는 지난 30여년 간 급격하게 확대되었습니다. 1인당 국민소득도 1995년에 1만 달러 수준에 도달하여 선발개도국으로 평가받고 있으며, 세계 12대 무역국가의 위상을 차지하게 되었습니다. 그래서 1996년에는 선진국 클럽이라고 불리는 OECD에 26번째 회원국으로 등단할 단계에 와 있습니다.

불과 30여년 전에 세계에서 가장 빈곤했고 고아와 거지가 많은 나라로 평가되었던 것을 생각하면 선발 개발도상국이라든가 선진국 클럽의 초청 등 오늘의 평가가 꼭 기분 나쁜 일만은 아닙니다. 그럼에도 불구하고 오늘날 우리 국민의 의식은 옛날 전쟁 후 절대빈곤시대의 수준에서 벗어나지 못한 측면이 아직도 있습니다. 한국개발연구원 부설 국민경제교육연구소가 1993년 12월 「한국인의 경제의식」에 관한 조사를 실시했습니다. 놀랍게도 응답자의 81%가 우리 기업의 해외투자는 찬성한 반면에 외국기업의 국내투자에 대해서는 47%가 반대했습니다. 이는 우리 기업들이 외국에 나가 돈 버는 것은 괜찮지만, 외국기업이 우리나라에 들어와 돈 버는 것은 반대한다는 논리입니다.

우리 국민의 해외취업에 대한 물음에도 응답자의 68%가 좋다고 응답했으나, 외국인의 국내취업에 대해서는 36%만이 긍정적인 반응을 보였습니다. 「수출입국(輸出立國)」으로 성공했다는 우리나라 사람들이 상품수입의 개방에 대해 31%만이 찬성하고 대다수인 61%가 반대하고 있었습니다.

이러한 의식은 과거 보릿고개를 넘기기도 어려웠던 시절에는 국제적으로도 용인될 수 있었을 것입니다. 처절하게 가난한 나라가 먹고 살자고 이기주의적 억지를 좀 부린다고 해도 다른 나라들이 받아주었을 것이기 때문입니다. 그러나 그것은 상호호혜주의 원칙을 존중하는 국제사회의 통념과는 크게 거리가 있다고 하겠습니다. 국제거래에는 상대방이 있으므로 전적으로 우리의 이득만을 추구하기는 어렵습니다. 따라서 21세기 선진국에 진입하고자 한다면, 상호호혜주의 원칙이라는 국제통념을 어느 정도는 받아들일 태세를 갖춰야 합니다.

최근 선진국이 국제협상에서 들고 나오는 원칙 가운데 하나가 상호주의 또는 상호호혜주의 원칙입니다. 이는 모든 나라가 상대방이 베푼 호의와 동일한 정도의 호의를 베풀어야 한다는 것입니다. 언뜻 쉽게 생각하면 독립된 국가 사이에 상호호혜주의는 당연한 것처럼 들립니다. 예컨대, 우리 정부가 우리나라를 여행하려는 캐나다 사람에게 무비자로 입국할 수 있는 혜택을 베풀어준다면, 상호호혜주의 원칙에 따라 캐나다 정부도 캐나다를 여행하려는 우리나라 사람에게 무비자로 입국할 수 있게 해주는 것이 당연한 일처럼 보이기 때문입니다.

최근 선진국은 상호주의원칙을 경제부문에도 적용하자고 제의하고 있습니다. 예컨대, 미국에 진출해 있는 한국 금융기관이나 미국 시장에 판매되고 있는 한국제 자동차가 항유하는 혜택과 동일한 수준의 혜택을 한국에 진출하는 미국 금융기관이나 미국제 자동차에게도 공여하라는 것입니다. 미국에 수출하고 있는 한국 자동차에 대해 미국이 낮은 관세율을 적용하는 만큼, 한국에 수출하고 있는 미국 자동차에게도 한국이 낮은 관세율을 적용하라는 것입니다.

상호호혜주의 원칙은 국가 간의 승부를, 체급별로 시합하는 권투시합 대신 체급 없이 시합하는 농구로 결판내자는 것과 같습니다. 이 원칙은 정글에서 모든 동물들이 서로 먹고 먹히는 목숨을 걸고 경쟁하는 이른바 「정글의 법칙」을 적용하자는 것과 같습니다. 그런데 거래당사국의 경제규모 또는 발전 정도가 비슷할 경우에 정글의 법칙은 경쟁을 촉진하여 부실한 기업을 도태시키고 건실한 기업을 키우기 때문에 꼭 나쁜 원칙이라 말할 수는 없습니다. 그렇지만 중량이 다른 권투선수 간에 무제한급 경기를 벌이게 하면 경량급 선수에게 불공정한 것처럼, 이 원칙은 후진국과 개발도상국에게는 상대적으로 불공정한 원칙이라 하겠습니다.

문제는 정글의 법칙과 같은 이 원칙이 보편적으로 적용되면, 협상력이 상대적으로 취약한 후진국이 국제협상 테이블에서 방어하기가 어렵다는 점입니다. 그러므로 자연에서 작은 동물이 나름대로 적응력을 발휘해서 살아남고 번성하듯, 후진국이나 개발도상국은 그러한 원칙에 신속히 적응하여 살아남도록 해야 합니다. 아울러 작은 나라들은 WTO나 아시아-태평양경제협력(APEC) 등 국가연합을 통해 강대국의 일방적 공략에 대응하도록 해야 하겠습니다.

수직적 분업과 수평적 분업

『선진국은 공업부문, 후진국은 농업부문에 전문화해서 교역하는 것이 바람직한가?』

무역은 각국이 각기 다른 상품생산에 전문화하여 교역하는 것입니다. 국제적으로 무역하는 나라 사이의 분업형태는 크게 수직적 분업과 수평적 분업형태로 나뉩니다. 예컨대, 수직적 분업은 한국은 소비재산업에 전문화하고 일본은 자본재산업에 전문화하여, 한국은 소비재를 일본에 수출하고 일본은 자본재를 한국에 수출하는 형태를 말합니다. 후진국은 농업에 전문화하고 선진국은 제조업에 전문화하여 무역하던, 과거 선후진국 간의 무역분업형태도 바로 수직적 분업입니다.

수평적 분업은 동일한 산업 내에 각기 다른 부류의 상품생산에 전문화하여 교역하는 것을 말합니다. 예컨대, 한국과 일본이 모두 자동차산업에 참여하되, 한국은 소형승용차 생산에 전문화하고 일본은 중형승용차 생산에 전문화하는 형태를 말합니다. 또는 같은 자동차 부품 산업에 참여하되, 한국은 머플러 생산에 전문화하고 일본은 자동변속기 생산에 전문화하여 서로 교역하는 것도 수평적 분업의 한 형태입니다.

국가가 수직적 분업을 통해 각기 다른 산업에 전문화하여 자유무역으로 타국 시장에 진입하면 수입국에서 비전문화하고 있는 산업은 붕괴하기 쉽습니다. 예를 들어, 우리가 경공업제품에 전문화하고 중국이 농업에 전문화하여 자유무역을 하면, 우리나라 농촌과 중국의 경공업부문은 충격을 받습니다. 그러므로 비록 수직적 분업이 국가 전체로는 이득이 있다고 해도, 그만큼 자유무역에 대한 국내 정치적 저항이 큽니다. 왜냐하면 비록 우리나라가 경공업부문에 비교우위가 있다 하더라도, 일생 동안 농사를 짓던 농부가 경공업부문의 공장에 취업하기는 현실적으로 어렵기 때문입니다.

그렇지만 수평적 분업은 국내 저항이 상대적으로 크지 않습니다. 예컨대, 수평적 전문화에 따라 한국은 소형승용차 생산에, 그리고 일본은 중형승용차 생산에 전문화함으로써 일본의 소형승용차 제조회사에서 일하던 노동자가 일자리를 잃게 된다 해도, 일본의 중형승용차 제조회사에 취업하기가 상대적으로 용이하기 때문입니다. 이 때는 비록 자유무역으로 일자리를 잃는다고 해도 유사한 동종 직종으로 쉽게 이동할 수 있습니다. 그러므로 우리나라도 외국과의 무역 마찰을 회피하기 위해 앞으로는 외국과 수직적 분업보다는 수평적 분업을 추진해야 하겠습니다.

수평적 분업과 대일 경제협력

『일본과는 상종하지 않고 사는 것이 바람직한 것 아닌가?』

국제분업은 수직적 분업과 수평적 분업의 두 가지 형태가 있습니다. 수직적 분업이란 과거 선후진국 사이의 분업형태인데, 후진국은 농업에 전문화하고 선진국은 공업에 전문화하는 것과 같이 특정 산업에 전문화하는 것을 말합니다. 수평적 분업은 과거 선진국 사이의 분업형태인데, 동종산업 내에서 특정 상품이나 부품에 전문화하여 이를 교역하는 것을 말합니다.

이제 우리나라도 이웃 나라와 무역을 확대하고 촉진하기 위해서는 선진국 사이의 국제분업 형태인 수평적 분업에 치중해야 하겠습니다. 그런 의미에서 최근 우리나라와 일본 사이의 수평적 분업에 대한 관심과 연구는 매우 바람직하다고 생각합니다.

1994년도 한·일 민간합동 경제위원회에서는 1993년의 초엔고에 대응하기 위한 방안으로 양국 간 수평분업의 확대 등 실질적인 산업협력을 강화하기로 했었습니다. 구체적으로 전기·전자, 기계, 자동차부품, 조립금속 분야의 10개 한국 중소기업에 대해 일본 기업이 1995년에 집중적인 기술이전 사업을 벌이겠다는 것이었습니다.

이러한 형태의 한·일 간 수평적 분업의 확대는 우리나라 기업에게는 일본 기업의 소재와 부품기술을 이전받을 수 있는 좋은 기회이며, 이들 업체와 제3국 공동진출도 모색할 수 있고, 아울러 일본시장에 진출할 수 있는 발판을 마련할 수 있을 것입니다. 물론 한·일 간 수평적 분업을 추진하는 동기는 우리의 이득만을 위한 것은 아닙니다. 엔고에 따른 고비용 탈피의 돌파구로 원료와 부품의 해외조달을 늘리고 있는 일본 기업들에게 거리상으로나 기술수준에서나 우리나라가 좋은 파트너가 될 것이기 때문입니다.

한·일 간 수평적 분업의 확대는 한 걸음 더 나아가서 부품업체의 한국에 대한 투자확대로 이어질 수 있습니다. 생산설비를 아예 한국으로 옮겨와 부품을 생산·조달할 수도 있을 것입니다. 즉 일본에게 있어서 기술상의 한계로 인도네시아·태국 등 동남아로 생산기지를 옮기기가 어려운 중·고급기술의 투자 적지로 한국이 될 수 있을 것입니다. 물론 이를 통해 한국은 자연스럽게 일본의 중·고급기술을 이전받고 수평적 분업의 토대를 다질 수 있게 될 것입니다. 그런 의미에서 사장은 일본으로부터의 기술이전 여지를 모색해보는 것도 좋을 것입니다.

독점과 경쟁

『독점기업은 경쟁을 걱정할 필요가 없지 않을까 ?』

상식적으로 생각하면 독점기업은 경쟁자가 없어, 시장지배력을 이용해서 가격을 높여 받을 수 있기 때문에 독점이윤을 향유할 것으로 볼 수 있습니다. 그렇지만 독점기업이라고 해서 모두 경쟁을 피할 수 있는 것은 아닙니다.

경쟁상태의 특징에 따라 수많은 소규모의 생산자들이 동일한 상품을 만들어 공급하는 시장을 완전경쟁시장이라고 합니다. 이 시장에서는 비슷한 종류의 상품을 수많은 생산자들이 공급하기 때문에 어느 한 생산자가 다른 생산자보다 가격을 높게 받을 수가 없습니다. 그러므로 완전경쟁시장에서는 생산자들 사이에 경쟁이 치열하다고 말합니다.

독점시장은 생산자 혼자서 상품을 공급하는 시장인데, 오직 혼자

서만 상품을 공급하기 때문에 다른 경쟁자를 의식하지 않고 가격을 매길 수도 있습니다. 그래서 상식적으로 생각하면 독점시장에는 경쟁이 전혀 없는 것처럼 보일 수도 있습니다. 그런데 독점시장이라도 만약 잠재진입자가 손쉽게 진출할 수 있는 시장이라면 독점기업은 살아남기 위해 끊임없이 경영혁신을 해서 소비자들을 만족시켜야 하는 시장압력을 받습니다. 그러므로 혼자이기 때문에 독점시장 안에서는 경쟁이 없는 것이 당연하지만, 시장 밖의 잠재적 독점기업과는 항상 치열한 경쟁을 벌여야 합니다.

더구나 최근에는 교통과 통신의 발달로 시장정보가 아주 손쉽게 원거리로 이동할 수 있기 때문에 시장의 범위가 점차 넓어지고 있습니다. 예컨대, 과거 교통이 발달하지 않은 충청도 지역과 호남지역에 각기 다른 양조장이 독점기업으로 술을 만들어 팔았다고 합시다. 만약 시장이 넓어져 충청도 지역과 호남 지역이 하나의 시장이 된다면, 그 시장에는 두 개의 양조장이 생겨 두 양조장은 서로 양보할 수 없는 경쟁을 벌여야 합니다.

이제는 「국경 없는 사회」가 되어, 시장은 더욱더 넓어지고 있습니다. 그러므로 우리나라 재벌그룹 기업뿐만 아니라 중소기업도 특정 품목에 대해서 현재 국내시장에서는 독점력을 행사할 수 있다 하더라도, 앞으로 시장이 확대되므로 더 이상 독점력을 이용해서 이윤을 추구할 수 없다는 것을 인식해야 하겠습니다.

6

보호무역주의

국산품의 정의

『한국에서 만들어진 상품은 국산품 아닌가?』

우리는 아주 쉽게 「국산품을 애용하자」고 호소하며, 국산품을 애용하는 것이 애국적인 행위라고 말합니다. 그렇지만 국산품과 외국산의 구분이 말만큼 쉬운 일은 아닙니다. 물론 우리나라 기업이 우리나라 노동자를 고용해서 우리나라 원자재와 부품을 가지고 상품을 생산했다면 분명히 국산품이라고 쉽게 이야기할 수 있습니다. 그런데 원자재로부터 부품과 노동과 자본 모두가 국산품인 경우는 거의 찾아볼 수 없습니다.

우리 농민이 생산하는 쌀에도 외국산 원자재를 사용하고 있습니다. 쌀을 생산하는 과정에서 쓰이는 물을 퍼 올리는 전기는 순수한 국산품이 아니고, 외국에서 수입해온 원유나 핵원료를 이용해서 발전한 것이기 때문입니다. 국내 노동자를 기준으로 국산품 여부를 결정하는 것도 문제가 있습니다. 왜냐하면 중국에서 다량의 콩을 컨테이너로 수입하여, 즉 원·부자재를 외국에서 수입해 조그마한 봉지로 나눠서 국산라벨만 붙인 콩 제품을 만들 때 이를 국산품으로 보기는 어렵기 때문입니다. 그렇다면 외국기업이 우리나라 원·부자재를 가지고 제품을 만들어 국내에 들여오면 그것을 국산품으로 볼 것인지도 분명하지 않습니다. 우리 기업, 즉 우리나라 사람이 돈을 투자하여 세운 기업이 만든 제품을 국산품으로 정의할 것인가도 분명하지 않습니다. 왜냐하면 국내기업이 해외에 진출하여 만든 제품을 국내로 수입해올 때 그것을 모두 국산품으로 보아야 하는 문제가 발생하기 때문입니다.

경제이론에서는 통상적으로 국내부가가치 기준으로 국산비율을 정하고, 이 비율이 적어도 일정비율 이상이어야만 국산품으로 취급합니다. 나라에 따라서는 이 비율, 즉 국산비율이 적어도 50% 이상일 때 국산품으로 정의하기도 하고 60% 이상일 때 국산품으로 간주하는 나라도 있습니다.

결론적으로 국산품과 외제를 구별하기가 점점 어려워지고 있습니다. 그러므로 국산품을 제조·공급하는 사장도 소비자가 국산품 여부를 구별해서 국산품을 선호하고 외제에 대한 차별을 기대하기보다는, 질 좋은 상품을 생산하도록 종업원을 독려하는 것이 바람직할 것으로 생각합니다. 국산품을 애용하자며 목청을 높이는 사장이라 하더라도 백화점에서 상품을 구입할 때 그 상품의 부품이 국산품인지 확인하고 구매하지는 않을 것입니다. 이를 기술적으로 구분하는 것은 보통 어려운 일이 아닙니다.

원산지 기준

> 『멕시코에서 한국 전자회사가 중국산 원자재를 가지고 만든 일제부품을 수입하여 푸에르토리코 노동자를 고용해서 조립해 만든 텔레비전은 어느 나라 제품인가?』

오늘날에는 한 나라에서 모두 만들어지는 상품은 거의 없습니다. 우리나라에서 생산하는 쌀도 생산에 투입한 생산요소가 모두 국내에서 조달한 것은 아닙니다. 이 때 어떤 상품이 어느 나라 제품인지 또는 상품 부가가치의 얼마만큼이 어느 나라에서 제조되었는지를 밝히는 기준이 원산지입니다.

원산지 기준이 중요한 까닭은 관세나 쿼터를 원산지에 따라 차별하기 때문입니다. 최근 이의 중요성이 더해지고 있는데, 그 이유는 자유무역 블록을 형성한 나라들끼리 회원국 원산지 제품에 대해서는 관세상의 특혜를 주고, 비회원국 원산지 제품에 대해서는 관세상의 차별을 가하기 때문입니다.

1995년 WTO가 출범하면서 3년 이내에 원산지 기준에 관한 명확한 기준을 설정하도록 과제를 부여한 바 있습니다. 그 이유는 원산지 기준이 자유무역을 제한하는 장애요인으로 작용할 수 있기 때문입니다. 특히 자유무역 블록을 형성하고 원산지 기준을 엄격하게 적용하여 회원국의 수입에 대해서 특혜를 주는 것이 항상 바람직한 것만은 아닙니다. 왜냐하면 블록 내에서 원산지 기준을 엄격하게 적용할수록 무역전환효과,* 즉 더 효율적인 블록 밖의 생산업자 대신 비효율

---

* 한국과 중국이 자유무역지대를 형성하면 중국에서의 수입은 무관세이고, 다른 나라에서의 수입은 관세를 부과할 수 있게 된다. 만약 다른 나라의 수출가격이 중국보다 저렴하지만 관세를 부과받기 때문에 중국과의 경쟁에서 탈락해서 그 나라에서

적인 블록 내 생산업자가 물건을 공급함으로써 블록 내 국가들이 부담하는 비용이 증가하기 때문입니다.

그런데 제품생산이 점차 세계화하면서 제품의 원산지를 판단하기가 더욱 어려워지고 있습니다. 예컨대, 멕시코는 일본에서 수입한 부품을 조립해서 텔레비전을 만드는데, 일본 부품은 원자재를 중국에서 수입해서 만든 것입니다. 이 때 멕시코산 텔레비전이 500달러에 팔릴 때, 얼마만큼이 멕시코산이고 얼마만큼이 일본과 중국산인지를 판단하기가 쉽지 않습니다.

더욱이 문제를 복잡하게 하는 것은, 각국이 여러 나라들과 각기 다른 호혜적 쌍무협정을 맺는 경우가 많아진다는 점입니다. 예를 들면 미국만 하더라도 상품의 원산지가 북미자유무역지대(NAFTA)인지 캐리비언(Caribian) 우대무역지대인지, 또는 수출국이 미국이 공여하는 일반특혜관세 대상국가인지 최혜국대우 국가인지에 따라 적어도 각기 다른 열 가지 원산지 처리기준을 적용합니다.

『한국에서 만들어진 옷은 한국제품 아닌가?』

수입품에 대해서는 원산지 표시를 하도록 합니다. 즉 어느 나라 제품인지 밝히라는 것입니다. 최근 원산지 표시가 더욱 논란의 초점으로 떠오르는 까닭은 미국이 의류제품에 대한 원산지 표시기준을 1996년 7월부터 변경하기 때문입니다.

지금까지 의류제품에 대해서는 대부분 원단을 재단한 나라를 기준으로 원산지 표시를 해왔습니다. 그런데 1996년 7월부터는 가장 중

의 수입이 중국에서의 수입으로 대체된다고 가정하자. 이는 생산비가 저렴했던 다른 나라에서 생산비가 높은 중국으로 공급이 전환되는 것이고, 우리나라는 그만큼 비효율적인 나라로부터 상품을 공급받는 셈이 된다. 이를 무역전환효과라고 한다.

요한 생산이나 조립이 이루어진 나라를 기준으로 원산지 표시를 하게 되었습니다. 즉 가장 많은 부가가치가 이루어진 나라를 원산지로 표시해야 합니다.

미국은 의류제품의 수입쿼터를 매년 각국에 할당해왔습니다. 나라에 따라서는 자기 나라 할당량을 쉽게 채우는가 하면 채우지 못하는 나라도 있습니다. 예컨대, 홍콩의 대미 수출할당량은 매우 적고 중국의 할당량은 많은데, 중국은 의류부문의 국제경쟁력이 취약하여 할당량을 채우지 못했습니다. 그래서 지금까지는 홍콩의 의류수출업자가 중국에서 재단한 원단을 수입하여 이를 재봉해서 완제품을 만들어 중국산 원산지 표시를 하고 중국 할당량을 이용해서 미국에 수출해왔습니다.

1996년 7월부터 적용하는 새로운 원산지 표시기준에 의하면 홍콩의 의류수출업자가 중국에서 값싸게 재단한 의류부품을 수입해서 재봉한 완제품을 고가에 수출하면, 홍콩산으로 표시해야 한다는 것입니다. 왜냐하면 생산의 대부분, 즉 부가가치가 주로 홍콩에서 창출되었기 때문입니다. 현재 홍콩의 대미 의류제품 수출량 가운데 3분의 1 가량을 중국산이 차지하고 있는데, 원산지 표시기준이 달라지면 이를 홍콩산 표시로 바꿔야 할 것으로 보입니다.

1996년 7월부터 적용하는 원산지 표시기준의 전환은 전세계 무역패턴에 영향을 줄 수 있습니다. 왜냐하면 지금까지 미국에 수출해오던 나라들의 대미수출을 봉쇄할 가능성이 크기 때문입니다. 그렇게 되면 외국의 대미 수출업자와 미국의 수입업자는 엄청난 충격을 받을 것입니다.

어쨌든 우리나라 의류제품 수출업자도 이러한 원산지 표시기준의 변경을 잘 이해하고 미리 대처해야 하겠습니다.

상품의 국적

우리는 국산품을 애용하자며 목청을 높이기도 하지만, 사실은 어느 것이 국산품이고 어느 것이 외국산인지, 그리고 외국산이라면 그것이 일본산인지 또는 미국산인지 구분하기가 어려운 시대에 살고 있습니다. 그 좋은 예가 미국회사가 제작을 맡고 제작자도 미국인이며 영어로 녹음한 수입영화 「가정교사」입니다. 이 영화는 일본 감독이 연출했고 배경도 일본이며, 폴란드 출신 배우 단 한 명을 제외하고는 일본 배우가 전원 출연한 영화이지만, 미국인이 제작자로서 자본투자를 했다는 이유로 미국영화로 분류해, 국내상영을 허가해서 논란을 빚은 적이 있었습니다.

문제는 어느 나라 영화인가를 구분하는 기준이 모호하다는 점입니다. 영화의 국적을 제작자의 국적 또는 감독이나 배우의 국적에 따를 것인지 애매합니다. 제작자의 국적도 제작자 자연인의 국적을 기준으로 할 것인지, 또는 제작을 맡은 본사의 국적이나 제작회사 대주주들의 국적을 기준으로 할 것인지 불명확합니다. 더구나 영화제작사의 주사무소는 하루 아침에 다른 나라로 이동할 수 있는 시대에 살고 있습니다. 이는 상품의 제작과정에 참여한 자연인의 국적이나 제작사의 주사무소(본사)를 기준으로 상품의 국적을 따지는 것이 얼마나 무모한 것인가를 잘 보여주고 있습니다.

참고로 미국이 상품의 생산국적을 분류할 때 사용하는 기준이 자국산 원자재와 인건비 투입비율입니다. 예컨대, 한국기업이 멕시코에서 텔레비전을 제조했을 때 멕시코산 원자재비율이 60% 이상이어야만 멕시코산으로 인정하여 NAFTA 협정상 무관세로 미국 시장 진입혜택을 향유할 수 있습니다.

이제 우리도 제작과정에 참여한 자연인의 국적을 기준으로 상품의 국적을 따지기보다는 부가가치 비율을 기준으로 상품의 국적을 판단하는 것이 국제적 조류와 기준에 부응한다 하겠습니다. 예컨대, 수입영화「가정교사」를 제작할 때 일본인 감독 수당, 배우의 출연료, 그리고 일본 체재비 등 일본에서의 부가가치 창출 비중이 전체 제작비 가운데 60% 이상 차지한 것이 확인되면 일본산으로 파악하고, 그렇지 않으면 미국산으로 파악할 수 있을 것입니다.

아울러 이러한 수입영화의 국적 시비를 계기로 미국 영화와 미국 가수는 좋고, 일본 영화와 일본 가수는 안 된다는 우리의 차별적 외국 문화상품 수입기준도 재검토할 필요가 있을 것입니다. *

『자본주의 국적이 곧 기업의 국적 아닌가?』

최근 경제의 새로운 흐름 가운데 두드러진 현상 가운데 하나가 「현지화(localization)」라는 것입니다. 이는 외국에 진출하는 기업이 현지에 정착하여 현지기업과 동일하게 행동하려는 전략입니다. 지금까지 외국에 진출하는 기업은 현지에서 여전히 「외인부대(?)」로서의 특징을 유지하려 했습니다. 예컨대, 외국에 진출한 우리나라 기업이나 은행도 본국의 기업조직 행태를 답습했고, 인적 구성도 우리나라 사람 중심이었습니다. 그리고 사용하는 언어도 우리말을 선호해왔습니다. 그래서 외국에 진출한 우리나라 은행도 지점망을 미국 경제활동의 본산지에 설치하기보다는 우리나라 교포들이 사는 지역에 집중하여, 우리 은행끼리 과당경쟁을 자초하기도 했습니다.

---

* 〈중앙일보〉, 1995. 2. 10.

    그런데 이제 외국에 진출해 있는 세계의 유수기업들이 현지화전략
을 택하는 추세에 있습니다. 현지에서 현지인과 현지경제에 동화하
려는 전략을 택하고 있는 것입니다. 예컨대, 미국에 진출한 우리나
라의 선경 아메리카회사가 미국인 사장을 영입했고, 200명 직원 가
운데 180명이 미국인 또는 재미교포라고 합니다. 우리나라에 들어와
있는 씨티은행은 지점장을 한국인으로 임명하기 시작했으며, 과거에
는 하지 않았던 소매금융업에 적극적으로 파고들고 있습니다. 이 모
두가 기업의 현지화 추세를 보여주는 좋은 예라고 하겠습니다.

    이제 어느 기업이라도 자국만의 자원, 자본, 인력을 동원해서 국
제경쟁력을 확보하려는 것은 무모하게 되었습니다. 전세계 시장에서
생산요소를 조달하여 생산하고 공급한다는 의식을 가져야 하겠습니
다. 이제 기업의 무국적 시대가 도래했습니다. 생산거점이 이루어지
는 장소가 모국이라는 말까지 나오고 있습니다. 즉 전세계 시장이 단
일시장으로 통합되면서 이념과 국경을 초월한 경제활동이 벌어지고
있습니다. 과거의 경쟁구도는「국가 대 국가」였는데, 이제는「기업
대 기업」이 되었습니다. 그러므로 지금까지 우리나라에 진출해 있는
외국기업들을 차별하던 시각을 지양하고, 이제는 발상의 전환을 이
룰 때라고 봅니다.

국산품 애용운동

『건전한 상식을 가진 국민이라면 국산품을 사랑하는 것이 마땅하지 않은
가?』

얼마 전 어느 신문사설에는 『고급제품만을 따지는 사람들은 성능
좋은 외제를 사랑하고, 더구나 있기만 하다면 값도 싸고 질 좋

은 외제를 찾기 위해 시간 가는 줄 모른다. 이런 풍조가 확산되면 국산품은 외면받고, 우리나라 제조업은 줄줄이 쓰러질 수밖에 없다. 따라서 건전한 상식을 가진 국민이라면 국산품을 사랑하는 것이 마땅하다』라고 쓰여져 있었습니다.

국산품을 애용하는 행위는 곧 애국적인 행위로 추앙받습니다. 과연 그런 것인지 생각해보기로 하겠습니다. 1970년대 말까지만 해도 국내 화장품 시장은 높은 수입장벽을 이용해 외국제품의 경쟁으로부터 철저하게 보호해왔습니다. 그래서 우리 어머니들은 품질도 조악한「동동구리무」화장품을 애국하는 마음으로 애용해왔습니다. 그러나 세월이 흘러도 국산 화장품의 품질은 별로 향상되지 않았습니다. 국내 화장품 기업들은 품질개선보다는 오히려 매출액의 40%에 해당하는 광고비를 투입하여 소비자를 현혹하는 데 더 많은 노력을 경주했었습니다. 그런데 국내 화장품의 품질이 획기적으로 개선되기 시작한 것은 1980년대 국내 화장품 시장을 개방해서 외제 화장품이 들어오기 시작한 다음부터였습니다. 그 이전까지는 광고에만 치중했던 국내 화장품 제조기업들이 기술개발을 통한 화장품 품질개선에 사력을 다하기 시작했습니다. 그 결과 오늘날 국내 화장품의 품질과 종류는 과거에 비할 수 없을 만큼 개선되었습니다.

과연 이러한 결과가 국산 화장품 애용운동을 계속했더라도 가능했을 것인가 생각해보기 바랍니다. 소비자가 질 좋은 외제상품을 선호하면 단기적으로 국산품이 피해를 보게 마련입니다. 이 때 국내 기업의 사장은 경쟁력 강화보다 애국심에만 호소하려 할 때 피해가 더욱 클 수도 있음을 이해해야 합니다. 외제와의 경쟁으로 인한 도산 위험은 국내기업에게는 더 질 좋은 상품을 개발하기 위해 열심히 뛰게 하는 원동력이라는 사실을 인식해야 하겠습니다. 이제는 소비자가 무조건 국산품을 애용하는 것이 곧 애국하는 행위가 아닐 수도 있습니다.

국민정서

> 『캥거루 고기의 수입은 국민정서에 부합하지 않으므로 금지시켜야 할까?』

우리나라에서는 정치적 사건이 「국민정서」라는 이름으로 치죄되기도 하고 묻히기도 합니다. 그런데 「국민정서」는 매우 추상적이어서 손에 쉽게 잡히는 기준이 아닙니다. 그래서 국민정서라는 방망이는 마치 도깨비 방망이처럼, 휘두르는 사람의 개인적이고 주관적 자의에 따라 효험을 달리할 가능성이 높습니다.

문제는 국민정서라는 도깨비 방망이가 정치문제뿐 아니라 경제문제를 재단하는 데도 등장하고 있다는 점입니다. 예컨대, 1994년에 일부 매스컴에서는 오스트레일리아에서 캥거루 고기를 수입하는 행위를 「국민정서」의 이름으로 도마 위에 올린 적이 있었습니다. 우리가 어째서 캥거루 고기까지 수입해 먹게 되었느냐는 것이었습니다.

캥거루 고기의 수입문제는 결국 캥거루 고기의 국내시장 공급 여부를 결정하는 문제입니다. 여기에는 두 가지 방법이 있습니다. 먼저 시장가격 메커니즘으로 캥거루 고기의 수입 여부를 결정하는 방법입니다. 캥거루 고기를 수입하여 국내시장에 공급해서 국내 소비자들이 맛있게 먹으면 계속 수입하고, 국내 소비자들 입맛에 맞지 않아 먹지 않으면 더 이상 수입하지 않는 것입니다.

또 한 가지 방법으로는 「국민정서」라는 기준에 맞는지를 심사하여 캥거루 고기의 수입 여부를 결정하는 것입니다. 문제는 국민정서라는 기준이 학계의 권위자나 소비자대표로 구성된 수입품목 심사위원회 등등 어떤 구체적 실체를 띤 집단이 만든 것이 아니란 점입니다. 그럼에도 불구하고 일부 인사들이 「국민정서」라는 이름으로 캥거루 고기까지 수입해 먹을 수 있느냐며 목소리를 높인다면, 비록 캥거루 고기가 많은 사람들이 즐길 만한 고기라 하더라도 수입할 수 없게 됩니다.

　따라서 캥거루 고기의 수입 여부를 결정하는 데 있어서 실체도 없는「국민정서」는 최선의 기준일 수 없습니다. 그러므로 바람직한 방법은 시장에서 소비자가 직접 판단하도록 하는 것입니다. 캥거루 고기에 대해서는 우리 모두 잘 알지 못하기 때문에「백문이 불여일견」이라고 소비자들이 직접 시식해봄으로써 가장 확실히 알 수 있을 것이기 때문입니다.

덤핑과 반덤핑관세

> 『국제시장에서의 덤핑은 수출가격을 제조원가 이하로 낮추어 판매하는 것 아닌가?』

일반적으로 덤핑(dumping) 하면 길거리에서 부도가 난 기업 제품을 제조원가 이하로 싸게 판매하는 것을 의미합니다. 그런데 국제시장에서의 덤핑은 수출가격을 제조원가 이하로 낮추어 판매하는 경우를 의미하는 것이 아니고, 동종상품의 국내 판매가격보다 수출가격이 낮은 경우를 말합니다.

　수출가격이 낮으면 낮을수록 수입국의 소비자에게는 이득이겠지만, 만약 수출업자들이 수출국 정부의 지원을 받아 아주 싼 가격에 수출한다면, 수입국의 경쟁상품 제조업자들은 수입품과 경쟁할 수 없어 도산으로 커다란 피해를 입을 수도 있습니다. 국가적으로도 그것은——적어도 단기적으로——국내실업률 증가라는 문제를 야기합니다. 또 극단적으로 수출기업이 덤핑수출로 수입국의 제조업자를 모두 도산시킨 다음에 독점적으로 수출가격을 대폭 인상할 수도 있습니다.

이러한 문제 때문에 국가 간 무역에 관한 일반협정을 규정하고 있는 GATT에서는 수출가격이 수출국의 국내 판매가격보다 낮고 이로 인해 수입국의 경쟁상품 생산자가 피해를 입었을 경우, 두 가격 차이만큼을 덤핑 마진으로 계산하여 그에 해당하는 만큼의 반덤핑(anti-dumping)관세를 부과할 수 있도록 허용했습니다. 그런데 수출국 국내시장과 수입국 국내시장 사이에는 판매환경이 다를 수가 있습니다. 예컨대, 자동차 세금도 국내 판매시에는 대단히 높지만 수출품에 대해서는 부과하지 않기 때문에, 국내 판매가격과 수출가격 사이에는 차이가 있을 수 있습니다. 그리고 광고비만 하더라도 국내시장 광고비와 해외 수출시장 광고비가 다를 수 있습니다. 그러므로 덤핑 여부를 조사할 때 국내외 가격을 직접 비교하는 것은 곤란하고, 이러한 차이를 적절하게 감안해야 합니다.

덤핑 여부는 수입국 정부가 판정하기 마련인데, 수입국 정부조사단이 수출기업을 방문하여 생산원가, 일반관리비와 적정이윤을 합한 가격을 계산하고, 이 가격과 수출가격을 비교하여 수출가격이 계산된 가격보다 낮으면 덤핑으로 판정합니다. 그런데 수입국 정부조사단은 수출기업의 재무제표 등을 검토하여 생산원가를 계산하는데, 어떤 항목의 비용은 전부 인정하고 어떤 부문의 비용은 일부만 인정하는 등 수출국 기업에 불리하도록 가격계산을 할 수도 있다는 점에서 정부 간 갈등과 불만이 발생할 소지가 있습니다. 따라서 수입국 정부가 마음만 먹으면 언제든지 반덤핑관세를 부과할 수 있다는 논리도 성립합니다.

특히 국제무역에서 우월한 지위에 있는 선진국이 개발도상국으로부터 수입에 대해 반덤핑관세 규제를 남발한다는 비난을 사고 있습니다. 그래서 UR 협상에서 반덤핑 관세제도가 더욱 공평하게 시행되도록 규제 기준을 더욱 명확히 하자는 논의가 진행되었던 것입니다.

대체로 덤핑판정의 대상은 개발도상국에서 선진국으로 수출하는 상품인 경우가 많습니다. 그러므로 개발도상국의 기업체 사장은 덤핑조사가 나올 때 생산비 산출근거를 보여주기 위해 국제적으로 인정하는 회계처리 방식에 따라 장부를 만들고 증빙 자료등을 준비해야 합니다. 주먹구구식으로 또는 비자금계정을 만드는 등 우리나라에만 있는 특수한 방법으로 회계처리를 하면 선진국 조사단이 인정하지 않아 상상을 초월하는 반덤핑관세를 부과받게 됩니다.

수입쿼터제의 허실

> 『설탕에 수입쿼터제를 실시하면 설탕 수입량은 쿼터량을 초과할 수 없는가?』

미국이라는 나라는 자유무역의 선두주자 같이 보이지만 항상 그런 것만은 아닙니다. 예컨대, 설탕에 대해서는 여러 가지 명분을 내걸고 1년 동안 미국 정부가 책정한 수입쿼터 이상의 물량을 반입할 수 없도록 강력하게 규제합니다. 물론 그 목적은 미국 내 설탕생산 농가를 지원하자는 것입니다. 수입쿼터제도를 도입한 결과 미국 내 설탕가격은 국제가격보다 약 두 배 가량 높아졌습니다.

수입쿼터제도를 시행한다고 해서 미국의 설탕수입이 쿼터 이내로 전면 규제되는 것은 아닙니다. 왜냐하면 자본주의체제하에서 기업은 돈 벌 기회만 있으면 법을 회피하거나 규제를 우회하는 기막힌 묘안을 찾아내기 때문입니다. 예컨대, 미국의 설탕 수입쿼터 규제는 순수 설탕수입에만 적용될 뿐, 설탕혼합물에는 적용되지 않는다는 것을 발견한 미국 수입업자들은 꿀, 초콜릿, 옥수수 시럽 등 설탕혼합물 형태로 설탕을 수입하기 시작했습니다. 물론 얼마 후에 미국 정부는 이 우회통로도 막았습니다. 그렇지만 케이크나 시리얼(cereal)에 혼합한 설탕도 설탕쿼터에 계상해야 할 것인가의 문제는 아직도 논란이 일고 있습니다. 왜냐하면 그것까지 쿼터에 계상한다면 설탕이 조금 섞인 의약품이나 주사약에 들어 있는 설탕 당분까지도 계산해야 한다는 문제가 발생하기 때문입니다.

설탕쿼터제도에 따른 비용은 대부분 미국 소비자가 부담합니다. 대체로 쿼터제도로 인해 미국 소비자가 부담하는 비용은 연간 20억~30억 달러로 추산합니다. 아울러 미국의 설탕가격이 국제가격보다 두 배나 높으므로, 설탕이 함유된 외국제품은 미국 국내시장에서 비교우위를 갖습니다. 예컨대, 외국의 과자나 사탕제조업자가 미국의 과자나 사탕제조업자에 비해 비교우위를 갖고, 그 결과 미국의 과자나 사탕제조업자들이 도산하게 되었습니다.

그래서 많은 경제학자들은 설탕쿼터제가 당초에는 좋은 목적으로 정책담당자에 의해 입안되고 시행되기는 했지만, 미국 전체적으로 볼 때는 바람직하지 않은 것으로 평가합니다. 이제 우리나라 사장들도 정부가 특정 산업을 보호하기 위해 무역규제를 하게 되면, 국내 소비자뿐만 아니라 그러한 제품을 원·부자재로 사용하는 다른 산업의 기업에게도 악영향을 미친다는 것을 인식해야 하겠습니다.

보호무역주의의 비용

『수입품에 대해 관세를 부과하면 외국 수출업자들이 세금을 내는 것 아닌가?』

사장은 관세에 대해서 두 가지 잣대를 갖기 쉽습니다. 자기가 생산하는 제품과 경쟁하는 수입품에 대해서는 가급적 높은 관세

를 부과해주길 바라지만, 다른 한편으로 자기가 사용하는 수입원자
재에 대해서는 가급적 낮은 관세가 부과되기를 바라고 있습니다.

자유무역과 보호무역 간의 우위문제에 대해서는 수백 년 전부터
논란이 있어왔습니다. 그 동안 자유무역이 바람직하다는 많은 이론
적 연구에도 불구하고, 선후진국을 막론하고 아직도 보호무역의 틀
을 완전히 벗어나지 못한 것이 현실입니다. 비록 미국 같은 선진국도
자유무역을 표방하고는 있지만, 내부를 좀더 자세히 들여다보면 관
세장벽 등 보호무역 잔재가 여러 곳에 남아 있습니다. 이러한 보호무
역의 장애는 우리나라를 비롯한 개발도상국이 선진국 시장에 진입하
고자 할 때 어려움으로 작용합니다.

선진국이 특정 산업에 대해 보호무역주의 장벽을 계속 유지하는
가장 커다란 이유 가운데 하나는 외국과의 경쟁으로부터 국내 일자
리를 지키기 위해서라는 명분입니다. 그런데 최근 일자리 한 개를 유
지하기 위해 소비자가 부담하는 비용에 대한 실증분석 결과가 나와
주목을 끌고 있습니다. 미국의 경제학자 후프바우어(Gary Hufbauer)

는 미국에서 가장 높은 장벽으로 보호받고 있는 21개 산업에 관한 조사보고서에서, 미국인들은 무역장벽으로 인해 연간 5,320억 달러를 더 지불하는 것으로 추정합니다. 예컨대, 미국의 가방제조 산업에는 7,500명이 종사하며 시간당 급료는 6.9달러로 연간 소득은 10만 달러가 되지 않습니다. 이 산업은 평균 16.5% 관세장벽으로 보호받고 있는데, 이를 통해서 약 226개의 일자리가 보호받고 있다는 것입니다. 그런데 한 개 일자리를 지키기 위해서 미국 내 가방구매 소비자가 치르는 비용은 93만 달러나 된다는 것입니다. 이들 노동자의 연간수입은 기껏해야 10만 달러도 안 되는데, 그 일자리를 보호하기 위해서 소비자가 치르는 비용은, 노동자가 그 일자리를 통해서 얻는 연간소득의 아홉 배를 넘는다는 것입니다.

우리나라와 미국의 경제환경은 동일하지 않으므로 이러한 연구결과가 시사하는 바를 우리 경제에 그대로 적용할 수는 없겠지만, 국내 고용을 창출하기 위해 높은 수입장벽을 설치함으로써 국민들로 하여금 지나친 비용을 부담하게 해서는 안 되겠다는 시사점은 얻을 수 있을 것입니다. 그러므로 우리나라의 대부분 공산품에 대해서 정부가 수입자유화 시책을 시행하며 관세율도 점차 인하하고 있는 것이, 비록 단기적으로는 국내 고용에 악영향을 미칠 수 있다 하더라도 바람직한 정책방향임을 이해해야 하겠습니다.

외국은행 예금

> 『다른 사람이라면 몰라도 고위 공직자가 외국은행에 예금하는 행위는 용납
> 할 수 없는 일 아닌가?』

몇년 전 공직자들의 재산이 공개되었던 적이 있었습니다. 그 가운데에서 사람들의 눈길을 끌었던 것 가운데 하나가 정부의 고위관리 중에는 우리나라 은행이 아닌 외국계 은행에 예금을 하고 있다는 것이었습니다. 언론매체에서도 이를 두드러지게 보도하고 있는 것을 보면, 공직자가 외국은행에 예금하는 행위를 바람직하지 못한 것으로 보는 시각을 반영하는 것이라고 생각합니다. 특히 어떤 매체에서는 공직자들이 외국은행에 예금만 할 뿐 대출을 받아가지 않아 대출혜택을 보지 않는다는 것을 강조하여, 공직자들이 외국은행에 이익만 제공할 뿐이라고 질타하는 듯한 시각을 보였습니다.

우리나라 사람들이 외국은행에 예금하는 것은, 우리나라 사람들이 외국은행이 제공하는 서비스를 구입하는 것과 같습니다. 이는 마치 외국산 담배와 같은 외국상품을 구매하는 것과 다를 바가 없습니다. 우리는 과거 한때 양담배를 책상에 넣어둔 것만으로도 공직자의 직위를 하루 아침에 박탈했던 험악한 세상을 경험한 적도 있었습니다. 이 때는 양담배를 피우는 것이 법적으로 금지되었고, 또 양담배의 수입이 법적으로 허가되지 않은 때였기 때문에 정부당국의 무자비한 조치를 그래도 납득할 수는 있었습니다. 그런데 양담배의 수입과 판매가 자유화된 지금, 양담배를 피우는 행위를 마치 매국노와 같은 행위로 보는 것은 올바른 사고방식이 아닙니다. 사람에 따라 기호품인 외제 양담배나 커피를 애용할 수 있는데, 외제 커피를 마신다고 매국노로 보는 사람은 많지 않을 것이기 때문입니다.

　외국은행은 우리나라 정부의 허가를 받아 자본금을 가지고 들어와서 우리나라에 지점을 설치해놓고 국내 인력을 고용하여 국내 고객에게 여러 가지 금융서비스를 제공합니다. 그런데도 우리가 외국은행에 예금하고 대출받는 행위를 도덕적으로 질타한다면, 우리 상품을 구입하는 외국 사람과 외국에 나가 있는 우리나라 은행들에 예금하고 대출을 받아가는 외국인들을 어떻게 보아야 할 것인지 생각해봐야 하겠습니다. 외국 사람이 해외에 진출해 있는 우리나라 은행에 예금하고 대출받는 것은 바람직하지만, 우리나라에 와 있는 외국은행에 예금하고 대출받는 행위는 부도덕한 행위로 본다면, 이는 서로 엇갈린 두 가지 잣대를 가진 것과 같습니다.

　지금 프랑스의 대통령을 비롯한 각국 총리와 장관이 끊임없이 우리나라를 찾아와 자국에 투자해줄 것을 요청하고 있습니다. 그런데 외국은행이 자본금을 가지고 자발적으로 들어와서 장사하고 있는데, 외국은행과 거래하는 행위를 부도덕한 행위처럼 질타한다면 우리는 국제화시대에 설자리를 잃게 될 것입니다.

　결론적으로 외국은행에 거래하는 행위를 질타하는 것은 매우 국수주의적인 사고방식이고, 우리 은행의 해외진출을 더 확대하는 등 좀 더 과감한 국제화 과제를 안고 있는 우리로서는 경계해야 할 시각이라 하겠습니다.

제 8 장

수·요·공·급·원·리·와 효·율·성

1

수요공급원리

『국내 모델들이 값비싼 모델료를 받는 것은 그들의 출중한 능력 때문 아닌가?』

경제이론에서 대체재란 두 가지 상품 사이의 관계를 말합니다. 한 재화의 가격이 상승할 때 다른 재화의 수요량이 증가하면 두 재화는 대체재 관계라고 말합니다. 예컨대, 커피 가격이 상승할 때 홍차 수요가 증가하면 홍차는 커피의 대체재라고 합니다. 물론 그 이유는 커피 가격이 상승하면 커피 수요량이 감소할 것이고, 대신 기호품 수요를 상대적으로 값이 싸진 홍차로 대체할 것이기 때문입니다.

우리 경제에서 볼 수 있는 거의 모든 상품과 서비스에는 대체재가 있습니다. 대체재가 없는 상품이나 서비스는 찾아보기 어렵습니다.

혹시 서울에서 부산 간을 운행하는 새마을호 열차는 철도청에서 독점 운행하고 있으므로 대체재가 없는 것 아닌가 생각할 수도 있겠지만, 새마을호가 수행하는 서울에서 부산까지의 수송서비스는 고속버스를 비롯해서 비행기에 이르기까지 여러 대체재가 있습니다.

소비자에게는 거의 모든 재화에 대체재가 있다는 것이 매우 다행스러운 일입니다. 왜냐하면 대체재가 없다면 대체재가 없는 상품을 공급하는 기업이 가격을 마음껏 조정할 수 있기 때문입니다. 그래서 커피에 대해 상대적으로 값싼 홍차와 같은 대체재가 출현하면, 소비자들은 좀더 다양한 상품을 즐길 수 있을 뿐만 아니라, 커피의 가격하락에 따른 이득도 얻습니다.

오랫동안 한국 텔레비전 광고에는 외국인의 출연을 금지해왔습니다. 이는 국내 모델 서비스에 대한 대체재의 출현을 법으로 금지한 것과 같습니다. 그 결과 한국의 모 인기배우는 맥주 광고모델로 거의 50만 달러를 받는 등, 국내 모델들은 천정부지의 모델료를 받을 수 있었습니다. 그런데 1994년 6월 광고시장을 개방한 이래, 최근 우여곡절을 거쳐 외국 모델들이 우리나라 광고에 등장하기 시작했습니다. 『나는 아름다워지고 싶어요』라고 말하는 브룩실즈가 건강음료 광고에 등장했습니다.

국내 모델료의 절반수준인 외국 모델의 국내 광고출연은, 국내 모델들에게는 강력한 대체재의 출현을 의미하는 것입니다. 이로 인해 국내 모델들의 모델료가 인하됨으로써 기업들은 저렴한 비용으로 광고할 수 있게 될 것이고, 소비자는 다양한 인종의 모델들을 만나는 즐거움을 얻을 것입니다.

대체재이론은 사장들에게 자사제품에 대한 대체재 출현을 항상 경계해야 하며, 현재 인기있는 상품의 대체재를 생산하는 것이 새로운 시장진입 기회가 될 수 있다는 것을 시사합니다.

상품의 가격 변동성

『농산물 가격이 급등락하는 것은 정부의 정책부재 탓 아닌가?』

농산물은 공산품과는 다른 몇 가지 특성을 가지고 있습니다. 우선 농산물의 공급량은 농부가 통제하기 어려운 날씨, 가뭄과 홍수 등 기상여건에 크게 영향을 받아 인위적으로 조절할 수 없습니다. 따라서 때로는 햇볕이나 바람 등 기상여건이 좋아 풍작일 수도 있고, 가뭄이나 홍수 또는 냉해로 흉작일 수도 있습니다. 아울러 농업은 계절성이 큰 산물이기 때문에, 예컨대 배추를 한 번 파종하고 나면 그 이후에 과잉생산이 우려된다 해도 다른 작물로 바꾸기가 어렵습니다. 물론 수요가 갑자기 증가하더라도 생산량을 일시에 증가시키기도 어렵습니다. 이는 시장여건의 변화에 따라 중도에서 생산량을 조절하기가 어렵다는 것을 의미합니다. 농산물은 저장하기도 어렵습니다. 예컨대, 배추를 장기간 저장하기 위해서는 적정한 온도와 습도를 유지할 수 있는 첨단장비를 갖춘 창고가 필요한데, 배추는 부피가 크기 때문에 경제적으로 보관창고를 마련하기가 쉽지 않습니다. 그러다 보니 풍작이 들더라도 짧은 기간 동안 시장에 홍수 출하할 수밖에 없습니다.

그런데 농산물은 가격이 오르든 내리든 간에 그 수요량이 크게 증감하지 않는 특징이 있습니다. 왜냐하면 인간에게 필요한 농산물 섭취량은 생리적으로 제한되어 있기 때문입니다. 아무리 배추가격이 하락했다고 해도 배추김치를 하루에 몇 포기씩 먹어 치우기는 어렵습니다. 따라서 농산물 수요는 「가격 비탄력적」이라고 말합니다. 따라서 농산물은 풍작으로 공급량이 많아져 가격이 하락하더라도 수요량이 크게 증가하지 않아 가격이 폭락합니다. 그리고 흉작으로 공급량이 감소하여 가격이 상승해도 수요량 역시 크게 감소하지 않기 때문에 가격이 폭등합니다.

이러한 수요와 공급의 특성 때문에 농산물 가격은 본질적으로 급등 또는 급락하는 것입니다. 이러한 이론이 농산물에만 해당하는 것은 아닙니다. 비록 공산품이라 하더라도 농산물과 같은 정도는 아니지만 상대적으로 생산량을 손쉽게 조절할 수 없는 경우에는 수요의 증감에 따라 가격이 크게 등락할 소지가 있습니다. 그리고 상품수요가 비탄력적인 공산품은 공급여건이 변동하여 생산량이 증감할 때 가격변동 폭이 상대적으로 클 것입니다. 따라서 사장은 자기가 생산하여 공급하는 상품의 공급특성과 수요특성을 파악하여, 만약 농산물과 같은 특성이 어느 정도 있는 경우에는 가격등락이 심할 가능성에 대한 대비책을 마련해야 합니다. 예를 들면 상품의 저장성을 높인다거나 수출시장 개발 등 시장을 확대하는 것도 한 가지 방법입니다.

돼지가격 파동

『왜 정부가 시키는 대로 하면 농민들은 망하기 쉬운가?』

경제이론에는 이른바 「돼지가격 파동」이론이 있는데, 이는 돼지가격이 주기적으로 폭등·폭락하는 현상을 말합니다. 그 이유는 돼지가격이 높은 해에는 많은 사람들이 새끼돼지를 키우기 시작하니, 그 새끼돼지들이 어미돼지로 성장하는 이듬해에는 일시에 시장에 출하되기 때문에 공급물량의 급증으로 돼지가격이 폭락합니다. 그러면 돼지가격 폭락에 따라 그 해에는 새끼돼지를 키우려는 사람이 줄어드니, 그 다음해에는 어미돼지의 공급물량 부족으로 돼지가격이 하늘 높은 줄 모르고 치솟습니다. 이토록 한 해에는 돼지가격이 폭등했다가 다음해에는 다시 폭락하고, 그 다음해에는 다시 폭등하는 시장현상을 「돼지가격 파동(hog-cycle)」이라고 합니다.

물론 이러한 현상은 돼지가격에만 발생하는 것이 아니라 거의 모든 농산물 가격에서 발생하는 현상입니다. 그 이유는 축산물은 일단 새끼를 키우기 시작하고, 농산물은 일단 재배를 시작하면 그 후 시장의 수요나 공급여건이 바뀐다고 해도 생산량을 조절할 수 없는 특성을 갖고 있기 때문입니다.

농협이 지난 1984~93년까지 농산물의 가격등락 동향과 그 원인을 분석해본 결과, 총 17차례의 농산물 가격 파동 가운데 재배면적의 급증·급감에 따른 물량과다와 과소로 인한 변동이 12차례로 거의 대부분을 차지했습니다. 이는 농산물 가격의 폭락과 폭등은 유통구조상의 문제에서 기인한 것이 아니라, 농민들이 농산물을 적정 재배면적보다 너무 많이 심거나 너무 적게 심었기 때문에 되풀이되었다는 것을 시사합니다.

정부가 가격파동을 막으려면 품목별로 파종면적에 대한 농민지도활동을 강화하고, 농민들 역시 정부지도에 따라 적정 재배면적을 유지해야만 하겠습니다. 그런데 정부의 지도활동이 효과를 보기 위해서는 과학적인 정부의 지도뿐만 아니라 농민들의 신뢰가 바탕이 되어야 합니다. 그렇지 않으면 정부를 신뢰한 농민들은 손해를 보고, 정부를 불신한 농민들은 이득을 볼 수 있습니다. 왜냐하면 예컨대, 대부분의 농민들은 정부의 지도대로 일정한 재배면적을 유지했는데, 정부를 불신하여 혼자만 많이 심은 사람은 좋은 가격에 대량으로 농산물을 판매하여 큰 이득을 볼 수도 있기 때문입니다.

물론 이러한 상황은 꼭 농산물시장이나 축산물시장에서만 발생하는 것은 아닙니다. 시장가격을 근거로 생산량 출하계획을 세우는 모든 기업이 직면할 수 있는 상황입니다. 그러므로 사장은 자사의 출하량을 결정할 때 다른 경쟁상품 제조업체의 생산량 출하계획에 관한 정보를 면밀히 수집·분석해서 결정해야 합니다. 때로는 협회를 통해서 개별기업이 과잉공급하지 않도록 협의해보는 것도 좋은 방안이라 하겠습니다. 물론 그것은 공정거래법에 저촉되지 않는 범위 내에서 이루어져야 합니다. 담합을 통해서 인위적으로 공급량을 조절하여 높은 가격을 유지하려는 것은 위법행위로서 처벌 대상이 되기 때문입니다.

아파트 가격규제와 품질

『건설업자들의 불량한 양심 때문에 조악한 품질의 아파트가 건설되는 것인가?』

시장경제의 기본원리 가운데 하나가 수요와 공급의 원리입니다. 이 때 가격은 수요량과 공급량의 크기를 정하는 가장 결정적이고도 강력한 요인입니다. 최종적인 거래가격은 소비하려는 소비자의 욕망과 공급하려는 생산자의 욕망이 어우러져 결정됩니다.

시장에서 결정되는 가격은 상품의 품질을 반영합니다. 비록 동일한 품목의 상품을 공급하더라도 품질이 조악한 상품은 상대적으로 낮은 값을 받고, 품질이 좋은 상품은 상대적으로 높은 값을 받습니다. 아울러 동일한 품목의 상품이라 해도 소비자들이 제값을 내지 않을 경우에는 상대적으로 낮은 품질의 상품을 공급하고, 높은 가격을 낼 용의가 있는 경우에는 상대적으로 좋은 품질의 상품을 공급하는 것이 시장원리입니다. 따라서 소비자는 같은 값이면 질이 제일 좋은 상품을 고르려 하고, 생산자는 같은 값이면 가장 우수한 질의 상품을 공급하려 합니다. 그렇지 않으면 경쟁에서 뒤떨어져 기업을 유지할 수 없기 때문입니다. 그 결과 값에 알맞은 상품을 시장에 출하하여 거래하는 것입니다. 이것은 누가 시켜서 하는 것도 아니고 거역할 수도 없는 시장원리입니다.

그런데 정부가 시장에서 가격이 자유롭게 결정되도록 허용하지 않고 규제를 가하면, 역시 시장원리에 따라 정부가 규제하는 가격에 걸맞은 품질의 상품이 생산되게 마련입니다. 정부가 제값을 받지 못하게 하면서 아무리 좋은 품질의 상품을 공급하라고 요청해도 질 좋은 상품이 공급되지는 않습니다. 그것은 정부도 어찌할 수 없는 시장원리입니다.

> 『건설업체들은 정부고시 분양가격으로는 수지를 맞출 수 없다고 불평하는데, 과연 수지를 맞추지 않을까?』

얼마 전에 발생했던 성수대교 붕괴사고로 32명의 무고한 사람이 목숨을 잃었습니다. 문제의 주된 원인으로 부실시공과 부실관리 등에 초점이 모아지고 있는데, 부실시공은 적정 생산비가 보장되지 않기 때문에 발생하는 것이라는 건설업계의 의견도 귀담아 들어야 하겠습니다.

아파트 분양가격을 비롯해서 정부발주 공사에서 현장 벽돌공의 노임일당이 7만~8만 원인데, 정부단가는 그 3분의 2 수준도 안 된다는 것입니다. 그래서 건설업체들은 정부가 고시하는 분양가격이나 생산비 단가로는 수지를 맞출 수 없다고 불평합니다. 문제는 건설업체들이 수지를 맞추지 못한다고 불평만 할 뿐 수지를 맞추지 않을 것인가라는 점입니다. 그것은 자본주의의 원리에 맞지 않습니다. 왜냐하면 자본주의의 원리는 기업이 자선사업가가 아닌 이상 최선을 다해서 수지를 맞추려 할 것이기 때문입니다. 따라서 기업이 수지를 맞추지 않고 계속해서 손실을 입으며 아파트를 건설하리라고 기대하는 것은 너무 순진한 생각입니다. 기업이 대외적으로 무엇이라고 말하든 간에, 건설업체는 내부적으로 수지를 맞춘다고 보아야 하고, 또 분명히 맞출 것입니다. 그렇지 못한 건설업체라면 벌써 도산했을 것입니다.

건설업체가 수지를 맞추는 방법은 다양합니다. 비전문가가 상식적으로 생각해도 여러 가지 방법이 있을 것 같습니다. 하도급이나 재하도급 과정을 이용하기도 하고, 부실자재를 사용하거나 날림공사를 함으로써 수지를 맞출 것입니다.

비록 아파트 입주자는 정부의 분양가 억제정책 때문에 명목적으로는 낮은 가격에 입주하게 되겠지만, 품질을 고려할 때는 역시 높은 가격, 즉 제값을 주고 입주하는 것입니다. 높은 가격 속에는 입주자의 고귀한 생명도 포함될 수 있다는 데 문제의 심각성이 있습니다. 그러므로 정부나 국민도 분양가격이나 건설공사비의 규제를 무조건 바람직한 것으로 보는 시각을 수정해야 하겠습니다. 입주자에게 제값을 내고 아파트에 입주하도록 할 것인가, 아니면 낮은 가격으로 입주하고 나머지 대가는 목숨으로 치르게 할 것인가? 정부는 국민들이 생명을 담보로 잡는 도박을 조장해서는 안 될 것입니다.

아파트의 품질이 하락하는 문제와 15만 가구의 주택 미분양 사태 등 주택의 과잉생산 문제는 정부의 가격규제 때문에 빚어진 시장원리의 결과입니다. 정부가 아파트 분양가격을 규제하여 아파트의 품질이 나빠지는 것이고, 신규아파트 분양가격이 시세보다 높기 때문에 주택업자들이 새 아파트를 필요 이상으로 많이 지어 공급함으로써 나타난 시장원리의 결과입니다. 그런 의미에서 수도권 지역을 제외한 지역에서 아파트 분양가격 자율화를 시도한 것은 바람직한 정책방향이라고 생각합니다.

범죄행위의 수급원리

『범죄란 감정에 복받쳐 순간적으로 저지르는 행위 아닌가?』

공식적으로 집계한 1994년도 우리나라 범죄자 수는 검거인원을 기준으로 총 142만 명인데, 검거한 범죄자 수는 전국민의 약 3%에 해당합니다. 형사범에 의한 사상자 피해는 연간 15만 6,000명이고, 연간 재산 피해액도 4조 8,000억 원에 달하는 것으로 집계되고 있습니다. 그러므로 밝혀지지 않은 범죄까지 감안한다면 우리나라 범죄는 심각한 수준임에 틀림없습니다.

사람들은 감정에 복받쳐 순간적으로 범죄행위를 저지를 수도 있겠지만, 많은 범죄는 사전에 여러 가지 궁리 끝에 범행하기로 결심한 계산된 행동일 수도 있습니다. 그래서 경제학자들은 범죄도 범죄자의 합리적 의사결정, 즉 합리적 선택의 결과라고 봅니다. 여기에서 「합리적 선택」이란 범죄행위에 따른 비용이 높으면 범죄행위의 선택을 줄이고, 범죄행위에 따른 이익이 높으면 더 많은 범죄행위를 선택하리라는 것입니다. 만약 범죄행위가 합리적 선택의 결과라면, 범행으로 인한 예상이익이 범행에 따른 예상비용보다 클 때 범죄를 감행할 것으로 상정할 수 있습니다.

그렇다면 경제원리에 의한 범죄방지 대책은 범행에 수반하는 비용을 증대시키는 것입니다. 범행에 따른 비용에는 범행에 직접 사용하는 칼이나 총의 구입비용과 같은 물적 비용이 있습니다. 총포의 관리를 더욱 엄격하게 하면 물적 비용이 높아질 것입니다. 범행에 쓰일 수도 있는 독극물의 판매관리를 철저히 하는 것도 한 가지 방법이겠습니다.

범죄행위에 수반하는 시간비용도 중요한 범죄비용이므로, 범행대상 가정의 담에 철조망을 설치하고 창에는 철창을 설치하며, 범행대상 물건을 범죄자가 쉽게 접근할 수 없도록 튼튼한 금고에 넣어두는 것도 시간비용을 증가시키는 방안입니다. 그리고 범행에 따른 시간 기회비용을 높이도록 합법적인 일자리를 많이 창출하고 기술을 익힐 수 있는 기회를 마련하는 것도 좋은 방법입니다.

범죄행위에 대한 예상비용을 높이는 또 하나의 방법은 범행을 저지를 때 체포될 확률, 유죄판결을 받을 확률, 그리고 유죄판결을 받을 경우 부담해야 할 벌금이나 육체적 체벌기간을 장기화하여 시간비용을 높이는 것입니다. 그리고 가정과 학교에서 윤리교육을 철저히 하고 시민의식을 고취시켜 범죄행위에 따른 정신적 비용을 높이는 것도 하나의 방법입니다.

이러한 범죄경제원리는 사장에게도 매우 중요한 정책적 시사를 하고 있습니다. 기업 내에서도 여러 가지 범죄행위가 발생할 수 있는데, 이를 방지하기 위해서는 범죄로 인한 예상비용을 높이고 예상이득을 낮춰야 합니다. 예컨대, 강제휴가제는 범행의 적발확률을 높여 예상비용을 증대시킬 것이므로 범죄방지에 효과적일 것입니다.

2

경제적 효율성

> 「기온이 28°가 넘어서야만 공공기관의 에어컨을 작동하게 하면 전기절약으로 경제적 효율성을 제고하는 것 아닌가?」

경제학에서 말하는 「절약」을 원가절감으로 이해하는 경우가 많습니다. 그런데 사실은 절약이란 경제적 효율성을 제고시키자는 것으로 이해해야 합니다. 그것을 잘못 이해하면 비록 투입하는 원료를 아끼거나 원가를 절감할지라도 실제로는 낭비하는 결과를 초래할 수 있습니다.

정부는 실내온도가 28°를 넘을 때에 한해서 공공기관의 에어컨을 작동하게 했습니다. 물론 모두들 그렇게 하면 공공기관에서 사용하는 전력소모량이 감소될 것만은 틀림없습니다. 그런데 우리의 관심사는 전기소비를 무조건 줄이자는 것이 아니라, 전기사용의 낭비를 없애자는 것이고, 그것은 곧 전기사용의 경제적 효율성을 높이자는 것과 같습니다.

여기에서 경제적 효율성이란 투입한 원가와 그로 인해 산출된 생산물의 가치를 대비한 개념입니다. 전기의 경제적 효율성은 전기소비를 통해 얻은 생산물이나 서비스의 가치를 그것을 위해 투입한 전력비용으로 나눈 값입니다.

$$경제적\ 효율성 = \frac{생산물의\ 가치}{원료비용의\ 가치}$$

만약 28° 가 되기 전까지 에어컨을 작동하지 않는다면 분명히 전력비용은 감소될 것입니다. 그렇지만 그 방안의 효율성 여부는 무더운 여름에 에어컨을 가동하지 않을 때 공공기관 공무원의 업무처리 결과 또는 실적이 얼마나 감소될 것인가에 달려 있습니다. 만약 생산물이나 서비스의 감소가 전기절약으로 인한 원가감소보다 더 크다면, 에어컨의 가동중단은 상당한 낭비를 초래하는 것입니다.

혹시 투입하는 원료나 필요한 비용을 감축하는 것이 무조건 바람직한 정책이라고 믿는 분이 있다면, 효율성의 개념을 잘못 이해한 것입니다.

이는 사장에게 매우 중요한 경제원리를 뜻하고 있습니다. 기업도 효율성을 증대시키기 위해서는 원료의 절감이나 예산절감만을 보거나 강조하는 것은 큰 낭비를 초래할 수도 있습니다. 그러므로 사장은 원가의 절감뿐만 아니라 그로 인한 생산이나 수입의 감소를 함께 보아야 하겠습니다.

부산 물장사 계획

『부산시가 수돗물보다 몇백 배 비싼 음용수를 판매하려는 계획은 부당한 행위 아닌가?』

19 94년 국정감사에서 오는 1997년부터 식수용 수돗물을 병에 담아 시판하겠다는 부산시의 계획에 대해 큰 논란이 있었습니다. 부산시의 계획은 민간자본을 유치하여 물류센터를 설치하고, 경남 양산군 원등면에 취수장을 설치하여 1.8ℓ 들이 병에 수돗물을 넣어 하루에 1인당 1병씩 계산해서 약 500만 병을 공급한다는 것이었습니다.

국정감사에 나선 어느 의원은 부산시의 이 같은 계획에 대해 『이는 낙동강에 대한 사형선고이자 정부의 맑은 물 공급대책을 수포로 돌리는 계획』이며, 『특히 물값이 최소한 병당 256원 이상이 될 것으로 보여 수돗물보다 250배 이상 비싼 물을 파는 것』이라고 질타했습니다.

음용수가 갖는 상징성 때문에 수돗물 문제는 꼭 경제문제로만 볼 수 없는 측면이 있기는 하지만, 부산시가 식수용 수돗물을 병에 담아 공급하려는 계획은 경제적 측면에서 타당성을 검토하는 것이 바람직하다고 생각합니다. 경제적 측면에서 보면, 부산시의 계획이 낙동강에 대한 사형선고이자 정부의 맑은 물 공급대책을 수포로 돌리는 계획으로 보이지는 않습니다. 수돗물을 꼭 낙동강에서 취수해야 한다는 법도 없습니다. 만약 낙동강 물이 이미 수돗물의 취수원으로 부적절하다면 그것이 어떤 상징적 의미를 갖든 간에, 낙동강 물을 수돗물로 이용하는 것은 바람직하지 않다고 봅니다. 그리고 수입 물을 제공하려는 부산시의 대책은 오히려 시민들에게 맑은 물을 값싸게 제공하려는 대책이라 하겠습니다. 그 값이 병당 256원이어서 현재 수돗물보다 250배 비싸다고 했지만, 현재 상업용으로 가정에 배달하는 물은 1.8 ℓ 당 국내산은 750원, 수입품은 2,000원 정도여서 부산시의 공급계획 가격인 256원보다 훨씬 더 비쌉니다.

낙동강에서 취수한 물은 허드렛물로 사용하고, 좋은 취수원에서 채취한 물을 음용수로 특별히 정수하여 병에 넣어 공급하려는 계획은 매우 바람직한, 그리고 효율적인 음용수 공급계획이라 하겠습니다. 왜냐하면 이 같은 계획은 음용수로 화장실 세척이나 자동차 세척용 물로 사용하는 현재 우리의 수돗물 낭비와 비효율을 어느 정도 완화하는 계기가 될 것이기 때문입니다.

완벽주의의 허실

『99%의 완벽보다는 99.5%의 완벽을 기하는 것이 항상 바람직한가?』

어느 기업의 광고는 「1%의 마지막 정성」이 그 기업이 추구하는 「기업문화 정신」이라고 하면서, 『99%가 100%를 대신할 수는 없습니다』라는 캐치프레이즈를 내걸고 있었습니다. 이어서 그 광고는 『1%의 마지막 정성만이 오직 완벽한 기술과 제품을 탄생시키고, 이는 밖에서 벌어 안을 살찌우는 우리 기업의 수출 기업정신이기도 하다』라고 자랑하고 있었습니다.

사실 우리나라 제품의 고질적인 문제가, 제품은 제대로 만들어놓고도 끝마무리를 제대로 못해 클레임이 걸리고 수출상품이 제값을 받지 못한다는 것을 감안할 때 물론 이 광고가 소구하는 진의——즉 가급적 완벽을 기하겠다는 기업정신을 강조한 취지—— 를 충분히 이해할 수 있습니다. 그러나 문자 그대로의 광고문안을 경제학적으로 해석하면 문제가 있는 것도 사실입니다. 왜냐하면 의사결정, 즉 어느 정도의 완벽을 기할 것인가를 결정할 때는 그 완벽을 기하는 데 드는 비용도 아울러 살펴야 하는데, 이 광고에는 그 비용에 관한 이야기가 없기 때문입니다. 예컨대, 99%의 정확도로부터 99.5%의 완벽을 기하기 위해서는 0.5%만큼의 완벽도를 제고시킴으로써 기업이 얻는 추가적 이득(즉 한계수입), 그리고 그러한 완벽도를 달성하기 위해 기업이 추가적으로 부담해야 하는 시간과 돈 등 한계비용을 함께 고려해야 합니다. 물론 여기에서 말하는 추가적 이득과 비용은 단기뿐만 아니라 장기적으로 기대하는 이득과 비용을 모두 포함하는 것입니다.

금융기관에서도 완벽하게 대출자격을 심사하기 위해서 각종 서류를 갖추게 하고 도장도 여러 군데 찍게 하는데, 물론 그로 인해서 대출심사의 완벽도는 증가합니다. 아울러 보증인의 인감증명서를 첨부시킨다면 완벽도는 더욱 증가합니다. 그렇지만 그 모두가 고객에게는 시간과 불편함 등 비용을 초래하는 것입니다. 따라서 금융기관 대출심사의 완벽성도, 은행이 얻는 이득만 생각하고 고객이 부담하는 비용을 고려하지 않는다면 그렇게 하지 않는 다른 은행에게 결국 고객을 빼앗기게 될 것이므로 합리적 의사결정이 되지 않을 수도 있습니다.

기업활동에서 가급적이면── 비용이 같다면── 완벽을 추구하는 것 자체는 좋으며, 마땅히 그렇게 해야 하겠습니다. 그렇지만 일반적으로 완벽을 추구함에 따라 비용도 아울러 상승한다는 점을 유념하고, 완벽의 추구에 따른 추가적 이득과 추가적 비용을 함께 비교해보는 것이 합리적 사고방식입니다.

경제적 유인문제

『새마을금고가 도산하면 예금주들이 큰 피해를 보게 되니 정부가 구제해주는 것은 당연한 일 아닌가?』

시장경제에서는 개인으로 하여금 어떤 행동을 하도록 하는 또는 하지 않도록 하는 경제적 유인이 있습니다. 개인이 스스로 취한 행동에 대해 전적으로 책임지지 않을 때는 경제적 유인이 부적절하기 때문입니다. 이를 「부적절한 경제적 유인문제」라고 합니다.

우리나라에서는 마을금고가 가끔 도산에 이르렀을 때마다 정부가 구제해주었습니다. 마을금고의 도산은 고객들에게 마을금고의 경영상태를 제대로 감독할 유인이 결여되었기 때문에 발생합니다. 아울러 마을금고 대주주이며 직접 경영하는 기업가도 높은 위험을 부담해서 이윤이 발생하면 자기 자신에게 그 이익이 오고, 잘못돼서 도산하게 되면 국가가 책임을 져주니 건전경영을 할 유인이 약합니다. 여기에도 부적절한 경제적 유인문제가 있습니다.

시장경제에서 부적절한 경제적 유인문제를 해결하기 위해서는 계약을 합니다. 예를 들면 집을 전세계약할 때도 거래당사자가 그 약속을 이행하도록 경제적 유인을 제공하는 계약을 합니다. 전세거래를 할 경우 전세계약을 파기하면 집주인은 계약금의 두 배를 배상해야 하고, 임차인은 계약금을 포기한다는 조항이 그것입니다. 그렇지만 거래를 할 때마다 발생할 수 있는 예상 가능한 문제들을 상정하고 이에 대한 대비방안을 계약서에 일일이 써넣기도 어렵고, 또 그렇게 하자면 비용도 많이 듭니다. 그리고 진짜 문제가 발생하면 계약서 내용에 대해 쌍방이 각기 달리 해석할 부분이 있게 마련이어서 결국 소송으로 이어지는 경우가 많습니다. 그러므로 계약은 부적절한 경제적 유인문제를 해결하는 데 최선의 방법은 아니라 하겠습니다.

시장경제에서 부적절한 유인문제를 해결하는 또 하나의 방법으로 주위의 평판이 중요한 기능을 수행합니다. 비록 문제가 생겼을 경우 해당소비자는 돈으로 보상받을 수는 없지만, 어느 기업이 잘못했다는 소문이 퍼지면 그 기업은 좋은 평판을 잃어 큰 손해를 보기 때문에 성실하게 거래를 할 유인으로 작용합니다. 더욱이 좋은 평판을 얻은 기업은 시장지배력이 제고되어 초과이윤을 얻는데, 이를 「평판지대(reputation rent)」라고 합니다.

이제 사장들은 장기적으로 평판지대를 얻을 수 있도록 고객에게 세심한 배려를 해야 하겠고, 소비자도 좋은 평판을 유지하는 기업의 상품이나 서비스를 애용함으로써, 기업가로 하여금 좋은 평판을 유지하는 것이 이득이 된다는 점을 인식하도록 경제적 유인을 제공해야 하겠습니다.

시간의 적시성

『일은 되도록 빨리 처리하는 것이 바람직한가?』

세 상에 귀중한 것이 많이 있겠지만, 시간만큼 귀한 것도 많지 않다고 봅니다. 시간은 저장할 수도 없기 때문에 한번 지나가면 그뿐입니다. 따라서 우리는 시간을 가급적 최대한 효율적으로 활용하려 합니다.

불행히도 우리 사회에는 「빨리 빨리」 일하는 것이 시간을 가장 효율적으로 활용하는 방안이라는 의식이 팽배해 있는 듯합니다. 어떤 이는 우리 사회의 이러한 「빨리 빨리 문화」의 근원을 농경민족이라는 데서 찾기도 합니다. 농사일은 급히 하지 않으면 1년 농사를 망친

다는 특징이 있습니다. 봄이 되면 빨리 빨리 씨앗을 뿌리고, 여름이 되면 빨리 빨리 김을 매고, 가을이 되면 빨리 빨리 추수해야 한다는 것입니다. 만약 봄에 빨리 빨리 씨앗을 뿌리지 못하거나 가을에 빨리 빨리 추수하지 않으면 곧 절기가 바뀌어서 1년 농사를 망칠 수도 있다는 것입니다. 그래서 우리 선조들은 일을 빨리 빨리 할 수밖에 없었고, 그러한 문화가 핏줄을 타고 이어져 비록 현재는 산업사회가 되었지만 빨리 빨리 문화가 기승을 부리고 있다는 것입니다.

그런데 여기에서 눈여겨봐야 할 점은 우리 선조들이 빨리 빨리 일한 것은 투입하는 시간을 무조건 줄이려 했던 것이 아니라, 일을 「제때」 하라는 것이었다는 점입니다. 우리 선조들은 일을 「빨리 빨리」 한 것이 아니라, 「제때 제때」 하라고 가르친 것입니다. 빨리 빨리 씨앗을 뿌리라는 것이 아니라 봄이 다 가기 전에 제때 씨앗을 뿌리고, 빨리 빨리 추수하라는 것이 아니라 겨울이 오기 전에 제때 추수하라는 것이었습니다. 일을 빨리 빨리만 하려다 보면, 제조업인 경우 금방 눈에는 띄지 않을지라도 상품의 내구성이 떨어지는 등 품질이 저

하되게 마련입니다. 서비스업은 빨리 빨리 하는 만큼 정성이 모자라
니 제공하는 서비스의 질이 낮아집니다. 그것은 장기적으로 고객의
손실로 이어집니다.

이제 우리 기업체 사장들도 일을 「빨리 빨리」하는 데 치중하기보
다는 「제때」하도록 해야 합니다. 주문받은 상품을 빨리 빨리 납품하
려 할 것이 아니라, 상대방이 원하는 시점에 맞춰서, 즉 적시 납품하
도록 힘써야 합니다. 적시성도 하나의 경쟁요인임을 인식해야 하겠
습니다.

타이밍

『기업의 인사이동은 봄에 하는 것이 바람직한가?』

우리 주위에는 어떤 일을 처리할 때 적당한 시기, 즉 적기에 대
한 고려가 부족하여 많은 사람들에게 큰 어려움을 주는 경우를
자주 봅니다.

대출금의 가치를 결정할 때 금액만큼이나 중요한 것이 대출받는
시점, 즉 타이밍입니다. 예컨대, 남편이 교통사고를 당해 수술보증
금을 예치해야 할 고객이 주거래은행에 가서 대출을 신청할 때, 대출
담당자가 단골고객임을 확인하고 그간의 거래관계를 살펴본 후 즉석
에서 서명만으로 대출해 준다면 그 남편은 제때에 수술을 받아 생명
을 구할 수 있을 것입니다. 그런데 보증이나 담보물을 설정케 하여
하루나 이틀 후에 대출해 준다면, 그 돈은 장례식에 쓰일 것입니다.
따라서 대출금의 가치는 대출시점, 즉 타이밍에 따라서 크게 달라지
는 것입니다.

매년 직장의 본·지점에 정기 인사이동 발령을 낼 경우, 2월에 발

령을 내느냐 또는 3월에 발령을 내느냐에 따라 자녀들에게 미치는 영향은 큰 차이가 있습니다. 겨울방학이 끝난 새 학기에는 누구든 간에, 어차피 학년이 바뀌고 반이 바뀌어서 새로운 친구들과 만납니다. 그러므로 2월, 즉 겨울방학 기간에 아버지의 직장 이동발령이 나면, 아이들은 방학 동안에 아버지의 새로운 임지로 전학을 가기 때문에 새 학교에서 새로운 친구들을 만날 수 있습니다. 반면에 3월에 발령을 내면, 새 학기에 접어들어 새로 만난 동무들과 막 정이 드려는 시점에, 다시 먼 지방의 새로운 학교에 전학하여 새로운 친구들과 사귀어야 하는 부담을 갖습니다. 기업의 처지에서 보아 2월에 하든 3월에 하든 간에, 정기인사에 크게 차이가 없다면 2월에 정기 인사이동을 하는 것이 적기라 하겠습니다.

특히 직장발령일과 부임일 사이에 어느 정도——예컨대 1개월 간—— 의 시차가 있으면 아이들뿐만 아니라 직장인들도 적응하기가 매우 좋을 것입니다. 왜냐하면 그 동안 현재 추진 중인 일을 마무리할 수도 있을 것이고, 새 임지에서 집을 구하는 등 부임에 필요한 준비도 여유 있게 할 수 있기 때문입니다. 그러므로 전국에 지사 또는 지점을 둔 사장은 인사이동 시기의 중요성을 인식하고 절절한 타이밍을 선택해야 합니다. 더욱이 해외에 직원을 파견하는 경우에는 더욱더 세심하고 치밀한 고려가 필요합니다.

제 9 장

자·본·고·용·과 노·사·관·계

1

인적 자본과 임금

『최저임금의 인상은 고용을 크게 감축하는 것 아닌가?』

경제원론에서 가장 강조하는 것 가운데 하나가 「수요의 법칙」입니다. 노동시장에서도 노동에 대한 수요법칙에 따라 임금의 상승은 노동에 대한 수요량을 감축시킬 것입니다. 그래서 정부가 미숙련 노동자에 대한 최저임금 수준을 상향조정하면, 미숙련 노동에 대한 수요량이 감소할 것이므로 이에 대한 고용도 감소한다는 것이 이론적 결론입니다.

문제는 얼마나 많은 고용이 감소할 것인가 하는 점입니다. 현재 미국에서 미숙련 노동자의 최저임금은 4.25달러인데, 만약 이를 25% 인상하면 50만~200만 명 정도의 실업자가 발생할 것이라고 경제학자들은 전망했습니다. 이러한 이론적 가설을 직접 검증하기 위해서 미국의 한 교수 연구팀은 1992년 최저임금 수준을 상향조정한 뉴저지 주와 최저임금을 변동시키지 않은 이웃 델라웨어 주에 있는 햄버거 가게 경영자들을 대상으로 설문조사를 했습니다. 만약 최저임금이론이 맞다면 최저임금이 변동하지 않은 델라웨어 주 햄버거 가게의 고용은 변동이 없어야 하고, 최저임금을 인상한 뉴저지 주 햄버거 가게의 고용은 감축됐을 것입니다. 그런데 이 당시 뉴저지 주 햄버거 가게의 평균고용인원은 오히려 증가했습니다. 달라진 것이 있다면 원가상승을 회피하기 위해 햄버거 가격이 좀 올랐다는 것뿐이었습니다. 그런데 가격이 조금 올랐다고 해서 햄버거 수요량이 크게 감소했다는 증거는 없었습니다.

이러한 연구결과에 대해 임금인상 효과가 실제로 영향을 미치기 전에 통계조사를 시행했기 때문이 아닌가 하는 반론이 있었습니다. 그러나 적어도 한 가지 분명한 것은, 비록 이 조사결과를 전폭적으로 지지하지 않는 사람들도 최저임금의 인상이 고용에 미치는 부정적 효과가 과거에 생각했던 것만큼 크지는 않으리라고 생각하게 되었다는 점입니다.

이 이야기는 우리가 경제이론을 공부할 때 어떤 정책이 초래할 정책효과의 방향뿐만 아니라, 정책효과의 크기에도 좀더 많은 연구가 필요함을 시사합니다.

다른 한편으로 유럽과 미국의 실업률을 비교해 보면 유럽이 미국보다 2배 이상 높습니다. 그 원인은 유럽의 최저임금률 인상 속도가 미국보다 2배 이상 높다는 것을 지적한 사람도 있습니다. 그러므로 높은 최저임금 수준은 장기적으로 실업률을 높일 가능성이 큰 것으로 보입니다.

급여수당

임금은 노동서비스에 대한 대가입니다. 그런데 적정임금 기준은 노사 간, 그리고 같은 노동자 사이에도 다를 수 있습니다. 대체로 적정임금을 결정하는 기본원칙은 이론적으로 세 가지가 있습니다. 첫째는 생산성의 원칙으로서 열심히 일한 사람은 그렇지 않은 사람보다 높은 임금을 받아야 한다는 것입니다. 둘째는 필요의 원칙으로서 가족이 많은 노동자는 독신 노동자보다 많은 임금을 받아야 한다는 것입니다. 셋째는 수고의 원칙으로서 강도 높은 노동을 하는 사람은 그렇지 않은 사람보다 많은 임금을 받아야 한다는 원칙입니다.

우리나라에서 임금은 대체로 이러한 세 가지 원칙을 반영합니다. 그런데 임금구조는 같은 선진국이라 하더라도 미국과 일본 사이에는 큰 차이가 있습니다. 미국의 임금은 기본급과 보너스로만 구성되어 있고 수당은 거의 없습니다. 그런데 일본은 기본급 외에 다양한 수당으로 구성되어 있습니다. 우리나라 임금체계도 일본과 같이 기본급 이외에 다양한 수당으로 구성되어 있습니다.

원래 수당은 임금지급의 3대 원칙을 반영하여 노동의 특성이나 노동자의 특성에 따라 임금을 차별화하기 위해 생겨난 것입니다. 첫째, 생산성의 원칙을 반영하여 시간외수당, 휴일근무수당, 생산성향상수당, 성과급수당, 보직수당, 작업수당, 잔업수당, 토요수당, 심야수당 등이 있습니다. 둘째, 필요의 원칙을 반영하여 가족수당, 학자금수당, 사택수당 등이 있으며, 셋째 수고의 원칙을 반영하여 위험수당, 위해수당, 출납수당, 현장수당, 공해수당 등이 있습니다.

최근 어떤 조사에 의하면 우리나라에는 무려 88가지 수당이 있다고 합니다. 이토록 많은 종류의 수당은 노사 모두의 책임입니다. 사장은 상여금이나 퇴직금 등 다른 보수지급 산정의 기준이 되는 기본급의 비율을 낮추려 하고, 노동조합도 기존수당을 개선하기보다는 새로운 수당을 신설해서 업적을 과시하려 하기 때문에 수당을 신설하는 것입니다. 그런데 수당 신설은 임금체계를 복잡하게 만들기 때문에 꼭 바람직한 현상은 아니라 하겠습니다.

효율적 임금이론

『생산성이 높기 때문에 높은 임금을 지급하는가, 아니면 높은 임금을 받기 때문에 생산성이 높아지는가?』

최근 세무관련부서에서 근무하는 말단 공무원의 세금비리 사건이 빈발해서 여론이 비등하고 있습니다. 이에 대해 어떻게 대처할 것인가 생각해보기로 하겠습니다.

전통적 임금이론에 의하면 노동시장이 경쟁적인 경우 노동자의 임금은 노동자의 한계생산성에 따라 결정된다고 합니다. 이는 생산성이 높으면 높은 임금을 받는다는 이론입니다. 그런데 이와 같이 실적 또는 업적에 따라 임금을 받게 되면 노동자는 기업에 충성할 유인이 별로 없습니다. 왜냐하면 다른 기업으로 옮겨가도 동일한 업적으로 그에 상응하는 임금을 받을 수 있기 때문입니다.

그런데 현실적으로는 중간관리자층에서 고위경영자로 승진하는 경우 임금이 두 배 또는 세 배로 뛰는 경우가 있습니다. 이것은 노동자의 생산성에 따라서 임금이 결정된다는 전통적 임금이론으로는 설명할 수 없는 현상입니다. 이러한 현상을 설명하는 이론이 「효율적 임금이론」입니다. 이 이론에 의하면 기업은 노동자에게 충성을 요구하기 위해서 노동자가 다른 기업 또는 직종으로 옮겨갈 때 받을 수 있는 임금보다 높은 수준의 임금을 지급한다고 보는 이론입니다. 즉 더 높은 임금을 지급하면 더 높은 생산성을 기대할 수 있다는 이론입니다. 이는 생산성이 높기 때문에 높은 임금을 받는다기보다는 높은 임금을 지급하기 때문에 생산성도 높아진다는 이론입니다.

만약 노동자가 다른 직장이나 직종에 가서 받을 수 있는 수준보다 높은 임금을 받게 되면, 해고당하는 기회비용이 높아집니다. 그러므로 높은 임금이라는 당근은 해고에 따른 채찍과 같습니다. 이와 같이 충성을 바치도록 하기 위한 임금을 「신뢰의 임금」이라고 합니다. 현금을 다루는 직종에 있는 사람들에게 높은 임금을 지급하는 이유도 바로 「신뢰의 임금」 이론에 따른 것입니다. 즉 그들의 생산성이 높고 신뢰할 만해서 높은 임금을 지급하는 것이 아니라, 높은 임금을 지급하여 그들이 더 신뢰할 수 있는 노동자가 되도록 하고, 특히 해고의 위험에 따른 비용을 높여 도덕적으로 행동할 것을 바라기 때문입니다. 그러므로 말단 세무공무원의 비리를 방지하기 위해서는 효율적 임금이론에 따라 더 높은 임금을 지급하는 것도 하나의 방안이 될 것입니다.

사장은 직원이나 종업원 가운데 꼭 붙잡아 두고 싶은, 매우 탐나는 노동자가 있을 경우 업적에 걸맞게 임금을 지급하는 전통적인 방법 대신에 「효율적 임금가설」에 따라 더 높은 임금을 지급하면, 더 열심히 충성하는 결과를 기대할 수 있을 것입니다.

인플레이션 신화

『노동자는 인플레이션으로 항상 피해를 보는 것 아닌가?』

1996년 초부터 국내 경기침체를 우려하면서도 4월의 총선거 등을 감안할 때 인플레이션에 대한 걱정이 없지 않습니다. 그런데 일반사람들이 인플레이션에 대해 오해하고 있는 것 가운데 하나는 인플레이션으로 모두 손해를 본다고 생각하는 것입니다.

인플레이션이 발생하면 실질임금이 하락합니다. 이 때 실질임금이 얼마나 하락할 것인지는 물가가 상승할 때 얼마나 빨리 명목임금이 상승하느냐에 달려 있습니다. 대체로 임금은 물가와 시차를 두고 함께 상승합니다만, 직종에 따라 임금이 상승하는 시기는 각기 다를 수 있습니다.

물가가 상승할 때 별 시차 없이 임금이 상승해도 노동자들은 인플레이션으로 피해를 입는 것으로 인식하기가 쉽습니다. 예를 들어, 어느 노동자의 생산성이 매년 3% 상승하고 임금이 그 생산성 증가를 반영해서 매년 3%씩 상승한다고 합시다. 그런데 갑자기 물가가 5%씩 상승하면 시차가 있기는 하지만 곧 임금도 생산성 증가 3%와 인플레이션 5%를 반영해서 8% 상승하게 될 것입니다.

이 경우 경제학자들은 임금상승률 8%를 생산성 증가 3%와 인플레이션에 대한 보상 5%로 구분할 것입니다. 이 경우 물가가 5% 상승했더라도 노동자의 실질임금은 변함이 없기 때문에, 노동자는 인플레이션으로 아무런 피해도 입지 않습니다. 그럼에도 불구하고 이 때도 노동자들은 피해를 입었다고 생각하기 쉽습니다. 왜냐하면 노동자들은 8%의 임금상승은 자기가 열심히 일한 대가, 즉 생산성 증가에 대한 대가라고 믿기 때문입니다. 그러다 보니 물가가 5% 상승할 때 자기의 소득 가운데 5%를 인플레이션이 빼앗아 간다고 생각하기가 쉽습니다.

그렇지만 기업은 노동자의 3% 생산성 증가에 대해서는 3%의 임금인상으로 보상해주었기 때문에, 노동자가 인플레이션으로 피해를 본 것은 아닙니다. 그럼에도 불구하고 노동자들이 인플레이션에 대해 비난하는 것은 바로 이러한 원리를 이해하지 못하거나 현실적으로 인식하지 못해 생기는 오해입니다.

『인플레이션을 우려하는 것은 소득은 증가하지 않고 가격만 상승하기 때문 아닌가?』

인플레이션이 우리의 경제생활에 어떤 피해를 주는가 알아보고자 할 때, 일반 사람들은 옛날에는 1만 원을 가지고 쌀을 얼마 살 수 있었는데, 지금은 얼마밖에 살 수 없다는 등의 애기를 할 것입니다. 이는 인플레이션이 발생하기 이전과 이후를 돈으로 구매할 수 있는 물품의 양을 비교해봄으로써 인플레이션으로 인한 두 시점 사이에 화폐의 구매력이 얼마나 하락했는가를 파악해보는 것입니다. 이것은 인플레이션으로 그 동안 화폐가치가 얼마나 하락했는가를 파악해봄으로써 인플레이션 피해를 가늠해보려는 매우 바람직한 방법입니다.

그런데 일반 사람들은 곧잘 두 시점 사이에 화폐의 구매력 변화를 계산해보는 대신에, 특정 물건을 사는 데 두 시점 사이에 얼마의 돈이 들어가는가를 비교해보기가 쉽습니다. 예컨대, 10년 전과 지금의 경제상황을 비교해볼 때 그 동안 인플레이션으로 물가와 명목임금이 모두 두 배가 되었다면 노동자의 실질임금에는 아무런 변화가 없는 것입니다.

만약 이 때 노동자들이 두 시점 사이의 물건 값을 비교해보면, 인플레이션에서 큰 피해를 입은 것으로 오해하기 쉽습니다. 예컨대, 10년 전에는 쌀 한 가마의 가격이 5만 원이었고 지금은 10만 원이라고 합시다. 그러면 노동자들이 예전에는 쌀 한 가마를 5만 원이면 살 수 있었는데 인플레이션으로 지금은 10만 원을 주어야 한다면서, 세상에 물가가 올라도 너무 올랐다고 불만을 터뜨릴 것입니다. 이처럼 노동자들이 쌀 가격은 5만 원이어야 한다는 생각을 떨쳐버리지 못하는 한, 비록 실질임금에는 변화가 없다고 하더라도 인플레이션에 대해 불만을 갖게 마련입니다.

이러한 오해는 인플레이션이 발생할 때 상품의 가격만 상승하는 것이 아니라, 명목임금도 상승한다는 것을 일반 사람들이 의식하지 않기 때문입니다. 즉 인플레이션으로 지난 10년 간 쌀 값이 두 배가 되었고 자신의 명목임금도 두 배가 되었다면 실질임금에는 변화가 없음에도 이를 인식하지 못하기 때문입니다. 그러므로 인플레이션으로 인한 피해는 항상 자기의 실질임금 또는 실질소득이 어떻게 변하는가를 기준으로 판단하는 것이 바람직합니다.

인간자본

『자본이란 기계를 말하는 것 아닌가?』

전통적으로 자본주의의 기본사상은, 국가의 부를 생성하고 축적하여 번영하는 경제를 가꾸기 위해서는 자본축적이 가장 관건이라는 것입니다. 여기에서 자본축적은 공장이나 기계설비 등 주로 실물자본을 의미했습니다.

최근 들어 자본에는 실물자본뿐만 아니라 인간자본도 있다는 것을 인식하기에 이르렀습니다. 여기에서 인간자본의 의미는 생산력이 인간에게 체화된 것을 말합니다. 실물자본, 즉 더 좋은 기계설비를 보유하면 똑같은 노동을 투입해서 더 많은 생산물을 얻을 수 있듯이, 인간자본이 축적되면 똑같은 노동을 투입해서 더 좋은 생산물을 얻을 수 있습니다. 예컨대, 좋은 생산기술을 습득한 노동자, 즉 인간자본이 축적된 노동자와 미숙련 노동자 사이에는 비록 동일한 노동을 투입한다고 해도 생산물은 큰 차이가 발생할 수 있습니다.

과거에는 실물자본이 여느 생산요소보다 중시되었습니다. 즉 기계는 노동자보다 훨씬 더 중요한 생산요소로 취급되었습니다. 따라서 기계가 중심적 위치를 차지하고 사람은 부차적 취급을 받았습니다. 그러나 이제는 인간자본을 더욱 중요한 생산요소로 인식하고 있습니다. 왜냐하면 생산이란 결국 부가가치를 창출하는 것인데, 이제는 부가가치 창출과정에서 실물자본의 기여는 점차 감소하고 인간자본의 기여가 점차 높아지기 때문입니다. 이제는 자동차 차체를 제작하는 사람보다는 자동차를 잘 설계하는 사람이 더 좋은 대접을 받고, 자동차를 잘 만드는 것보다는 자동차를 잘 마케팅할 수 있는 사람이 더 중요하게 되었습니다. 영화제작만 하더라도 이제는 스튜디오에서 컴퓨터 그래픽으로 어떤 모습의 연기자나 연기를 제작할 수 있게 되었습니다. 따라서 배우의 연기보다는 컴퓨터 전문가의 창의적 아이디어가 더욱 중요해지고 있습니다.

이러한 변화는 앞으로 기업경영에서 인적 자원의 확보가 가장 중요한 관건으로서 자리잡게 될 것임을 시사합니다. 그러므로 이제 개별기업의 성패 여부는 최신식 기계의 확보에 달려 있는 것이 아니라, 유능한 인적 자원 확보에 달려 있음을 사장들은 인식해야 하겠습니다. 또한 유능한 인적 자원을 확보하는 것뿐만 아니라, 인적 자원의 향상을 위한 주기적 훈련과 연수 기회를 제공하는 것도 중요함을 인식해야 하겠습니다.

『어쨌든 기업의 성패는 최신식 기계의 보유 여부에 달린 것 아닌가?』

  매년 12월은 대기업과 중견기업의 공채가 실시되는 달입니다. 여러 회사에서 새로운 인재를 뽑는 시즌입니다. 최근 한 가지 특징적인 사항은 유능한 신입사원을 뽑기 위해 응시 대상분야의 확대, 인턴제도를 비롯하여 다양한 선발방법 도입 등 기업이 새로운 채용방법을 모색하고 있다는 점입니다.

  기업이 훌륭한 신입사원을 뽑기 위해 남달리 노력하는 것은 당연한 일입니다. 왜냐하면 21세기에 가장 중요한 자원은 인적 자원이기 때문입니다. 몇백 년 전만 해도 우리는 「농자천하지대본」이라고 해서 농토를 가장 중요한 자원으로 생각했습니다. 1960년대 초만 하더라도 우리나라 인구의 60% 이상이 농업에 종사했습니다. 그러나 21세기 초에는 우리나라 인구의 약 6% 정도가 농업에 종사하게 되리라고 봅니다.

  해방 후 지금까지 우리는 자본주의시대를 살아왔는데, 이 시기에는 생산시설을 의미하는 실물자본의 중요성이 강조되었습니다. 기업의 성패는 어느 기업이 더 우수한 기계와 최신식 기계를 보유하느냐에 따라 판가름되었습니다. 따라서 기업들은 새로운 기계와 성능이 다양한 기계, 그리고 질 좋은 기계를 개발하고 구입하는 경쟁을 벌였습니다.

  미래학자 가운데는 장차 선진국의 제조업 위상이 현재 농업의 위상으로 전락하리라고 전망하는 사람도 있습니다. 그리고 제조행위 가운데에서도 기술이 차지하는 부분의 중요성이 더욱 커질 것으로 예측합니다. 즉 21세기는 기술경쟁의 시대가 될 것으로 점치고 있습니다.

  이 때 가장 중요한 것은 기술을 개발할 인적 자원, 즉 인간자본입니다. 이 시대에는 어느 기업이 가장 우수한 인적 자원을 많이 보유하고 있느냐에 따라 기업의 성패가 결정될 것입니다. 기술경쟁시대에는 기업들이 「인적 자원의 쟁탈전」을 벌이게 될 것입니다.

현재 스포츠 계에서 나이 어린 꿈나무 가운데 유망한 선수를 발굴해서 각종 혜택을 부여하면서 장기간 키우고 있는 것처럼, 기업체 사장들도 점차 어린이들을 대상으로 유망한 인적 자원을 발굴하는 노력을 경주하도록 해야 합니다. 예컨대, 우수한 컴퓨터 인재가 필요한 기업에서는 초등학교 학생 가운데 이 분야에 남다른 소질을 보이는 학생을 찾아 나서고, 또 그러한 학생이 정규교육과정을 모두 마칠 때까지 전폭적으로 지원하여 훌륭한 인재로 양성하는 노력을 경주하는 것이 바람직합니다. 컴퓨터업계 사장들은 현재 전국적인 규모로 개최하고 있는 컴퓨터 경진대회에서 수상한 학생들을 눈여겨보고 후원해주는 것도 한 가지 방안일 듯 싶습니다.

노동생산성

『최소한의 노동력이나 시간을 투입하여 주어진 생산량을 산출하는 것이 노동생산성을 극대화하는 방안 아닌가?』

미래학자 토플러는 「제2의 물결」 시대였던 18~20세기 전반기까지는 양(量) 중시 시대였다고 말합니다. 대량생산, 대량분배, 대량소비가 이 시대의 특징이었습니다. 토플러는 이제 세계는 「제3의 물결」 시대에 접어들었고, 이 시대는 지식중심 사회가 될 것이라고 말합니다. 지식중심 사회의 특징 가운데 하나는 질(質)의 중시입니다.

오늘날 우리 사회도 양 중시의 시대로부터 질 중시의 시대로 전환하고 있습니다. 이에 따라 경제에도 여러 가지 변화가 예상되는데, 그 가운데 하나가 노동생산성의 개념입니다. 제2의 물결 시대에는 총생산량을 노동력의 숫자와 투입한 시간으로 나눠 노동생산성을 계산했습니다. 즉 노동생산성을 양으로 측정했습니다. 따라서 노동생산성을 높이기 위한 방법은 주어진 숫자의 노동자가 생산량을 증가시키거나, 주어진 생산량을 만드는 데 가급적 적은 노동력이나 시간을 투입하는 것이었습니다.

제3의 물결 시대, 즉 질 중심의 시대가 되면 생산량을 기준으로 노동생산성을 측정하는 것이 별 의미가 없습니다. 예컨대, 최근 대학에서 학생들에게 한 학기 동안 부과하는 과제물의 양은 예전과 비슷할지 모릅니다. 그러나 오늘날 학생들이 워드프로세서와 컬러 프린터를 이용해 작성한 리포트는 표지뿐만 아니라 내용 면에서 예전의 리포트와는 비교할 수 없을 만큼 알찹니다.

비록 학생들이 해당 리포트를 작성하기 위해 투입하는 시간과 노력은 예전과 비슷하다 해도, 학생들의 생산성은 예전에 비해 엄청나게 향상되었음을 알 수 있습니다. 그렇지만 전통적인 개념으로 측정한 학생들의 노동생산성을 학기당 리포트 수량으로 측정한다면 학생들의 노동생산성은 예나 지금이나 거의 비슷할 것입니다. 그렇지만 이것은 학생들이 리포트를 작성하기 이전에 컴퓨터 작동법을 배우고 데이터베이스를 검색하는 방법을 숙지하는 데 투입한 시간 등 지식의 요소를 감안하지 않고 있는 것입니다.

질을 반영하는 노동생산성의 측정이 중요한 까닭은 노동생산성이 소득분배의 기준이 되기 때문입니다. 이제 기업체 사장도 질을 반영하는 노동생산성 개념을 도입해야 하고, 종업원에게는 질을 높이는 데 애쓴 응분의 대가가 주어져야 합니다. 그렇게 함으로써 우리나라도 질 중시 사회로 발전할 것입니다.

> 『임금이나 지대, 그리고 이자 등이 높아져야만 국민소득이 증가하는 것 아닌가?』

1인당 국민소득은 대표적인 소득지표로서 한 나라 국민들의 생활수준을 가늠하는 기준으로 이용되고 있습니다. 그런데 기업의 노동생산성은 노동자들의 연간 생산액을 노동자 수로 나눈 값으로 계산하듯, 한 나라 국민들의 생산성은 그 나라 국민들이 1년 동안 생산한 금액, 즉 국민총생산액을 인구로 나눈 값인 1인당 국민소득으로 측정할 수 있습니다.

기업이 성장하고 발전하기 위해서는 그 기업의 노동생산성이 증가해야 하듯, 한 나라 경제가 발전하기 위해서는 국민 1인당 생산성이 증가해야 합니다. 국민생산성을 증가시키는 방안은 국민생산성, 즉 1인당 국민소득을 계산하는 식의 분자와 분모 두 가지 측면에서 찾아볼 수 있습니다(분자는 국민총생산, 분모는 인구수).

국민총생산액을 증대시키는 방안은 첫째, 산업구조를 고부가가치화해야 합니다. 1인당 생산성이 낮은 농업이나 경공업보다는 1인당 생산성이 높은 첨단산업을 비롯한 중화학공업의 비중을 늘려야 합니다. 생산요소의 부가가치가 높다는 것은 생산요소의 대가가 높다는 것을 의미합니다. 임금이나 지대, 그리고 이자 등이 상대적으로 높아지는 가운데 생산액이 증대되기 위해서는 품질개선 노력이 수반되어야 합니다.

아울러 1인당 부가가치를 높이기 위해서는 노동자들이 더 좋은 기계, 그리고 최신기술을 익힐 수 있어야 합니다. 이를 위해서는 공장과 사무자동화 및 전산화에 대한 투자를 계속해야 하고, 이를 뒷받침하기 위해서는 저축이 증대되어야 합니다. 만약 국산 기계가 부실하거나 국내 기술이 부족한 경우에는 해외로부터 수입해 활용하는 방안을 모색해야 합니다.

기업의 생산성을 증대시키는 데 크게 기여하는 것은 고속도로, 항만 등 사회간접자본의 확충입니다. 이는 생산량의 증대뿐만 아니라 생산된 제품의 운송비용도 절감시킵니다.

분모에는 인구수가 있는데, 인구를 얼마나 효율적으로 활용하는가에 따라 생산성은 결정됩니다. 우선 동일한 인구 가운데 생산에 참여하는 사람들이 많으면 생산성이 높아질 것입니다. 그러므로 실업자를 줄이고, 너무 일찍 현업이나 근로현장을 떠나는 노령인력을 줄이고, 성차별로 인한 유휴 여성인력들이 적어지면 전체 인구의 생산성은 상승합니다. *

이러한 경제이론은, 앞으로 우리나라 1인당 국민소득을 배가하기 위해서는 인구의 노동참여율이 높아져야 한다는 것을 의미합니다. 상가포르의 시간당 임금수준은 우리나라보다 결코 높지 않습니다. 그럼에도 불구하고 1인당 소득은 우리나라의 3배가 넘습니다. 이는 비록 우리나라 노동자들이 시간당 임금은 싱가포르에 비해 많이 받지만 부양가족이 많다는 것을 뜻합니다.

앞으로 우리나라 1인당 소득이 2배가 되기 위해서는 현재의 임금수준이 2배가 되어야 할텐데 이것은 불가능한 일입니다. 따라서 사장들도 우리 인구의 노동참여율을 높일 수 있도록 노력해야겠습니다. 직장에 탁아소를 설치하는 것도 한 가지 방안입니다.

---

* 〈한국경제신문〉, 「국민생산성 수준」(임동승), 1995. 10. 17.

2

고 용

> 『「남자사원 모집, 사무직 남자 ○명, 병역필한 남자에 한함」이라는 구인광고는 문제가 없는가?』

최근 산업화의 진전과 함께 여성인력에 대한 수요가 크게 늘어나고 있습니다. 아울러 핵가족화와 더불어 여성을 부엌에서 해방시켜 주는 가전제품의 보급이 확대되고, 생계비의 상승 등에 따라 맞벌이 부부가 증가하는 등 여성의 취업에 대한 욕구와 태도가 바뀌어가고 있습니다. 취업직종도 전문기술직, 행정·사무직 등으로 다양해지고 있는 추세입니다.

우리 헌법은 평등권을 국민의 기본인권으로 보장하면서 노동에서 남녀평등을 특히 강조하고 있으며, 일찍이 1953년 제정한 근로기준법에서도 근로조건의 남녀 평등대우를 규정하고 있습니다. 그럼에도 불구하고 근로자를 채용할 때 여자에게는 응시기회조차 주지 않는다든지, 여자의 임금은 가계 보조적이라는 생각으로 비록 남녀가 똑같이 일하고 있음에도 불구하고 남자에 비해 낮은 임금을 지급한다든지, 결혼하면 퇴직을 강요하는 등 여성근로자에 대해 모집, 채용, 임금, 교육, 승진, 배치, 정년 등 여러 부문에 걸쳐 차별하는 사례가 많이 있습니다.

그렇지만 이제 사장들은 1988년 4월부터 시행하고 있는 「남녀고용평등법」에서 근로자의 모집, 채용에서부터 퇴직, 해고에 이르기까지 노동의 모든 과정에 걸쳐 합리적 이유 없이 여성을 남성과 차별하는 것을 금지하고, 사업주가 이를 위반할 경우에는 처벌하도록 규정하고 있다는 점에 유의해야 하겠습니다. 예컨대 「남자사원 모집, 사무직 남자 ○명 모집, 병역필한 남자에 한함」 등 여자를 처음부터 배제하거나, 「남녀사원 모집, 단 여자는 25세 이하」라든가 「단, 여자는 미혼에 한함」 등 여성에게만 나이나 결혼조건을 덧붙이는 것도 불평등한 채용행위에 해당합니다. 아울러 「사무직 5급 : 고졸 남자, 사무직 6급 : 고졸 여자」 등으로 동일한 학력을 가진 남녀를 차별하거나 「남자는 정규직, 여자는 임시직」으로 발령하는 것도 금합니다. 이는 동일노동, 동일임금 원칙에 어긋나기 때문입니다. 즉 경력, 학력 등 객관적 조건이 같음에도 불구하고 여성에게만 남성보다 낮은 호봉을 부여하는 것은 안 됩니다.

한 나라의 경제력은 그 나라 구성원 전체의 생산성에 달려 있습니다. 그러므로 사장은 인구의 절반을 차지하는 여성인력에 대한 관심과 투자에 대한 인식의 전환을 해야 할 것입니다. 이제 『여성은 직업의식이 낮고 근속연수가 짧으며, 결혼하면 곧 퇴직할 것이다』라거나, 『여성은 힘든 일이나 외근을 할 수 없고, 섬세하고 단순 반복적인 일에만 적합하다』라는 등 여성에 대한 전통적 고정관념을 탈피해야 합니다.

물론 여성근로자도 스스로의 평등의식과 생산성 향상 노력, 그리고 책임감에서 남성과 똑같은 인식을 가져야 합니다. 따라서 여성근로자도 직장생활에서 필요 이상의 보호나 편의 또는 예외적 대우를 요구하는 것은 여성 스스로 남녀평등의 실현을 저해하는 결과를 가져올 수 있다는 지적에 유의해야 합니다. 왜냐하면 남녀평등은 권리의 평등과 함께 의무의 평등이며, 권한과 함께 책임의 평등이기 때문입니다. *

조기퇴직제

> 『조기퇴직제는 개별기업의 경쟁력을 향상시키므로, 국가 전체로도 바람직한 것 아닌가?』

경제학에서는 개인적으로 보면 맞는 논리라도 전체에 적용할 때는 맞지 않는 경우, 「구성의 모순」이 있다고 합니다. 예컨대, 한국은행이 1억 원어치 돈을 개인에게 주면, 그 개인은 경제적으로 풍요해집니다. 그렇지만 국민 모두에게 1억 원어치씩 돈을 주면 국민 모두가 경제적으로 풍요해지지는 않습니다. 이는 비록 개인적으로는 맞는 논리라도 전체에게 적용하면 맞지 않는 논리가 있음을 잘 보여주는 예입니다.

최근 우리 주위에는 조기퇴직제 등 정년이 되기도 전에 직장을 떠나는 사람들이 증가하고 있습니다. 개별기업의 처지에서는, 조기퇴

---

* 〈노동뉴스〉, 「남녀 고용평등 어떻게 보장되나」(노동부), 1992. 11. 30.

직제가 임금비용 부담이 많은 연령계층을 제거함으로써 생산비 절감에 기여하여 기업의 경쟁력을 향상시킨다는 긍정적 측면이 있기는 합니다. 그렇지만 조기퇴직제가 나라 전체로 확대될 때, 그 나라 전체 국민들이 조기퇴직제 실시 이전에 비해 더 바람직한 처지에 이르게 된다고 단언할 수는 없습니다.

미국 같은 나라에서 조기퇴직제가 그나마 가능한 것은 직장의 수평적 이동이 매우 빈번하고 또 장려되기까지 하는 사회이기 때문입니다. 그래서 한 직장에서 조기퇴직하더라도 다른 직장에서 얼마든지 떳떳하게 일자리를 찾을 수 있습니다. 그러나 신입사원으로 시작해서 사장에 이르기까지 수직적 이동만을 보편적인 것으로 인정하고 있는 우리나라 현실에서 조기퇴직자는 퇴직 후 이동할 자리를 찾기가 대단히 어렵습니다.

그러므로 조기퇴직제의 확산이 국가 전체적으로도 바람직하게 작용하도록 제도적 보완이 필요하다고 생각합니다. 우선 기업체 사장은 종업원의 조기퇴직만 생각할 것이 아니라, 자사에서 조기퇴직한 직원을 파트 타임이나 자문직으로 채용하는 방안도 모색해야 합니다. 아울러 다른 회사의 조기퇴직자를 좀더 생산적으로 활용할 수 있는 자세를 갖춰야 합니다. 특히 조기퇴직자는 전 직장에서 퇴직 때 상당기간 근무경력을 추가로 인정하여 퇴직금을 받았기 때문에 새로운 직장의 임금이 상대적으로 낮더라도 생산적인 일에 종사하고 싶어한다는 점에 유의해야 합니다. 결론적으로 직장의 수평적 이동이 신축적으로 기능할 때 조기퇴직제는 국가 경제에 바람직한 제도가 될 것입니다.

WTO와 아동노동금지 규제

『어린이 노동은 금지시켜야 마땅한 것 아닌가?』

오랜 UR 협상 끝에 1995년부터 출범한 WTO는 최근 전세계 노동기준을 통일시키기 위한 방안을 논의했습니다. 그 가운데 하나가 아동노동금지 규제입니다.

후진국은 아동을 노동시키는 비인간적 행위를 자행하고 있는데, 이렇게 학대받는 아동이 생산한 후진국 상품을 선진국이 수입하면, 이는 선진국이 후진국의 아동노동 행위를 지원하는 셈이 된다는 것입니다. 그래서 선진국은 아동노동으로 생산한 상품의 수입을 규제하자고 나서는 것입니다. 언뜻 보면 이 주장은 꽤 설득력이 있어보입니다. 왜냐하면 그것은 학대받는 후진국 아동을 보호해야 한다는 선진국의 도덕적 절규로 보이기 때문입니다. 문제는 이것이 도덕적 절규로 잘 포장된 보호무역주의의 발상일 수 있다는 데 있습니다.

선진국에서는, 예컨대 15세 이하의 어린이에게 노동을 시키는 것을 법으로 금지하는 아동노동 금지조치가 당연하고 또 마땅한 일이라 하겠습니다. 왜냐하면 15세 이하의 아동은 거의 100% 취학하고 있으며, 더욱이 무상교육을 실시하므로 일터보다는 학교에서 공부하는 것이 바람직하기 때문입니다. 그러나 인도나 방글라데시 등 많은 후진국 어린이들은 교육시설과 재원 부족으로 취학하지 못합니다. 더욱이 가정이 너무 빈곤하여 어릴 때부터 부모를 도와 생계를 해결해야 하는 딱한 경우도 많습니다. 만약 이들에게 선진국에서 아동노동금지 연령인 15세를 적용시켜 노동을 금지시킨다면, 이 어린이들은 갈 곳을 잃게 됩니다.

물론 선후진국을 막론하고 아이들을 학대하는 노동은 금지시켜야 하겠지만, 나라마다 사정이 다르므로 그 기준도 상이할 수 있다는 사실을 인정해야 하겠습니다. 이러한 점을 무시하고 선진국 기준을 모든 나라에 일률적으로 적용해서 무역규제를 하려는 것은 후진국에 매우 불공정한 결과를 초래할 수 있습니다. 사실 선진국이 후진국 어린이들의 사정을 그토록 걱정해준다면 후진국 아동들이 만든 상품수출을 규제할 것이 아니라, 빈곤한 후진국 어린이들이 선진국으로 쉽게 이주할 수 있도록 선진국의 이민규제를 완화하는 것이 훨씬 더 효과적이라는 주장이 또 다른 시각입니다.

정보시대의 구조적 실업

『정부의 경기부양책은 실업문제에 기여하지 않는가?』

실업은 발생원인에 따라 여러 가지 종류가 있습니다. 예컨대, 한 직장에서 다른 직장으로 옮기기까지 일정기간 동안 일하지 못할 수도 있는데, 이를 마찰적 실업이라고 합니다. 이는 구직자와 구인에 대한 정보가 완전하게 제공되지 않아 자기가 바라는 일자리를 찾아 나서는 데——즉 더 좋은 직장을 탐색하는 데——시간이 소요됨으로써 발생하는 실업입니다.

앞으로 우리가 관심을 가져야 할 실업의 형태는 경제구조 또는 산업구조 조정으로 인해 발생하는 구조적 실업입니다. 예컨대, 남녀 성차별을 한다면 능력 있는 여성들이 실업상태에 빠질 수 있는데, 이것이 구조적 실업입니다. 기술혁신으로 인해 발생하는 기술실업도 구조적 실업 가운데 하나입니다. 즉 개인용 컴퓨터와 워드프로세서가 출현함에 따라 타이피스트에 대한 수요가 급격하게 감소함으로써 타이핑 기술만 가졌던 사람들이 실직하게 되었는데, 이것도 구조적 실업의 한 형태입니다. 이는 산업 또는 기업이 필요로 하는 직능과 노동자가 공급할 수 있는 능력 사이의 격차 때문에 발생하는 실업입니다.

20세기 중반부터 시작한 「제3의 물결 시대」에는 지식중심의 사회가 될 것이고, 이 때 산업이 필요로 하는 지식은 급격하게 변화합니다. 20세기 제2의 물결 시대에 유용했던 기술이나 지식이 급격하게 무용지물로 변화하는 시대가 올 것이고, 그에 따라 실업도 발생할 것입니다. 이 때 발생하는 실업도 산업이 필요로 하는 지식을 가진 노동자가 없어서 발생하는 구조적 실업입니다. 이러한 실업문제는 정부가 확장적 거시정책을 시행하여 일자리를 창출한다고 해서 해소할 수 있는 성격이 아닙니다. 왜냐하면 일자리가 없어서 발생하는 실업이 아니라, 일자리가 있다 하더라도 그러한 일자리에 걸맞은 지식이나 기술을 가진 노동자가 없어서 발생하는 실업이기 때문입니다.

이러한 구조적 실업문제를 줄이거나 방지하기 위해서는 앞으로 노동자에 대한 재교육을 강화해야 할 것입니다. 가정교육, 학교교육뿐만 아니라 성인 재교육 등을 통해 노동자가 부단하게 새로운 지식을 습득하도록 해야 합니다.

3

노사관계

『노동조합은 노동자에 대해 완전한 독점력을 유지하는가?』

노동조합이라고 해서 노동자에 대한 완전한 독점력을 가진 것은 아닙니다. 물론 현재 특정 기업의 노동조합에 가입한 노동자에게는 해당기업의 노동조합이 독점력을 행사할 수 있지만, 해당 기업 밖의 노동자에게는 영향력을 행사할 수 없기 때문입니다. 그러므로 노동조합의 힘은 기업체 사장이 내부 노동자를 얼마나 용이하게 외부 노동자로 대치할 수 있는가에 따라 결정된다 하겠습니다. 따라서 노동조합은, 사장이 내부 노동자를 외부 노동자로 대치하기 어렵도록 내부 노동자를 손쉽게 해고할 수 없는 규정을 근로계약에 삽입하려 합니다.

　노동조합이 파업을 하게 되면, 사장은 다른 노동자를 고용할 수 있습니다. 그런데 새로운 노동자를 고용해서 훈련을 시켜 활용하기까지는 막대한 비용과 시간을 필요로 합니다. 더욱이 새로운 노동자를 훈련시켜야 할 사람은 바로 노동조합에 가입한 기존 노동자들입니다. 특히 아무리 훈련을 잘 시킨다고 해도 새로 고용한 노동자가 기존 노동자를 완벽하게 대치할 수 있는 것도 아닙니다.

　그러므로 회사가 필요로 하는 기술이 다른 산업에도 널리 활용되는 기술로서 여타 산업에서 쉽게 노동자를 충원할 수 있는 경우이거나 숙련기술자의 지지를 받지 못하는 노동조합은 상대적으로 힘이 약하게 마련입니다. 1980년대 미국에서 콘티넨털(Continental) 항공사 조종사의 파업이 있었습니다만, 이 파업은 시작하자마자 곧 끝이 났습니다. 그 이유는 조종사들이 파업하자 콘티넨털 항공사는 손쉽게, 더구나 기존 노조 조종사에게 지급했던 임금수준보다도 훨씬 낮은 임금으로 새로운 조종사를 고용할 수 있었기 때문입니다. 트랜스월드 항공사(Trans World Airlines : TWA)도 승무원이 파업했을 때 새로운 승무원으로 쉽게 대치할 수 있게 되자 승무원들은 곧 파업을 끝냈습니다.

　그렇지만 대다수의 경우 회사에서 필요한 기술은 해당회사에서만 유용한 경우가 많습니다. 그러한 경우 사장은 파업하는 내부 노동자를 외부 노동자로 대치하기 어렵습니다. 따라서 노동자가 다른 직장으로 옮기기도 어렵고, 또 사장도 다른 직장에서 노동자를 불러와 대신 고용하기도 어렵습니다. 이러한 경우에는 노동자나 기업의 처지에서 볼 때, 서로 협상으로 기존관계를 유지하는 것이 쌍방에게 이득입니다.

　이 때 양측의 협상력은, 사장이 외부 노동자를 어느 정도 비용과 시간을 들여서 대치할 수 있는가에 따라 결정됩니다. 양측이 협상으

로 문제를 해결할 때 얻을 수 있는 총액을 일반적으로 협상잉여라고
합니다. 그래서 노사협상이란 협상잉여를 노사 양측이 어느 비율로
배분할 것인가를 협상하는 것이라 하겠습니다. 따라서 잉여를 만들
어내지 못하는 회사나 공장에 피해를 끼치는 양상의 노동운동은 마
치 「황금 알을 낳는 거위」를 죽이거나 병들게 하는 것과 같습니다.

타협과 노사협상

『불사이군(不事二君)의 충신은 모두 존경의 대상이어야 하는가?』

우 리는 자기의 주장을 목숨을 걸고 끝까지 지킨 사람들을 숭배하
는 문화적 전통을 지니고 있습니다. 예컨대, 우리는 정몽주를
충신으로 매우 우러러보고 있습니다. 그런데 우리가 정몽주를 숭배
하는 것은 그의 정치적 치적 때문이라기보다는 그가 고매한 학자였
으며, 「불사이군」의 충절을 지키다가 선죽교에서 목숨을 잃었기 때
문일 것입니다. 수양대군은 정치적으로 여러 가지 훌륭한 치적을 남
긴 왕이었지만, 충절을 지키지 않았기에 역사책에서도 낮게 평가하
고 있음을 볼 수 있습니다.

　그렇지만 충신 정몽주가 부패하고 무능하며 실정을 거듭하고 있는
고려의 마지막 왕을 섬기기 위해 목숨을 바친 것이, 과연 백성들을
위해 가장 바람직한 행동이었는가는 다시 생각해볼 여지가 있습니
다. 만약 정몽주가 백성의 삶을 향상시키기 위해 자기의 평소 경륜을
제시하며, 이를 이성계가 수락하면 협력할 수 있다고 타협했더라면
이성계가 쿠데타를 획책하지 않았을지도 모르고, 그의 고매한 경륜
이 새로운 임금하에서 꽃을 피워 만백성들을 안락하게 하여 빛을 보
았을 가능성도 있었을 것입니다. *

우리는 타협, 특히 현실과 타협하는 것을 매우 비열한 행동으로 낮춰보는 문화적 전통을 가지고 있습니다. 지난날 재벌기업의 수많은 노사분규를 지켜보면서 느낀 점은 노사 양측이 모두 충절의 문화적 전통에 충실하고 있다는 것이었습니다. 목숨바쳐 투쟁할 것을 외치는 노동자의 함성은 마치 불사이군의 충절을 향한 선조들의 함성을 생각하게 합니다.

타협은 전통적으로 비열한 행동으로 인식되어 왔으므로, 노사분규가 발생할 때면 타협은 처음부터 고려할 수 없는 분위기가 주류를 이루는 것이 우리 노사분규의 현실입니다. 노조원들도 머리에 붉은 띠를 매고 전투대형 옷차림으로 갈아입습니다. 노사가 한배를 탔다는 것을 느낄 수 없는 분위기입니다. 사용자 쪽도 진지한 협상이나 타협을 시도하기 전에 직장 폐쇄 등 극단적 조치를 먼저 생각합니다.

양측은 무조건 목숨부터 걸 생각을 하고, 벼랑 끝까지 가서 힘 겨루기를 시작합니다. 때로는 모두 벼랑에 떨어질 찰나에 극적으로 타협하기도 합니다. 벼랑에 떨어질 지경에까지 갔다 왔으므로, 이 때의 타협은 비열하다고 보지 않습니다. 불사이군을 위해 죽지는 못했어도 적어도 죽을 고비까지는 갔다 왔다고 자위할 수 있는 것과 같기 때문입니다.

이제 우리는 진정한 의미의 충절은 「나라와 백성을 위해 목숨을 바치는 것」으로 인식하고, 충절의 문화적 전통을 더욱 슬기롭게 승화시킬 필요가 있다고 생각합니다. 자기 집단의 이익만을 위해서 멀리는 국가와 백성, 가깝게는 자기 상품이나 서비스의 소비자, 그리고 연관기업체의 처지는 염두에 두지 않고 타협을 비열한 것으로 치

---

* 그렇다고 해서 이성계의 쿠데타가 꼭 바람직했다는 것은 아니다. 그것은 역사학자들이 평가해야 할 일이다. 다만 도탄(塗炭)에 빠진 백성보다 임금 한 사람을 향했던 정절이 과연 바람직했는가를 얘기하는 것이다.

부하고 목숨부터 거는 극단적 집단이기주의적 사고는 지양해야 하겠
습니다.

타협의 원리

「타협은 신념을 지키지 못하는 행위 아닌가?」

전통적으로 우리에게는 타협을 별로 바람직한 것으로 보지 않는
시각이 있는 것 같습니다. 이것은 아마도 타협을 신념이나 원
칙을 지키지 못하는 행위로 보기 때문인 듯싶습니다. 그렇지만 상거
래에서는 타협이 항상 원칙의 포기를 의미하는 것은 아닙니다. 상거
래에서의 타협은 협상에서 자기가 원하는 전부를 얻어내지 못했지만
얼마만큼 양보한 대안을 받아들이고, 상대방도 처음에 원했던 것 전
부보다는 부족한 양보안을 받아들이는 것입니다.

경제학에서는 이를 바긴(bargain)이라고도 합니다. 우리말로는 「흥
정」이라 말할 수 있습니다. 물론 모든 거래를 흥정으로 하는 것은 바
람직하지 않습니다. 왜냐하면 흥정은 시간과 정력을 필요로 하기 때
문에 소액거래를 흥정으로 하면 너무 많은 비용이 들기 때문입니다.

그렇지만 많은 거래에서는 「싸움은 말리고 흥정은 붙여라」 하는
옛말처럼 흥정을 통해서 쌍방이 조금씩 양보해서 거래를 성사시키는
것이 타협하지 못한 것보다 바람직합니다. 만약 물건을 팔고 사려는
사람이 처음에 받고자 했던 값을 끝까지 고집하면 흥정이 안 되어,
즉 타협에 실패해서 거래가 성립하지 않는데, 이 때 쌍방은 모두 손
해를 봅니다. 만약 협상에서 타협할 수 없으면 남은 한 가지 방법은
한쪽이 다른 쪽을 강제로 굴복시키는 것뿐입니다. 그러므로 경제적
으로 자유로운 사람들은 서로 타협할 수 있어야 하며, 그렇지 못할

경우 자유를 잃을 수도 있습니다.

타협은 노사협상에서도 대단히 중요합니다. 쌍방이 타협을 거부하고 당초의 안을 끝까지 고수하면 어느 일방이 상대방을 힘으로 굴복시키기 전에는 협상을 통해 결실을 맺기 어렵습니다. 그것은 쌍방 모두에게 손실입니다. 그러므로 서로 조금씩 양보해서 타협안을 찾는 것이 바람직하고 지혜로운 일입니다.

비록 노사협상에서 타협안으로 제시한 대안이 불만이더라도 협상 테이블을 떠나지 않고 계속해서 협상에 응하도록 대안을 제시하는 능력이야말로 진정한 협상능력이며, 그것은 매우 창의적인 아이디어와 설득력을 요구합니다.

•

사장님을 위한 5분 경제

•

지은이 / 손정식
펴낸이 / 박용정
펴낸곳 / 한국경제신문사
등록 / 제2-315(1967. 5. 15)
제1판 1쇄 인쇄 / 1996년 6월 20일
제1판 4쇄 발행 / 1997년 9월   1일
주소 / 서울특별시 중구 중림동 441
대표전화 / 360-4114
직통 / 313-8293 · 312-0063
FAX / 360-4552

•

＊ 파본이나 잘못된 책은 바꿔 드립니다.
ISBN 89-475-2169-8
값 8,500원

강대국의 흥망

폴 케네디 著
李日洙·全南錫·黃建　共譯
〈양장 / 628면 / 13,000원〉

역사학자이자 미국 예일대 교수인 저자는 이 책에서 지난 5세기 동안에 전개되었던 강대국들의 흥망성쇠는 그들의 경제력과 군사력의 변화 추이에 의해서 좌우되어 왔다고 진단하면서 앞으로 다가오는 21세기에는 미국·소련·서유럽 등의 쇠퇴와 중국·일본 등 아시아 강국들의 부상을 예언하고 있다. 〈뉴욕타임스 선정 최우수 도서〉

21세기 준비

폴 케네디 著
邊道殷·李日洙　譯
〈양장 / 500면 / 9,000원〉

우리에게 충격을 던졌던 「강대국의 흥망」 저자 폴 케네디 교수가 다가올 21세기 문명세계의 각종 위기를 명쾌히 분석·정리한 力著. 이 책은 향후 30년 사이 우리에게 닥칠 도전들과 그 대응방법 그리고 인구폭발, 환경오염, 생물공학, 로봇, 통신수단, 가공할 파워의 양태 등을 특유의 통찰력으로 분석·예견하고 있다.

메가트렌드 2000

존 나이스비트 외　共著
金弘基　譯
〈양장 / 444면 / 9,800원〉

90년대는 정치개혁과 경이적인 기술혁신 등으로 인류에게 지금까지와 전혀 다른 변화양상을 안겨줄 것이다. 이 책은 90년대의 변화로 경제호전, 예술의 번영, 시장사회주의의 출현, 복지국가의 쇠퇴 등, 과거 어둡고 비관적인 세기말적 변화보다는 밝고 새로운 흐름을 부각시키고 있다.

메가트렌드 아시아

존 나이스비트　著
홍 수 원　譯
〈양장 / 402면 / 9,500원〉

미래예측가로 세계적 명성을 떨치고 있는 나이스비트는 21세기에는 아시아가 미국주도의 상품과 소비시장에 가장 중요한 경쟁자로 떠오를 것으로 내다보고 현재 역동적으로 변화하는 아시아의 모습을 8가지 트렌드로 분석했다. 특히 아시아와 세계라는 맥락 속에서 한국에 나타나고 있는 폭넓은 변화들을 살펴보고 한국이 아시아에 기여할 수 있는 방안도 짚고 있다.

20세기를 움직인 思想家들

기 소르망　著
姜偉錫　譯
〈신국판 / 426면 / 8,000원〉

20세기 사상계에 결정적인 영향을 끼친 사람들은 과연 누구인가? 프랑스의 저명한 경제학자이자 사회학자인 기 소르망이 29명의 생존해 있는 현대 최고의 사상가들과 직접 인터뷰를 통해 그들 자신이 선택한 분야에 전생애를 바친 사상과 사색의 놀라운 통찰을 기록·정리한 「살아있는 도서관」.

資本主義 종말과 새 世紀

기 소르망　著
金廷銀　譯
〈양장 / 628면 / 13,000원〉

세계적인 석학인 저자는 자본주의 체제를 위협하는 것은 「도덕적 불만」과 「자본주의에 대한 몰이해」라고 주장하고 러시아·중국·독일·인도 등 20여개국의 자본주의의 현재 모습을 생생히 그리고 있다. 또한 현재의 자본주의의 위기를 극복하기 위한 구체적인 실천방안에 대해서도 통찰하고 있다. 방대한 분량인데도 르포형식이어서 전혀 지루하지 않다.

미래기업

피터 드러커　著
高柄國　譯
〈양장 / 416면 / 9,500원〉

우리 시대의 가장 뛰어난 사회·경영학자이자 미래학자인 드러커의 「변혁시대 기업생존전략 연구서!」 이 책은 세계경제가 빠르게 바뀌어 감에 따라 기업의 새로운 생존 경영전략 모델, 즉 기업이 살아남기 위한 5가지 변화조건을 예리하게 분석·고찰했다. 특히 사회·경제학 시각에서 세계경제 흐름을 통찰한 力著.

자본주의 이후의 사회

피터 드러커　著
李在奎　譯
〈양장 / 328면 / 7,000원〉

사회주의권의 급격한 몰락 이후 탈냉전 분위기가 고조되고 있는 시점에서 향후 세계 변화가 주요 관심사로 떠오르고 있다. 저자는 이 책에서 향후 세계는 자본주의적 시장구조와 기구는 그대로 존속되겠지만 주권국가의 통제력은 약화되고 전문지식을 갖춘 지식경영자 중심의 글로벌화 사회가 될 것으로 예측하고 있다.

미래의 결단

피터 드러커 著
이재규 譯
〈양장 / 408면 / 9,000원〉

현대 경영학의 대부, 피터 드러커는 이 책에서 「스스로를 다시 생각함으로써 회생할 수 있다」고 전제하고 기업의 5가지 치명적 실수, 가족기업을 경영하는 규칙, 대통령을 위한 6가지 규칙, 새로운 국제시장의 개발, 3가지 종류의 팀조직, 오늘날 경영자들이 필요로 하는 정보 등 바람직한 미래를 실현하기 위한 방안을 제시했다. 21세기를 위한 새롭고 시의적절한 경영지침서.

비영리단체의 경영

피터 드러커 著
현영하 譯
〈신국판 / 406면 / 8,000원〉

선진국에서는 학교, 자선단체 등 비영리단체의 경영혁신이 선풍을 일으키고 있다. 이 책은 필자가 교수생활을 하면서 비영리단체에서 봉사했던 경험을 바탕으로 조직관리, 예산 등 경영전반에 대한 문제점을 심도있게 분석하고 개선방안을 제시했다. 전문가들과의 대담을 통해 경영의 효율성을 높이기 위한 여러가지 방안이 눈길을 끈다.

트러스트

프랜시스 후쿠야마 著
구승회 譯
〈양장 / 500면 / 12,000원〉

한 나라의 경제는 규모만으로는 설명될 수 없고 문화적 요인이 중요하다. 이 문화적 요인이 사회적 자본이며 가장 중요한 덕목이 바로 신뢰다. 저자는 이 책에서 개인주의, 가족주의에 기반을 둔 저신뢰 사회의 특성을 혹독하게 비판하면서 건강한 사회가 되려면 공동체적 연대와 결속의 기술을 터득해야 하며 신뢰는 경제와 사회, 문화를 아우르는 놀라운 가치라고 강조한다.

코피티션

배리 J. 네일버프·아담 M. 브란덴버거 著
김광전 譯
〈양장 / 384면 / 9,000원〉

비즈니스 게임은 끊임없이 변하므로 전략도 당연히 변해야 한다. 경쟁(competition)과 협력(cooperation)에 관한 과거의 법칙들을 넘어서서 양자의 장점을 결합한 코피티션 전략은 기존의 비즈니스 게임을 혁신할 혁명적인 신사고다. 저자들은 게임 자체를 변화시켜서 이득을 최대화하는 방법을 보여주는 5가지 요소(전략의 PARTS)의 비즈니스 전략을 체계적으로 제시했다.

지구의 변경지대

로버트 케이플런 著
황건 譯
〈양장 / 582면 / 12,000원〉

베일에 가려져 있던 서아프리카에서 중동을 거쳐 러시아의 외곽지대인 중앙아시아, 중국, 인도를 거쳐 캄보디아, 태국, 베트남에 이르는 대장정을 끝내고 저자가 내린 결론은 한마디로 암울하다는 것이다. 이 책은 저자가 새로운 분쟁지역으로 떠오르고 있는 지구 곳곳을 다니면서 문제점을 지적하고 혼란에 빠진 이들에게도 따뜻한 시선을 보내자고 제안하고 있다.

회사인간의 흥망

앤소니 샘슨 著
이재규 譯
〈양장 / 490면 / 9,800원〉

이 책은 17세기 동인도회사에서 현재의 마이크로소프트사에 이르기까지 기업의 변화과정과 직장인들의 문화변천사를 통해 회사인간이란 무엇인가를 규명했다. 생생한 인물묘사와 인터뷰, 사례를 곁들이면서 전혀 도전받을 일이 없을 듯이 보였던 「기업관료들」이 어떻게 레이더스, 모험기업가, 일본의 경쟁자들, 컴퓨터, 여자회사인간들에 의해 차례차례 공격당했는가를 밝히고 있다.

금융시장 예측

김성우 著
〈양장 / 452면 / 12,000원〉

주식, 금리, 상품 등의 현물시장은 물론 선물 및 옵션 등의 파생상품시장에서도 생존할 수 있는 방법을 다양하게 제시하고 있다. 20여년간 외환시장 등 다양한 시장에서 딜러, 투자가, 분석가로 활동하며 풍부한 현장경험을 가지고 있는 저자가 시장상황에 따른 기술적 지표의 요령과 심리적 동요의 극복방안을 현장사례 중심으로 상세히 설명하고 있다.

21세기 중국

박정동 編著
〈양장 / 362면 / 9,000원〉

덩샤오핑이 사망함에 따라 곳곳에서 그 기반이 흔들리는 조짐이 나타나고 있다. 그의 체제를 이어받은 장쩌민 체제는 안정과 성장을 지속시켜 나갈 수 있을까. 과연 중국은 어떻게 변할 것인가. 아시아의 안정과 발전을 저해하는 군사대국으로 비화할 가능성이 큰 중국의 현재와 미래를 철저히 진단한 중국탐구서.

팝 인터내셔널리즘

폴 크루그먼 著
김광전 譯
〈신국판 / 276면 / 7,000원〉

산업위축과 실업증가, 실질소득 향상의 둔화를 비롯해 소득격차의 확대, 산업시설의 유출 등 선진 경제가 지닌 문제점을 상세히 분석하고 그 원인이 개발도상국과의 교역에 있는 것이 아니라 선진국의 산업구조 변화와 기술발전에 있다고 밝히고 있다. 레스터 서로에 필적하는 20세기 최고의 40대 경제학자인 저자가 지적하는 개도국 성장 비결은 우리에게 시사하는 바가 크다.

2020년

해미시 맥레이 著
金光田 譯
〈양장 / 408면 / 9,000원〉

다양한 인종만큼이나 상이한 정치·경제체제와 독특한 문화양식을 지니고 있는 세계 각국은 저마다의 주무기를 앞세워 미래를 설계하고 있다. 경제평론가인 저자는 앞으로 국가경쟁력을 결정짓는 요인은 기술이 아니라 문화라고 강조한다. 현재 세계 각국이 처해 있는 상황을 바탕으로 치밀하게 전망한 2020년경의 세계 각국의 모습에서 우리의 진로는 어떻게 모색해야 할 것인가?

제 4 물결

허먼 메이너드 2세
수전 E. 머턴스 共著
韓榮煥 譯
〈양장·4×6판 / 240면 / 5,000원〉

21세기의 범세계적 기업을 위한 낙관적 비전을 제시하고 있는 이 책은 한마디로 앨빈 토플러의 《제3물결》을 넘어 장기적 미래의 비전에 집중하고 있다. 지금 우리가 공업화를 상징하는 「제2물결」에서 탈공업화적인 「제3물결」로 전이하고 있지만, 머지 않은 곳에서 새로운 차원의 「제4물결」이 밀려오고 있다고 진단하고 있다.

株式市場 흐름 읽는 법

浦上邦雄 著
朴承源 譯
〈신국판 / 200면 / 4,000원〉

언뜻 보기에 무질서하고 예측이 불가능해 보이는 주식 시장도 장기적으로 보면 특정한 네 개의 국면을 반복하고 있다는 것을 알 수 있다. 이 책은 이 네 개의 국면이 어떤 요인에 의해 순환되고 각각의 국면에서 어떤 종목이 활약하는가를 숙지할 수 있는 안목을 제시해주고 주식투자시 리스크를 피하는 방법에 대해서도 설명하고 있다.

유머人生 1~5

韓國經濟新聞社 出版部 編
〈4×6판 / 244면 / 4,500원〉

많은 독자들이 1980년 12월부터 본지에 연재되고 있는 「海外유머」를 책으로 출판했으면 어떨지, 그런 계획은 없는지 물어왔다. 이 책은 독자들의 그러한 성원에 보답하자는 취지로 출판되었으며 우스갯소리 가운데서 인생의 묘미도 느끼고 영어공부도 할 수 있게끔 어려운 단어나 語句에는 주석을 달아 독자들의 이해를 돕고자 노력했다.

사장님, 원가를 아십니까

鄭明煥 著
〈신국판 / 220면 / 5,000원〉

원가의 개념을 정확히 이해하지 못하고 경영한 결과 장부상으로는 흑자임에도 결손이 나는 등 어려움을 겪는 경우가 흔히 있다. 이 책은 경영자는 물론 회계와 기획담당자를 포함한 기업 관계자들에게 원가의식과 관리회계의 개념을 심어준다는 취지에서 원가에 관련된 제반사항을 소설식으로 알기쉽게 다룬 力著.

프로 영업인이 되는 길

시라이 기요시 著
朱明甲 譯
〈신국판 / 240면 / 5,000원〉

번번히 뛰어난 실적으로 동료들의 부러움을 사는 사람이 있다. 그러나 잘 나가는 영업사원과 그렇지 못한 영업사원의 차이는 반드시 있게 마련. 이 책은 결코 평탄하지만은 않은 영업의 세계에 입문하거나 프로로 거듭나기를 바라는 영업사원들이 갖춰야 할 지식에서부터 각양각색의 고객을 다루는 방법까지 100가지 성공비결을 공개하고 있다.

성공적인 점포경영 33選

류광선 著
〈신국판 / 368면 / 8,000원〉

5,000만원 정도의 소자본으로, 심지어 무자본으로도 사업을 시작할 수 있는 아이디어를 담았다. 저자가 현장을 발로 뛰면서 바로 개업하기에 유망한 33개 업종을 선별, 입지선정부터 개업절차·경영 비법까지 최신 노하우를 총집결시켰다. 경영지침이나 사업의 성패진단법은 물론 직접 점포를 운영하는 사람들의 현장 목소리를 담아 차별화를 꾀했다.

부동산 경매를 잡아라

전 철 著
〈신국판 / 248면 / 6,500원〉

법원경매든 성업공사 공매든 경매는 이제 누구나 쉽게 배우고 참여할 수 있게 되었다. 경매물건에 대한 마음가짐을 얼마나 유연하고 객관적인 자세로 평가할 수 있느냐가 성공의 지름길이다. 이 책은 부동산 경매에 대한 전반적인 원리를 누구나 알기쉽게 배울 수 있도록 설명했다. 특히 실전사례중심으로 실패없는 부동산 경매 방법을 체계적으로 정리한 실전 가이드다.

임대주택을 잡아라

최 문 섭 著
〈신국판 / 230면 / 6,500원〉

최근 다양한 부동산개발 유형이 쏟아져 나오고 있지만 자신이 소유하고 있는 땅에 가장 어울리면서 수익을 많이 올릴 수 있는 방법을 찾는 것은 쉬운 일이 아니다. 이 책은 자신이 소유하고 있는 땅의 위치, 교통 여건, 주변 생활환경 등을 따져 본 후 높은 수익을 올리고 미래 발전 가능성이 있는 최적방안을 여러 사례별로 제시, 임대주택으로 투자에 성공하는 방법을 담고 있다.

일본 쪼개보기

황 인 영 著
〈신국판 / 336면 / 7,500원〉

일본이 거론하고 있는 독도문제나 잇따른 우익 망언에 대해 논리적이고 설득력 있게 대응해야 한다. 이 책은 일본의 본질을 이해하기 위해 한일관계의 역사적 배경을 추적하면서 그들의 독특한 문화와 사고방식, 행동양식을 105가지의 짧은 얘기로 분석하고 있다. 특히 역사적으로 형성된 일본 특유의 무사도 정신과 장인정신, 직업 세습풍토의 배경과 그 실체를 벗기고 있다.

돈 굴러들어오는 장사성공의 비결

가라쓰 하지메 著
양 병 준 外 譯
〈신국판 / 288면 / 7,000원〉

이 책은 소매점에서 개인 손님을 응대하는 요령에서부터 각 기업체의 세일즈맨들이 회사를 상대로 할 때의 영업요령에 이르기까지 장사성공의 비결을 소개한 실용서다. 저자는 이 책을 통해 불황 속에서도 살아 남는 법, 팔리는 물건 만들기, 장사거리 및 판로찾기와 더불어 앞으로 일본이 맞이하게 될 국제화, 고령화, 환경문제에 대처하는 자세 등을 제시하고 있다.

사장님을 위한 5분 경제

손 정 식 著
〈신국판 / 388면 / 8,500원〉

경영일선에 있는 경영자가 매일매일 직면하는 경제·경영현상에 대해 기본적인 원리를 설명한 이 책은 경제현상을 올바로 이해하여 기업경영의 이론적 토대를 튼튼히 하는데 보탬이 되는 경제상식들만 모았다. 가격관리와 비용관리에서부터 기업전략, 경쟁과 윤리, 기업과 금융, 국제무역과 국제금융에 이르기까지 꼭 알고 있어야 할 경제원리들을 강의하듯 풀어서 설명했다.

대기업을 이기는 벤처비즈니스

마키노 노보루·강동우 著
유 세 준 譯
〈신국판 / 212면 / 5,500원〉

첨단 기술력과 재빠른 정보수집력을 갖춘 모험심 강한 중소기업이 대기업보다 훨씬 더 유연하게 시장상황에 대처하고 있으며 성공해 가고 있다. 마이크로소프트, 인텔 등이 그 예다. 이 책은 재편되고 있는 경제구조 속에서 앞서 나가고 있는 일본 벤처기업들의 사례와 실리콘밸리의 성공전략을 살펴보고 틈새시장을 공략하는 요령과 아이디어, 국제적 제휴전략 등을 다루고 있다.

시간이동

스테판 레트샤픈 著
형 선 호 譯
〈신국판 / 380면 / 9,000원〉

사람들에게 있어서 시간은 객관적인 것이 아니라 주관적인 것이다. 이 책에서 저자는 시간에 대한 사고방식을 바꿈으로써 자신의 인생에 대한 통제를 되찾을 수 있다고 강조한다. 그 과정을 통해 우리는 인생을 최대한 즐길 수 있으며 많은 시간을 우리 자신과 가족과 함께 더 한층 고양된 삶의 의미를 느낄 수 있다. 이 책은 명상서로서 자신의 삶을 컨트롤하는 방법을 제시한다.

소명으로서의 비즈니스

마이클 노박 著
김 진 현 監譯
〈신국판 / 280면 / 7,000원〉

실업과 빈곤의 해결책은 무엇일까. 마이클 노박은 종교적 윤리 기반위에 선 민간기업만이 그 해결책이 될 것이라고 명쾌하게 주장한다. 민주자본주의 하에서 신학적·윤리적 기초를 갖는 기업이야말로 이윤창출기관인 동시에 민주주의와 인권을 증진시키는 기관이며 사회공동체를 만드는 기관이다. 기업의 위치, 정신의 설정과 사회관계 정립에 등불이 될 내용들이 가득하다.

새로운 돈의 혁명, 전자화폐

제일금융연구원 著
〈신국판 / 220면 / 6,000원〉

컴퓨터와 정보통신기술이 비약적으로 발전하면서 차세대 돈으로 불리는 전자화폐가 우리 일상생활의 전면에 등장했다. 화폐는 금융시스템이라는 혈관을 타고 국민경제를 끊임없이 순환하므로 돈과 금융은 불가분의 관계를 가지고 있다. 이 책은 전자화폐가 무엇인지, 전자화폐에는 어떤 종류가 있는지, 전자화폐의 출현으로 우리 경제생활은 실제로 어떻게 달라지는지를 살펴보고 있다.

올림포스 경영학

찰스 핸디 著
현지혜 譯
〈신국판 / 358면 / 8,000원〉

오늘날 조직 내부에서 나타나고 있는 다양한 경영양식과 문화를 고대 그리스 신화의 네 신인 제우스, 아폴로, 아테네, 디오니소스식으로 각각 분류하여 상징화하고 있다. 영국의 뛰어난 경영학 교수이자 세계적으로 유명한 경영학자의 한 명인 저자는 수많은 사례를 통해 네 신들의 조화, 문화적 적합성 이론과 경영의 다양성 법칙을 강조하고 있다.

마음을 치유하는 79가지 지혜

레이첼 나오미 리멘 著
채선영 譯
〈신국판 / 390면 / 7,500원〉

정신분석학자로서 영혼의 연금술사로 평가받는 저자는 보다 큰 평화를 가져다주는 것은 우리가 서 있는 바로 이곳, 또 이곳에서 만나는 사람들을 있는 그대로 받아들일 수 있게 해줄 치료제, 즉 영혼을 위한 약이 필요하다는데 초점을 맞추고 있다. 저자의 따뜻한 식탁의자에 영혼이 충만한 의사와 환자, 그리고 동료들이 둘러앉아 나누는 그들의 삶은 무한한 가능성의 목소리로 들린다.

복잡계란 무엇인가

요시나가 요시마사 著
주명갑 譯
〈양장·4X6판 / 284면 / 7,000원〉

세계는 복잡계(Complex System)열풍에 휩싸여 있다. 『무수한 구성요소로 이루어진 한덩어리의 집단으로 각 부분의 움직임이 총화이상으로 무엇인가 독자적인 행동을 보이는 것』으로 정의되는 복잡계, 복잡계 과학은 「잃어버린 세계로의 여행」이 될 것이다. 복잡계의 과학은 그 꿈을 현실화시킬지도 모른다. 21세기를 주도하게 될 최첨단 키워드, 복잡계의 모든 것을 담았다.

밀레니엄 -지난 1000년의 인류역사와 문명의 흥망-

펠리프 페르난데스-아메스토 著
허종열 譯
〈전 2권 / 양장 / 560면 내외 / 각권 12,000원〉

지난 1000년을 마감하고 다음 1000년을 준비하기 위해 한 시대를 평가하기 보다는 새로운 시대를 창조하려는 의도로 문명의 운명에 대해 쓴 이 책은 유럽 중심적인 위장된 세계사가 아닌 진정한 세계사 정립을 위해 역사 이면을 자리매김하려고 노력했다. 인류역사의 주도권, 즉 민족의 힘은 태평양 주변국가에서 대서양으로 다시 태평양으로 옮아가고 있다고 주장하고 있다.

중국의 여의주 홍콩 -홍콩의 역사와 미래-

임계순 著
〈신국판 / 468면 / 8,500원〉

세계의 무역·금융 중심지, 현대적인 국제항구인 홍콩이 97년 7월 1일 영국통치에서 중국으로 반환됐다. 이 책은 홍콩의 식민지화 과정에서부터 영국 식민통치와 그 통치하에서의 경제적 성장, 그리고 중국에 미친 제반영향 등을 살펴보았다. 세계 최대 정치적 사건으로 이목을 집중시키고 있는 홍콩의 역동적인 모습을 중국사학 전공자가 심도있게 진단했다.

21세기를 여는 7가지 키워드

오마에 겐이치 著
임승혁 譯
〈양장·4X6판 / 254면 / 6,500원〉

다가오는 21세기에는 서구 선진국의 뒤만을 쫓을 수는 없다. 그들을 앞서나가기 위해서는 지금까지와는 다른 창의적인 발상, 새로운 전략, 확실한 준비가 필요하다. 21세기를 능동적으로 맞이하려는 사람들에게 띄우는 오마에 겐이치의 독특한 키워드. 1. 시간축 발상 2. 신커뮤니케이션론 3. 자유재량시간 4. 글로벌경쟁시대 5. 정보발신시스템 6. 이미지전략 7. 네트워크의 힘

김삼오 박사의 알짜배기 유학 가이드

김삼오 著
〈신국판 / 264면 / 7,000원〉

이 책은 단순하고 개략적인 유학안내서가 아니다. 유학을 궁리하거나 이미 가기로 결정한 학생, 그들의 부모가 함께 읽는다면 참신한 아이디어를 얻을 수 있다. 유학행정을 맡은 공무원, 대학 실무자, 교수들이 읽는다면 실질적인 도움을 얻을 수 있다. 왜 유학을 가야 하는가, 무엇을 배우려 하는가, 공부는 어떻게 해야 하는가, 외국과 국내 교육의 차이에 대해 알기 쉽게 설명하고 있다.

알기 쉬운 M&A와 주식투자

제 해 진 著

〈양장 / 336면 / 10,000원〉

M&A관련 주식투자는 위험이 높은 반면에 정확한 투자를 할 경우에는 수익도 막대해진다. 따라서 과학적 분석이 필수적이다. M&A에 조금이라도 관심있는 사람을 대상으로 기본적인 M&A이론과 유의사항을 설명하면서 국내외 사례를 통해 M&A전략과 주식시장에서의 M&A관련 주식투자 방안을 알기 쉽게 소개하고 있다.

제조물책임(PL)법과 기업의 대응방안

하종선 · 최병록 著

〈신국판 / 284면 / 7,500원〉

제조물의 결함으로 인해 소비자가 생명, 신체, 또는 재산상의 손해를 입었을 때 제조물 생산자 및 유통업자가 배상을 하는 최상의 소비자 보호제도인 제조물책임(PL)법이 곧 입법될 예정이다. 이 책은 제조물책임법의 성립과 배경을 알아보고 선진국의 주요 소송사례와 입법동향을 설명했다. 특히 우리나라 법의 제정방향과 기능 그리고 기업의 대응방안에 대해서 상세히 알려주고 있다.

X파일 비망록 1

N. E. 가인즈 著

한 경 훈 譯

〈크라운판 / 380면 / 7,500원〉

X파일 TV드라마는 오락성과 더불어 정보를 제공하는 극으로서의 역할을 충분히 하고 있듯이 이 책은 그러한 정보에 깊이를 더해주는 역할을 한다. TV극에서 못다한 X파일에 등장하는 배우들의 신상을 상세히 소개하고 멀더와 스컬리 두 요원이 펼쳤던 이론을 해부하며 퀴즈게임으로 X파일에 대한 소양을 체크한다. X파일 매니아를 위한 신세대 책이다.

드래곤 스트라이크

험프리 헉슬리 · 사이먼 홀버튼 著

박 병 우 譯

〈신국판 / 540면 / 8,500원〉

2001년 2월, 중국은 〈드래곤 스트라이크〉라는 암호명 아래 베트남 공습을 시작으로 세계 패권전쟁에 돌입한다. 치밀한 자료수집과 정밀한 분석을 기초로 집필한 이 책은 재미와 미래예측서로서의 장점을 겸비한 소설아닌 소설이다. 각국의 군비태세, 외교전, 세계 외환석유시장에서의 책략이 손에 잡힐 듯 생생하게 그려졌다. 정교하고 사실에 기초를 둔 예측을 했다는 평가를 받고 있다.

안자(상 · 중 · 하)

미야기타니 마사미쓰 著

신봉승 · 김하중 譯

〈양장 · 4X6판 / 384면 내외 / 각권 6,500원〉

열국의 제후들이 대륙의 패권을 놓고 싸우는 춘추 시대를 배경으로 격동의 역사를 헤쳐나가는 명재상 안자의 일대기를 그리고 있다. 난세 속에서도 안자는 충(忠)과 의(義)를 지키며 정도(正道)만을 걷는다. 국가 경영의 참다운 모습, 인간관계의 원형을 보여주는 그의 독특한 철학을 통해 당시의 시대정신과 사회상을 조명한다.

창궁의 묘성(上 · 中 · 下)

아사다 지로 장편소설

이 주 영 譯

〈신국판 / 380면 내외 / 각권 6,500원〉

하늘보다 더 깊고 푸른 창궁(蒼穹), 그 한가운데 빛나는 숙명의 별 묘성(昴星)에 소망을 얹고 그 운명을 개척하는 청조말 풍운의 인물들의 권력과 야망을 그린 대하장편소설. 묘성을 수호성으로 태어난 가난한 말똥주이 소년 춘아는 천하의 보배를 손에 넣는다는 점쟁이의 거짓예언을 믿고 스스로 환관이 되어 천하의 여걸 서태후 자희의 측근이 되어 권력의 정점에 오른다.

인터넷 너쯤이야

김 장 호 著

〈국배판 변형 / 388면 / 15,000원(CD-ROM, 별책부록 포함)〉

인터넷에 접속하는 방법을 쉽고 간결하게 정리한 이 책은 어렵게 접속하고도 그 방대한 정보 때문에 엄두를 내지 못하고 제대로 사용하지 못하는 초보자들을 위해 쓰여졌다. 접속 후 하루에 한가지씩 1주일만에 접속에서부터 정보사냥, 인터넷으로 국제전화 거는 법, 자료 가져오는 법, 인터넷 채팅으로 이상형 만나는 법 등 인터넷을 배우는 방법을 소개했다.

PC통신과 인터넷에서 정보검색 · 정보관리

김 성 수 著

〈4X6배판 / 392면 / 12,000원(CD-ROM 포함)〉

그동안 안내서만 범람하던 컴퓨터 통신 출판시장에 PC통신과 인터넷에서 정확하고 빠르게 정보를 찾고 관리하는 방법을 자세히 소개하고 있다. 이 책은 이론적인 지식보다는 활용하는 방법을 중심으로 실생활에서 제대로 사용하는 요령을 다루고 있다. 부록 CD-ROM에는 마이크로소프트 인터넷 익스플로러 등 PC통신과 인터넷에서 정보를 찾기 위한 도구들이 실려 있다.